종교문해력 총서 2 불교

미처 몰랐던 불교, 알고 싶었던 붓다

인생의 괴로움과 깨달음

종교문해력 총서 2 불교

미처 몰랐던 불교, 알고 싶었던 붓다

인생의 괴로움과 깨달음

강성용 지음

불광출판사

일러두기

- 책에 사용된 이미지는 출처를 밝혔습니다. 출처 표기가 잘못됐거나 허락을 얻지 않고 사용한 것이 있을 경우 연락해 주시면 재쇄 시 반영하겠습니다.
- 본문에 인용한 모든 경전은 저자가 직접 번역했음을 밝힙니다.

발간사

이제 종교문해력이다

인류 문명사에서 오랜 기간 종교는 삶의 나침반이었고, 절망의 시간에는 희망의 등불이었습니다. 그러나 오늘날과 같은 다원화된 세계, 다양한 문제들이 등장하는 시대에 종교의 역할은 제한적일 수밖에 없습니다. 과학과 인문적 지식으로 계몽된 세계에서 사람들은 종교가 개인과 사회의 모든 문제에 답을 줄 수 있다고 기대하지 않습니다. 종교에 대한 믿음의 방식과 내용에도 적지 않은 변화가 일어나고 있습니다. 오늘날 종교는 더 이상 초자연적 신(神)이나 '절대자'에 대한 믿음에만 국한되는 것이 아니며, 종교적 가르침은 세속에서의 '좋은 삶' 곧 개인과 공동체의 안녕과 행복이라는 가치의 문제로 전환되고 있습니다.

전통적 종교관의 변화와 함께 최근 10여 년간 '종교를 믿는' 신자(信者)의 숫자도 급감하고 있습니다. 이른바 '탈종교 현상'입니다. 이를 두고 일부 학자들은 '종교 없는 삶', '신(神) 없는 사회'를 섣부르게 예견하기도 합니다. 그렇지만 탈(脫)종교, '종교를 떠난다'는 것이 곧 유물론적 세계관으로의 전환이거나 물질적 욕망만을 추구하는 삶으로 향한다는 것은 아닐 것입니다. 소수의 유물론자를 제외하고 대부분의 사람들은 여전히 물질적 세계 너머의 가치를 지향하고, 삶의 의미와 목적, 궁극의 진리에 관심을 가지고 있습니다. 어떤 사람들은 자신의 종교 '안'에서 또 다른 사람들은 종교 '밖'에서 나름의 방식으로 진정한 삶의 의미와 실천적 지혜를 찾고자 합니다. 소위 종교를 믿지는 않지만 영적인 삶을 추구하는 SBNR(Spiritual But Not Religious)의 등장은 오늘날 달라진 종교지형의 한 모습입니다. 오랫동안 견고하게만 여겨지던 종교 간의 칸막이, 종교의 '안'과 '밖'의 구분이 퇴색하고 그 의미가 달라지고 있습니다. 지금 우리가 맞고 있는 문명사적 전환은 종교에 대해 이전과는 다른, 새로운 이해를 요청하고 있습니다.

이러한 시대적 배경과 문제의식으로 종교문해력 총서를 발간했습니다. 2022년 5월을 기점으로 다섯 번의 기획회의를 거쳐 다음과 같이 집필의 방향을 정했습니다.

- 각 종교 창시자의 삶을 중심으로 그분들이 고민했던 인생의 근본 문제를 중심으로 한다.
- '또 하나의 개론서'가 되어서는 안 되며, 오늘날 시대가 직면하고 있는 문제들, 특히 탈종교 현상 그리고 기후변화와 팬데믹 등 문명전환에 대한 시대적 문제의식을 바탕으로 각 종교 전통 고유의 해법과 방향을 제시한다.
- 전통적 의미의 신자/신도만이 아니라 이웃 종교인 그리고 종교에 관한 인문적·영성적 관심이 있는 일반 독자(SBNR, Spiritual But Not

Religious)를 주요 독자로 염두하고 내용을 집필한다.

이상의 집필 방향은 자신이 믿는 종교에 관한 '이해'는 물론 이웃종교와 종교 일반에 관한 이해를 제고하는데 초점이 맞추어져 있습니다. 곧 종교를 '믿음'의 문제로서만이 아니라 '이해'의 문제로 인식하는 종교문해력의 관점에서 본 총서를 기획, 집필했습니다.

오늘날 사회 여러 부문에서 통용되고 있는 문해력(文解力, literacy)이란 글을 아는 능력을 넘어 그 의미를 이해하고 활용하는 능력을 뜻합니다. 그런 점에서 종교문해력이란 종교를 단지 '믿음'의 문제로서만이 아니라 이성적 '이해'의 문제로 인식하는 능력을 뜻합니다. 지난 2023년 3월 넷플릭스에서 방영된 8부작 다큐멘터리 〈나는 신이다〉와 같은 경우는 사이비 교주의 사악한 행태에서 비롯된 극단적 예이긴 하지만, 이성적 이해가 부족한 맹목적 믿음의 결과를 잘 보여주고 있습니다. 종교문해력이 강조하는 비판적 성찰과 모색의 힘은 올바른 종교의 선택과 바른 신행의 지향점을 제공해 줄 수 있습니다.

또한 종교문해력은 이웃종교 나아가 비종교인 그리고 우리 사회의 다른 부문과의 소통역량을 더욱 키울 수 있게 해

줍니다. 자신의 종교를 '객관적'으로 설명하고, 다른 종교와 세계관을 이해하는 기반이 되기 때문입니다. 종교문해력이 요청하는 '이해'와 활용의 능력은 다원적 사회를 살아가는 오늘날 불필요한 종교 간 긴장과 갈등을 해소하고 종교 간 대화를 촉진하는 것은 물론 사회적 공동선을 위해 함께 협력하고 연대하는 원동력이 될 수 있습니다.

종교문해력은 단지 종교인들에게만 요청되는 것은 아닙니다. 다양성과 다원성을 기반으로 하는 현대 사회에서 요청되는 필수적 과제이기도 합니다. 최근 사회문제가 되는 무슬림 차별과 혐오 현상은 이슬람에 대한 우리 사회의 무지를 단적으로 보여주고 있습니다. 문화 다양성에 관한 이해는 겉으로 드러나는 피부색이나 언어 그리고 음식이나 의상에 한정되는 것은 아닙니다. 세계관과 가치관의 바탕이 되는 종교에 관한 이해가 다른 문화를 이해하는 핵심이라고 할 수 있습니다. 밖으로 해외와의 교류가 더욱 확장되고, 안으로 해외 이주민의 유입이 지속적으로 증가할 것으로 예상되는 지금, 종교문해력은 우리 사회의 세계시민 의식과 공동체의 평화를 만들어 가는데 필수적인 시민역량이라고 할 수 있습니다.

종교학을 비롯해 불교, 기독교, 이슬람 그리고 원불교에 관한 다섯 권 각각의 책은 탈종교, 다종교 그리고 초종교라고 하는 시대적 요청에 따른 새로운 입문서의 역할을 자임하고 있습니다. 본 총서를 통해 우리 사회에서 종교 일반을 비롯한 불교, 기독교, 원불교 그리고 이슬람에 관한 이해가 한층 더 깊어지길 간절하게 바랍니다.

다섯 차례의 기획회의, 그 외 수시로 가졌던 회의를 통해 지혜를 나누어주신 다섯 분의 필자들께도 심심한 감사의 말씀을 드립니다. 발간사의 내용이 잘못된 것이 있다면 그것은 오로지 제 이해의 부족일 따름입니다.

한 종교가 아니라 여러 종교 전통의 책을 총서로 묶어 출판하는 일은 선례가 없던 일입니다. 어려운 출판시장에도 불구하고 이를 선뜻 맡아주신 불광출판사 류지호 대표님께 감사드립니다. 그리고 다섯 종의 원고를 꼼꼼히 읽고, 필자들과 교신하면서 좋은 책 출간을 위해 많은 수고를 하신 불광출판사 편집부에도 감사의 말씀을 전합니다.

끝으로 총서 발간을 위한 재정적 지원을 해주신 재단법인 플라톤 아카데미에 감사드립니다. 특히 우리 사회 모두의 '행복'과 '영적 성장'이라는 큰 뜻을 세우고, 인문학을 비롯한 관련 분야의 연구과 사회적 확산을 위해 재정적 지원은 물론 여러 사람들의 동참을 이끌어 오신 최창원 이사장님께 깊이 감사드립니다.

조성택(마인드랩 이사장)

'붓다'는 우리에게 너무나 가깝게 다가와 있다. 수많은 심리학 서적들이 '나'를 찾는 길과 '나'를 아는 길을 불교 전통의 유산을 차용해서 설명한다. 또 '나'를 감당하기 위해 간단하게 세 번씩 숨을 쉬는 아주 실용적인 조언은 물론 '내려놓기', '멈추기', '돌아보기', '마음 챙기기' 등으로 포장된 수많은 지혜를 가르쳐 준다는 글들이 넘친다. 나아가 병원에서 사용하는 공식적인 치료 프로그램에서도 활용되면서, 불교는 지친 현대인들을 위한 치유와 회복의 문화코드가 되었다. 굳이 불교를 믿거나 불교 사찰에 가지 않더라도 지적인 관심의 대상이 된 지 오래된 불교 전통이 이제는 또 다른 방식으로 상업화되어 문화 콘텐츠로 팔리고 있다.

이런 현상에서 불교가 단지 자본주의의 무한경쟁 사회에서 자기 몸값을 높이는 수단으로 전락하고 있다고 매도하기엔 섣부르다. 그에 앞서 무엇이 그 밑바닥에서 작동하는지 진지하게 물어볼 만한 상황이 됐다. 질문을 복잡하게 하면, 답도 복잡해진다. 그러니 그저 단순하게 불교 전통을 만들어낸 사람, 이 사람을 '역사적인 붓다' 혹은 그냥 '붓다'라고 부를 것인데, 그 사람에 관해서 물어보면 좋을 것 같다. 그 사람이 무슨 고민을 했고, 그 고민에 대해 무슨 해답을 찾았기에 '불교'라는 종교를 만들었는지 물어보고 그 답에서 오늘날 우리는 불교에서 혹은 붓다의 가르침에서 무엇을 배우고 무엇을 기대할 수 있는지 살펴보고자 한다.

붓다가 했던 고민과 생각과 수행의 경험에 다가가는 일은 쉽지 않다. 그가 했던 종교적 체험에 접근하는 길은 구조적으로 가로막힌 길에 접어든다. 이유는 그가 했던 체험만이 독특한 것이어서가 아니라, 인간의 모든 체험은 당사자만이 겪게 되는 유일무이한 경험이기 때문이다. 하지만 이렇게 온전하게 개인적이고 주관적인 측면에서의 체험을 우리는 사회적으로 의미 있다고 다루지 않는다. 체험이 의사소통의 대상이 되지 않는다면 인간 사회에서 의미가 없기 때문이다. 게다가 체험의 주체가 항상 자기 체험을 객관적으로 서술할 수 있다거나 일관되게 체험의 내용을 가장 잘 파악할 수 있다는 생각도 현대의 수많은 연구에서 사실이 아니라고 밝히고 있다.

인간은 매 순간 자신의 기억을 그리고 자신의 경험을 재구성한다. 그럼에도 붓다가 했던 체험에 관해 이야기하려는 이유가 있다. 붓다는 자신이 스스로 했던 체험, 즉 해탈이나 깨달음 혹은 그 어떤 체험을 객관화할 수 있으며 자신이 제시한 방식으로 재현 가능하다고 일관되게 주장했기 때문이다. 재현할 수 있고 의사소통의 대상이 될 수 있는 체험으로서의 깨달음에 관한 논쟁은 지난 2,500년 세월 동안 수많은 이론적 논의와 주장에서 다루어져 왔다. 이 논의가 '불교'라고 불리는 전통 내부에서 다루어지고, 그 논의의 결과들이 전승의 일부로 포함되어 권위 있는 해석을 넘어 올바른 정설로 받아들여졌을 때 우리는 이것을 '교리(敎理)'라고 부른다. 또 이런 교리를 만드는 이론적인 추구와 노력을 불교 전통은 '교학(敎學)'이라고 부른다. 이 책에서 필자는 불교의 교리를 이야기하고자 하지 않는다. 단지 '붓다'라고 불리던, 역사적으로 실존했을 것으로 생각되는 한 인간이 맞았던 문제 상황과 진단과 해답을 추적하고 설명해 볼 것이다. 그렇게 해서 그가 제시한 해답에서 무엇이 인도의 지성사에 등장한 새로운 관점이었고 혁신이었는지 드러내 보고자 한다.

이런 붓다의 생각을 되짚어 보려는 작업 앞에는 여러 사정들 때문에 가로막고 있는 굵직한 장애물들이 있다. 대표적으로 꼽을 수 있는 게 바로 불교의 전승 문제이다. 문자도 없던 시절, 사람들은 구전(口傳)으로 붓다의 설명과 가르침을 전했다. 구전을 통한 전승을 기술적으로 완벽하게 조직해 내는 전통이 있던 고대 인도인들에게 구전 자체는 문제될 게 없다. 도리어 그들이 구전을 재조직해서 체계화하는 작업을 진행했던 게 우리에게 문제가 된다. 그리고 이런 사정을 만들어낸 것은 사실 붓다 자신의 결정이었다. 그래서 우리는 불교 전승 안에서 서로 다른 수많은 붓다의 모습들을 만나게 된다.

그런데 재구성되고 정리되어 우리에게 전해진 전승의 이면에 숨어 있는, 붓다 자신의 목소리에 다가가야만 들을 수 있는 이야기들이 있다. 이 붓다 자신의 목소리를 듣자면 아주 두껍고 단단한 전통의 나이테들을 모두 걷어내야 하는데, 결코 만만한 일이 아니다. 다만 이미 대가로 꼽히는 수많은 학자들의 노력과 거장들의 성취로 많은 진전이 이루어져 있어서, 우리는 붓다 자신의 목소리에 다가갈 수 있는 디딤돌을 충분히 확보하고 있다. 이와 동시에 우리는 누가 어떤 사정에서 어떻게 불교의 전승들을 재구성하고 정리하여 지금의 교리들을 만들었을지에 대해서도 알고 있는 것이 많다.

물론 전문 연구자들이 붓다에 관해 그리고 붓다의 생각에 관해 알고 있는 것들은 지난 세대의 학자들이 알던 것들보다 훨씬 많다. 하지만 학자들이 학문적 작업을 통해 알고 있는 것들은 관심 있는 일반 독자들에게 공유되지 못하고 있다. 그것은 복잡다단한 학문적 논증의 과정을 이해하기 위한 기나

긴 훈련의 과정을 거치지 못한 사람들은 소화할 수 있는 내용이 아니기 때문이다. 초기불교의 텍스트를 이해하기 위한 언어적인 훈련을 제대로 마친 연구자를 찾는 일도 한국에서 활동하는 수많은 불교학 전공자들 사이에서마저 쉽지 않은 일이다. 따라서 일반 독자들과 초기불교 혹은 '최초기불교'에 대한 학문적 성취를 공유하는 것은 불가능한 일에 가깝다. 다만 그 일부라도 분명하게 전달할 수 있고 소통 가능한 방식으로 소개하는 일을 시도해 보고자 한다. 이는 붓다의 고민에 대해 생각하고 불교 전통의 수많은 층위들이 주는 무게에서 벗어나, 붓다가 제시한 해답이 갖는 현재적 의미가 무엇인지 따져볼 수 있는 사람들이 함께하는 일이 인류 지성사의 소중한 유산이자 자산에 생명력을 불어넣는 일이 될 것이기 때문이다.

이 책은 바로 이러한 취지에 맞추어 저술된 것이다. 그래서 이 책은 끝없는 학문적 정당화와 근거를 제시하는 일을 과감하게 배제할 것이고, 결론과 그 결론의 의미를 밝히는 일에 집중할 것이다. 이런 맥락을 살리기 위해 필자는 주석 혹은 출처 제시 등을 대부분 생략할 것이다. 관심이 있는 독자라면, 자신이 이해한 바를 근거로 다시 원전 자료에서 시작해서 해당하는 대목에 대한 이해에 도전해 보기 바란다. 다만 필자가 미리 밝혀둘 사실은, 이런 일은 아마추어들이 딜레탕트(dilettante, 예술이나 학문 따위를 취미 삼아 하는 사람) 불교를 만들어내는 취미활동을 하는 방식으로는 불가능하다는 점이다. 자신이 할 수 없는 일이라는 사실을 아는 것은 이미 훌륭한 지적 성취이며, 왜 자신이 할 수 있는 일이 아닌지 파악하는 것도 충분히 핵심적인 이해를 얻는 일이라고 필자는 말하고 싶다.

불교 전승의 문제를 뚫고 도달한 자리에서 비로소 붓다의 체험이 무엇이었는지에 관한 문제에 질문을 던질 수 있다. 그래서 이 책에서는 왜 우리가 불교 전승의 켜켜이 쌓인 문제들을 뚫고 나가야 하는지를 알아차릴 수 있게 설명들을 제시하고자 한다. 이렇게 하면서, 필자는 자연스럽게 우리가 알 수 있는 것의 한계에 대해서도 간접적으로 설명하고자 한다. 한편 설명되지 않은 개념이 튀어나오는 서술을 독자가 읽어야 하는 상황을 최대한 피하도록 노력할 것이다. 그래서 이 책에서는 나중에 설명하겠다는 등의 교차 언급도 되도록 나타나지 않게 서술을 이끌어 가고자 한다.

이런 결정 때문에 종종 앞서 설명한 내용과 무관하게 또 다른 내용을 같은 주제의 맥락에서 설명하는 상황이 벌어질 것이고, 앞서 설명한 내용을 '앞서 설명되었다'는 친절한 언급 없이 제시하는 일이 자주 벌어질 것이다. 읽다가 놓친 내용이 있다면 마지막의 '찾아보기' 부분을 활용해서 다시 확인할 수 있도록 해 놓았으니 잘 활용하기를 바란다.

그리고 책에 사용한 용어 문제도 미리 언급하고자 한다.

고대 인도의 정신사적 맥락을 담은 붓다 혹은 초기 불교도들이 사용했던 주요 용어들은 번역이 당연히 어렵다. 그래서 각 용어의 의미를 고민하지 않고 번역 문제 자체를 무시한 채로 중국불교에서 통용되던 한문(漢文) 번역어를 그대로 차용해서 사용하는 일이 한국의 불교(학)계에 일상화되어 있다. 무지의 재생이 증폭되는 문제의 핵심에 이 관행이 자리 잡고 있다. 필자는 현대의 한국어로 의미 전달이 가능한 용어를 선택해서 번역어를 제시할 것이다. 필자의 번역이 일상적인 불교 전통의 용어와 달라서, 특히 한문 번역어로 이해하는 게 익숙한 독자들의 불만이 클 것이다. 자신이 전혀 이해하지 못하고 있다는 사실을 알아차리고 고민을 시작할 수 있는 계기가 된다면 좋겠다.

또한 필자가 제시하는 설명들은 모두 관념적인 지향점을 밝히는 이론적 세계관과 연관되는 논의라는 점을 잊지 말기 바란다. 다시 말해서 어떤 이유로 어떤 종교적 신념과 관행이 생겨났는지를 역사적으로 이해할 수 있게 하려는 설명을 제시하는 것이지, 실제로 고대 인도의 불교도들이 그렇게 살았다는 주장이 결코 아니라는 점은 잊지 말기 바란다. 고대 인도에서도 무소유의 의무를 진 불교의 출가자들 가운데 대단한 자산가들이 꽤 있었던 것이 사실이다. 이 이상과 현실 간의 간극은 분명하게 있었고, 당시에도 이런 상황에 불만을 표시하는 사람들이 많았다. 이상형(Idealtypus)에 관한 서술과 설명을 근거로 역사적 자료들이 분명하게 가르쳐 주는 현실도 무시한 채, 고대 인도의 수행자들이야말로 진정한 수행자의 모습을 구현한 사람들이었다는 근거 없는 이상화나 초기불교만이 진정한 불교라는 착각과 독단에 빠지지 말아야 한다.

우리는 불교 전통의 출발점을 만들어 낸 사람을 '붓다(Buddha, 佛陀)'라는 이름으로 부른다. 이 말은 고대 인도의 문화적 표준어이자 인도아리안 문화와 종교적 이데올로기를 담지한 언어 쌍쓰끄리땀(Saṃskṛtam, 영어 Sanskrit)의 과거 분사에서 만들어진 명사로 '깨달은 사람'을 뜻한다. 이 '붓다'라는 말에서 비롯된 것이 '불교(Buddhism, 佛教)'라는 용어이고, 지금은 전 세계 3대 종교에 꼽히는 종교의 이름이다. 단순하게 현재 신자의 숫자만을 고려한다면 비종교인이나 힌두교도가 불교도들보다 많지만, 불교는 그 분포와 역사적 전개에서 세계종교로 꼽히는 대표적인 종교여서 그 위상과 의미가 크다는 점에는 의심의 여지가 없다. 이 책에서 서술하고자 하는 것은 불교의 출발점을 만들어 낸 인물, 붓다의 고민과 도전과 모색 그리고 그가 제시한 해답이다. 또한 그것이 가진 현재적 의미에 대한 필자의 생각도 마지막 대목에서 제시하고자 한다.

따라서 이 책에서 설명하는 불교는 '초기불교'라기보다는 '최초기불교'라고 불러야 마땅할 시대적인 맥락에 제한되어 있다. 이는 진정한 불교는 오로지 붓다의 활동 시기의 불교라는 배타적인 근본주의라거나 모든 역사적 발전들은 결국 하나의 핵심적인 알맹이를 둘러싼 부차적인 껍데기에 불과하다는 몰역사적이고 아전인수격의 사실과는 먼 단일불교론을 옹호하려는 것이 결코 아니다. 모든 불교의 핵심이 하나라고 하는 주장을 불교 전통에서는 '하나의 핵심 혹은 맛(eka-rasa, 一味)'이라고 부른다. 모든 불교 전통은 자신들이 받아들이고 주장하는 불교가 바로 이 '하나의 맛'을 보여준다고 믿고 따른다. 하지만 우리에게 주어진 불교는 너무나 많고 다양한데, 그것들 모두를 이해하는 각자의 관점과 경험은 더욱더 각양각색인 상황에서 이것들을 억지로 아우르는 가짜 '하나의 맛'을 만들 필요는 없다. 다만 다양성이 역사적 발전 속에서 가능하도록 만들어낸 출발점을 이해할 수 있다면, 그 다양한 모습들 모두를 이해하는 가장 효율적인 접근방법이 될 것이다. 이 책을 통해 불교의 역사성과 현재성의 연결을 시도하고, 역사성을 지닌 통찰만이 현재성을 만들어 낼 수 있는 살아있는 문제의식의 토대가 될 수 있다는 사실을 보여주고자 한다.

짧게 밝혀 두고자 하는 사실은 이 책에 서술된 내용 대부분은 필자의 목소리로 전달되지만, 그 내용은 아래와 같은 필자가 존경하는 대가들의 성취에 기반한 것들이라는 사실이다. 대표적으로 프라우발너(Erich Frauwallner), 노먼(Kenneth R.

Norman), 폰 힌위버(Oskar von Hinüber), 페터(Tilmann Vetter), 쉬미타우젠(Lambert Schmithausen), 오버리스(Thomas Oberlies)를 꼽을 수 있는데, 특히 페터와 쉬미타우젠의 작업이 현재의 맥락에서 핵심적으로 중요한 내용을 구성한다. 독자 중에서 더 연구해 보고 싶은 분들에게는 이 학자들의 글을 읽어 보기를 권한다. 그리고 고대 인도의 사상사적 배경을 이해하기에는 너무 사전지식이 부족하다고 생각되거나 혹은 그런 내용에 관심이 없는 독자라면 3장의 '붓다의 출발을 묻다: 깨달음'부터 읽기를 권한다.

목차

인간은 객관적인 상황과 상관없이
철저하게 자신과의 관계 속에서 행복과
만족을 해결해야 하는 과제를 안고 있다.
이런 우리의 상황이 고대 인도의
출가수행전통을 되살려 불러내고,
인도의 출가수행전통에 뿌리를 둔 불교가
현대인의 삶 속에서 드러나지 않게
의미심장한 역할을 하게 만든다.

1장

붓다에 관한 질문

고대 인도의 출가고행자에게 묻는 우리들

인류 사상사의 흐름에서 현재 상황에 대한 비판과 도전은 대부분 지적인 전통이 '근본으로의 회귀'를 주장하면서 이루어진다. 불교의 긴 역사 속에서 모든 현재에 대한 비판과 부정은 항상 이상화된 '근본불교'를 향한 주관적이고 종종 극단적인 해석들을 만들어 냈다. 그런 흐름들은 대부분 일탈적인 근본주의의 대두에 그친 것만이 아니다. 당시 지배적인 불교에 관한 대안을 모색하고 개혁적인 새로운 불교를 만들어 내는 에너지를 응집하는 계기를 만들어 왔다. 이러한 불교 내부의 흐름은 지금 한국에서도 '초기불교' 혹은 '근본불교'에 대한 관심이나 이상적이며 원초적인 불교를 지향하는 종교운동의 흐름으로 대두되고 있다.

그런데 좀 더 넓게, 불교도가 아닌 사람들 사이에서도 붓다에 관한 질문이 의미 있게 대두될 만한 맥락들이 현대 사회에서 강해져 가고 있다. 이는 불교를 포함하는 인도의 고행 전통이 남긴 여러 문제의식과 그에 관한 해결 시도들이 인류 지성사의 자산으로 활용되는 일들이 빈번해지면서이다. 심리적인 안정과 만족을 구하는 현실적인 조언들을 담아 쏟아지는 문화 콘텐츠들은 물론이고, 수많은 크고 작은 수행단체들과 (유사)종교단체들도 불교 전통이 구축해 왔던 유산들을 차용하고 활용하는 게 일상화되었다. 불교 수행법들 중의 하나인 호흡을 관찰하는 수행법을 근거로 만들어진 종교단체의 수도 많은데, 동정심 혹은 자비심을 길러서 분노를 삭여가는 과정의 체험을 제공하는 곳들은 굳이 종교단체가 아니라도 많다. 임상에 활용한 정신적 치료 프로그램들 안에서도-예를 들어 MBSR(Mindfulness-based Stress Reduction, 마음챙김을 통한 스트레스 저감 프로그램) -불교의 유산들은 '불교'라는 출처를 밝히지 않은 채 다양하게 활용되고 있다. 인공지능을 논하고 뇌과학으로 많은 것을 설명하는 현대에 사는 우리가 왜 2,500년 전 고대 인도에서 출가수행자로 살던 인물에게 자꾸 질문을 던지고 답을 듣고자 하는지 따져볼 일이다.

붓다를 향한 관심이 종교로서의 불교와는 무관한 맥락에서 제기될 때, 이것은 근본적으로 현대인들의 독특한 '행복'

에 관한 관념 때문에 벌어지는 일이라고 필자는 판단한다. 근세기를 지나는 어떤 때부터, 아마도 '르네상스'라고 불리는 서구문명의 어떤 시기부터 우리는 개인의 정서적인 만족 여부로 행복을 판단하게 됐다고 생각한다. 고대 그리스에서의 '행복' 개념을 대표한다고 생각되는 '에우다이모니아(εὐδαιμονία, eudaimonia)'가 영어로 'happiness' 혹은 'well-being'이라고 번역되다 보니, 많은 이들은 이것이 우리가 요즘 말하는 개인적인 '행복'에 가까운 무엇이라고 생각한다. 다시 말해서 한 인간이 정서적으로 만족하는 상태를 말하는 개념이라고 착각한다.

동북아시아의 유가전통에서 '효자(孝子)'를 예로 들어 질문을 만들어 보자. "홍길동은 효자인가?"라는 질문은 홍길동이라는 인물의 정서 상태, 혹은 홍길동이 자신의 아버지 홍문에 관해 긍정적인 애정관계를 갖는지 여부와는 무관하다고 할 수 있다. 즉 홍길동이 하는 행동과 드러나는 태도에서 사회적으로 홍길동의 효자 여부가 판단되는 것이지, 홍길동의 주관적 정서상태나 그 스스로 효자라고 주장하는 일과는 무관하다는 말이다. 그리고 아리스토텔레스가 말하는 '에우다이모니아'도 실제로는 요즘 말로 '성공(한 인생)'에 가까운 개념이다. 그래서 영어로 'human flourishing'이라는 번역을 선호하는 학자들이 있다. 즉 주관적인 만족도와는 다른, 사회적으로 판단과 합의가 가능한 상태를 부르는 말이다.

고대 인도에서도 사정은 비슷했다. 대략 기원전 1,500~500년 사이의 『베다(Veda)』•가 만들어지던 시대를 인도 역사에서 '베다 시기(Vedic period)'라고 부른다. 이 베다 시기에도 한 인간이 사회적으로 훌륭한 인간이었는지를 따질 때 그 사람의 개인적이고 주관적인 정서적 만족을 묻지 않았다.

그런데 우리는 객관적이고 사회적으로 주어진 상황과는 무관하게 개인적이고 정서적인 만족을 중심으로 행복을 따지는 시대에 살고 있다. 제아무리 성공한 사람이라도 불행하다고 말을 하면 수긍이 되고, 제아무리 불행한 상황에 놓인 사람이라도 자신이 행복하다고 주장하면 사회적으로 받아들여진다. 게다가 불행과 행복이 수시로 바뀌는 일조차 자연스럽다고 간주하는 세상에 우리는 살고 있다.

이 상황은 긴 인류의 역사에서 보자면 당연한 상황은 아니라고 보인다. 물론 고대인들에게 개인의 감정과 정서적 판단이 없었다고 말하는 게 아니다. 현대인은 주관적인 정서적 판단으로 내가 행복한지 여부를 정할 수 있는 자유를 가진 삶을 살고 있지만, 반면 객관적인 상황을 통해 행복을 확인하기

• 자신을 스스로 '아리안'이라고 부르던 인도유럽어족의 언어를 사용하던 사람들이 기원전 2,000년 이후로 중앙아시아에서 고대 인도로 이주하기 시작하던 시기부터 만들어진 구전 텍스트.

어려운 불안함 속에 살아야 하는 굴레에 갇혀 있기도 하다. 모든 객관적인 상황이 긍정적인 여건 속에 사는 개인마저도 정서적인 만족감을 느끼지 못할 수 있는 시대에 우리는 살고 있다. 마치 우리가 우리의 행복 여부를 자기 스스로 결정하면서 사는 것 같은 상황 속에서 살게 됐지만, 실제 우리의 정서적 만족은 우리의 주관적 의지에 따라 결정되지 않는다. 이런 맥락은 현대를 사는 우리에게 사회적인 합의, 객관적인 상황과 무관하게 행복과 만족에 관해 한 인간이 철저하게 스스로와의 관계 속에서 해결해야 하는 과제를 던지고 있다. 자신과의 관계 속에서만 답을 구해야 한다는 현대적 상황은 고대 인도의 출가수행전통을 되살려 불러내고, 이 전통에 뿌리를 둔 불교가 현대인의 삶 속에서 드러나지 않게 의미심장한 역할을 하게 만들고 있다고 필자는 생각한다. 현대 사회에 호출되어 다양하게 활용되고 있는 인류 정신사의 자산으로서 작동하는 고대 인도의 고행 전통이 우리에게 '불교'라고 알려졌고, 이제 '불교'라는 종교의 이름을 붙이지 않은 다양한 형태로 그 역할을 수행하고 있는 셈이다.

고대 인도의 출가수행전통은 일상을 벗어난 출가자의 삶을 전제한다. 출가자가 된다는 것은 사회적인 죽음을 맞는다는 뜻이다. 생물학적으로 살아 있지만 죽은 자만이 할 수 있는 일들의 수행 자격을 얻는 동시에, 산 자들에게 주어지는 터부를 벗어난 삶을 맞는 게 출가이다. 사회적 연관 관계를 지운 채로 철저하게 고립된 인간 개체를 상정해 자신이 구현해야만 하는 해답을 찾는 일에 치밀하게 몰두한 인도의 출가수행 전통과 같은 예는 인류 역사에서 찾기 힘들고 드문 일이다. 특히나 이 전통 안에서 수많은 수행 방법을 개발하여 이론체계로 발전시키고, 그 이론체계에 기반해 거대한 담론을 창출한 전통은 더더욱 예외적인 경우여서 인류 지성사의 의미심장한 자산을 이루고 있다고 할 수 있다.

아마도 그래서 현대를 사는 많은 사람들이 그들 스스로 내면의 문제를 철저하게 '자기 자신'의 문제로 다루어야 할 때 붓다의 고민과 해답을 묻는 것이라고 필자는 생각한다. 바꾸어 표현하자면, 우리는 붓다에 관해 물으면서 동시에 인도의 고행 전통을 묻고 있다는 뜻이다. 또 우리가 아는 인도 고행자의 대표격인 붓다에게 하는 질문들은 큰 틀에서 인도의 고행 전통이 전해주는 유산을 묻는 것이기도 하다는 뜻이다. 그렇다면 이런 관심과 질문은 과연 의미 있다고 할 수 있을지 따져볼 만하다.

인도의 고행 전통은 이 맥락에서 한 개인이 해 나갈 수 있는 구체적인 문제 해결의 방법들을 체계화시키고 이론화시켜 이제는 '프로그램'이라고 부를 수 있는 형태로 수없이 많은 가능성들을 누적시켜 왔다. 이렇게 한 개인의 내면적 행복 문제를 다루는 일이 사회적 현상으로 관철되고 체계화되고 이론적 발전을 이루어 간 예는 고대 인도의 고행 전통이 아니라면 찾아보기 어려운 독특한 것이었는데, 그러한 전통의 유산이 가진 가치가 이제 현대 사회에서 빛을 발하고 있는 것이다. 그래서 많은 경우 붓다에게 던지는 질문들은 자신만이 감당해야 하는 삶의 무게를 짊어진 현대인들이 고대 인도의 고행 전통에서 어떤 도움의 실마리를 구하려는 시도인 셈이다. 따라서 우리는 붓다를 이해하기 위해 고대 인도의 고행 전통을 이해하는 시도를 먼저 하게 될 것이다.

앞으로 보게 되겠지만, 붓다는 인간이 세계를 인식하는 일 자체가 정서적 반응을 자동적으로 동반하거나 혹은 전제한다고 생각했다. 다시 말해서 정서적 개입과 무관한 객관적 사실을 인식하고 나서 별도로 정서적 반응이 이루어진다는 틀을 받아들여 본 적이 없다. 인간의 인식 행위 자체에 이미 정서적 선택이 포함된다는 점을 붓다는 상식적인 이해로 받아들이고 있었다. 반면 서구 지성사에서 감정과 정서적 반응이 인식 과정 자체에 개입된다는 것을 받아들이기까지는 아주 긴 세월이 필요했던 게 사실이다. 인도 전통이 이해하던 방식의 인간과 세계의 관계가 이론적으로 더 우월하다는 게 아니다. 현대인에게 행복의 문제가 온전하게 개인적인 문제로 던져지는 맥락 안에서 인도 전통의 입장은 많은 장점을 지닌 접근이라는 말이다.

또한 붓다를 묻는 질문은 사실 많은 경우 '붓다'라는 역사적 인물에 관한 질문들이 아니라 붓다를 중심으로 구축되어 전해진 수많은 서사들을 소화하는 개인적인 지향들과 엮인 질문들이다. 다시 말해서 붓다를 묻는 수많은 사람들은 이미 붓다가 '어떤 모습이었으면 좋겠다'는 입장으로 질문을 던지고 그에 상응하는 답이 주어질 때에야 비로소 만족할 것이다. 그런데 불교는 아주 긴 세월 동안 수많은 언어권과 문화권에 걸쳐 유통되고 발전해 온 역사를 지닌 전통이다. 그래서 결국 누구나 불교의 역사 안에서 다양하게 그려진 붓다들의 수많은 모습들을 살피다 보면 자신이 원하는 모습의 붓다를 찾는 것은 어떤 경우에라도 가능하다. 이런 붓다의 모습들을 보여주는 수많은 자료들은 역사적 '사실'이 아니라 종교적 '진실'을 반영하는 것이고 서술이 아닌 서사이다.

이 책에서 필자는 역사를 넘어서는 '서사'에도 그리고 사실을 넘어서는 '종교적 진실'에도 관심을 기울이지 않을 것이다. 종교적 체험과 종교생활의 내용을 채우는 것은 바로 서사와 종교적 진실이라는 현실을 부정하고자 하는 게 아니다. 이런 것들을 찾는 독자들이라면 그들을 만족시키기 위해 이미 수많은 다른 종류의 자료들이 출간되어 있으니, 이 책을 거기에 보탤 필요가 없기 때문이다. 이 책은 역사적 사실에 다가서

고자 하는 이성적 작업으로서의 학문이 우리에게 지금까지 밝혀준 붓다의 모습이 어떠하였는지를 필자가 인도 고전학자로서 아는 최선의 판단으로 그려내고 그 결과를 보여주고자 하는 시도이다.

붓다가 되기 이전의 이야기들

기원전 1,800년 전후부터 카스피해를 중심으로 한 중앙아시아 지역의 다양한 아리안-자신들 스스로 '아랴(ārya)'라고 불렀다-부족들은 인도를 포함한 남아시아 지역으로 이주해서 인더스강변 지역부터 점차 인도 아대륙으로 퍼져 나간다. 이들은 크게는 인도유럽어족(Indo-European)에 속하고 그 안에서 세부 구분으로는 인도이란어(Indo-Iranian)를 사용하던 사람들이었다.

이들이 인더스강변으로 이주할 때부터 창작되고 전승되던 텍스트들이 『베다』이고, 적은 수가 이주했지만 북인도에서 그리고 나중에는 인도 전체에서 문화적이고 정치적인 주류세력이 되었다. 이주해온 아리안들은 남성 중심의 소수에 불과했지만, 이들은 기존 인도의 토착민들이 갖고 있던 사회적 위계질서의 분류 체계에서 최상층으로 수용되었다는 말이다. 이러한 사정 때문에 '아리안'이라는 말은 원래는 집단을 가리키는 이름이었지만, 나중에는 '훌륭하다'거나 '고귀하다'는 의미를 가진 말로 변용된다. 우리가 흔히 한문으로 '四聖諦(사성제)'라고 번역하는 '고귀한 (이의) 네 진리'에서 흔히 '성스럽다(聖)'라고 번역되는 표현이 바로 'ārya'이다.

인도아리안의 인도 내 이주는 서북부에서 동북부로 그리고 남쪽으로도 긴 세월에 걸쳐 진행되는데, 붓다는 동북부에 이주했던 아리안의 후손이라고 판단된다. 그런데 붓다의 조상들이 그곳으로 이주한 후에도 더 큰 규모의 이주가 이루어졌다 보니, 붓다의 조상이나 붓다와 같은 이른 시기의 이주민들을 우리는 아마도 '선정착민'이라고 부를 수 있지 않을까 싶다. 이런 상황에서 붓다와 같은 선정착민들은 보다 강하게 현지인들과 동화된 상태였고, 나중에 본격적으로 이주해 온 아리안 주류 집단에서는 이들 선정착민을 제대로 아리안으로서의 자격을 갖춘 사람들로 인정하려 하지 않았다. 왜냐하면 붓다가 활동할 당시 인도 동북부 지역에는 사제(brāhmaṇa) 집단을 중심으로 한 종교적 권위가 완전하게 관철되지 않았기 때문인데, 그래서 많은 텍스트에서 이 지역은 아리안의 땅(āryāvarta)이 아니라고 서술되고 있다. 바로 이러한 배경을 가진 곳에서 붓다는 활동하고 있었다. 선정착민들이 기득권 세력이자 주류 집단을 형성했던 유럽으로 이주한 아리안들과는 상황이 달랐다.

붓다는 깨달음을 얻고 해탈을 체험하고 나서 붓다가 되었다. 다시 말해서 해탈을 체험하기 전의 붓다는 붓다가 아닌 그저 한 고행자였고, 그 사람이 마주한 개인적인 상황들이나 행적, 겪었던 일들은 알려진 게 거의 없다. 우리가 불교 전통 안에서 붓다의 일대기라고 접하게 되는 서사들은 붓다가 되고 난 인물의 가르침에 설득력과 필연성을 부여하고 서사적인 감동을 더하기 위해 삽입된 이야기들이다. 이 이야기들이 실제로 역사적인 사실을 반영하고 있을 가능성은 희박하다.

예를 들어 흔히 '사문유관(四門遊觀)'이라고 불리는 사건이 있다. 붓다가 왕국의 왕자였는데, 성의 동서남북 네 문으로 외출을 했다가 생로병사(生老病死)에서의 노·병·사를 체험하고 마지막으로 출가자를 보게 되면서 출가를 결심하게 되었다는 이야기이다. 이 이야기는 불교 전승 안에서도 원래는 붓다의 이야기가 아니라 이전 시대의 붓다들이 있었다는 전설에 얽혀서 전해진 이야기들 중 하나이다. 즉 이전 시대 붓다들 중의 한 인물의 이야기라고 전해지던 것을, 나중에 붓다의 이야기로 재포장해서 만들어진 이야기이다. 결국 인생에서 필연적으로 겪는 '생로병사'라는 과정의 고생을 피하는 궁극적

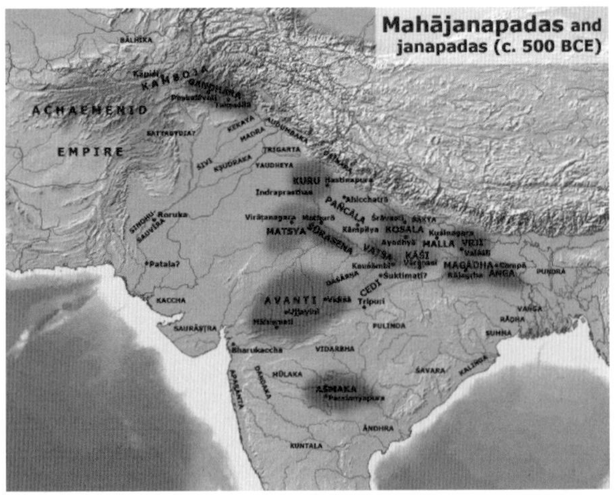

붓다가 활동하던 시기, 국가와 부족연맹이 정치적 단위를 이룬 인도 동북부 ⓒWikimedia

인 방법은 해탈을 가능하게 하는 출가밖에 없다는 붓다의 가르침을 붓다가 인생에서 직접 겪은 이야기라고 포장해서 끼워 넣은 것이다. 곧 붓다의 가르침이 이미 출가 계기에 포함된 것으로 그림을 그리고 싶었던 후대 불교인들이 고대 인도에 많았다는 말이다. 붓다가 가르쳤던 내용에 필연성과 서사적 감동을 더하는 좋은 방법은 바로 출가 이전에 이와 짝을 이루는 붓다의 개인적인 체험이 있었다는 사실을 붓다가 겪은 이야기로 보태는 것이었다. 이것이 종교적 체험과 종교생활의 현실을 이루는-비하하는 의미가 아니고 객관적으로 종교 현상을 인정하고 바라본다는 의미에서-서사의 구축 방식이다.

그렇다면 우리는 붓다의 개인사에 관해 무엇을 알고 있는가? 실제로 알고 있는 것은 없다고 하는 편이 맞다. 붓다 자신이 출가 이전에 했던 경험이나 개인적인 가족사에 대해 언급한 것이 전해지는 내용은 역사적인 자료라고 볼 만한 게 없다. 그의 씨족이나 출신 지역 그리고 그 당시의 상황을 추정해 볼 수 있는 자료들은 다양하게 있지만, 그의 출가 이전이나 해탈 이전의 개인사에 관한 서술은 찾아보기 어렵다. 이렇게 붓다의 개인사에 관한 자료가 지극히 제한된다는 사실을 어떻게 받아들여야 할까? 실제로 그의 개인사로 전승되는 거의 모든 내용이 수많은 다른 종교에서도 창시자의 일대기에 관한 서술에서 흔히 사용되는 고대 인도의 일반적인 토포스(topos,

문학의 전통적인 주제나 사상)였다는 사실을 직시하면 상황은 분명해진다.

이런 사실을 근거로 더욱 극단적인 주장을 하는 사람들은 '붓다'라고 우리가 부르는 인물은 역사적 실존인물이 아니라 전설 속의 가상인물이라는 입장을 취할 수도 있다. 하지만 모든 상황을 종합해 보건대 붓다가 기원전 500년에서 350년 사이에 인도 동북부 지역, 그 중에서도 마가다(Magadha) 지역을 배경으로 살았던 인물이었다고 받아들이는 것이 합리적이다. 붓다가 활동하던 시기의 인도 동북부는 'mahājanapada(대연합체)'라고 하는 국가와 부족연맹이 정치적 단위를 이루었던 것으로 보이는데, 인더스 문명 이후 여러 도시들이 발전하면서 '2차 도시화'가 이루어지던 시대였다.

그가 사용했던 언어는 마가다 지역의 표준어에서 약간 벗어난 사투리라고 할 수 있는 유사-마가디(ardha-māgadhī, '절반-마가다어')였다. 예를 들어 그가 사용하던 유사-마가디에서 '어머니'에 해당하는 단어는 고대 인도아리안의 표준어라 할 수 있는 쌍쓰끄리땀(Saṃskṛtam, 영어 Sanskrit)의 단어 'mātṛ'의 임자격(nominative)인 'mātā'가 아니었다. 쌍쓰끄리땀이 인도아리안어에 속하는 언어였고 넓게는 인도-이란어, 더 나아가 인도-유럽어에 속하는 언어였기 때문에 'mātṛ(마뜨리)'는 영어의 'mother', 독일어의 'Mutter', 프랑스어의 'mère', 그리스어

'μήτηρ', 라틴어 'māter'와 같은 단어이다. 그런데 붓다가 쓰던 사투리로 '어머니'는 'māyā'였는데, 이것은 두 모음 사이에서 자음이 약화되는 현상 때문이었다.

그래서 붓다와 주변의 사람들은 붓다의 어머니를 사투리로 '마야'라고 불렀는데, 문제는 다른 지역의 사람들이 이 말을 알아듣지 못해서 생겨나고 말았다. 쌍쓰끄리땀을 기준으로 판단하자면 'māyā'는 '어머니'가 아니고 '환상'을 의미하는 단어였고, 이러다 보니 사람들은 붓다의 어머니가 환상적으로 아름다운 미인이었다는 해석을 보태어 온갖 이야기들을 만들어 내기 시작했다. 그러니 지금 한국에서 일반적으로 붓다의 어머니 이름이 '마야 부인(摩耶夫人)'이라고 알려진 사실은, 중국에서 만들어진 오해가 아니라 인도에서 만들어진 아주 오래된 오해인 셈이다.

이제 확인할 수 있는 것은 크게 두 가지다. 첫째, 우리는 붓다의 어머니 이름이 무엇이었는지 전혀 알지 못한다는 사실이다. 둘째, 이런 오해가 벌어진 사정을 보더라도 역사적으로 '마야'라는 단어를 쓰는 사투리를 구사하던 어떤 인물이 실제로 그 지역에 살았고 활동하고 있었다는 추정을 할 수 있다. 그리고 이런 오해의 역사만 보더라도 불교 전승이 완벽하게 후대의 표준어로 갈아 끼우거나 교정하지 못한 내용이 있음을 알 수 있다. 또한 당시 인도 동북 지역의 흔적들이 일관되게 나타나는데, 이 흔적들이 붓다의 가르침을 추적하는 핵심 단서가 될 것을 우리는 쉽게 생각할 수 있다.

특히 사투리로 생긴 수많은 문제들이 붓다가 가르친 내용이라고 전하는 핵심적인 개념들에 집중돼 있다는 사실은 우리에게 큰 어려움이기는 하다. 하지만 반면에 붓다 자신이 말한 것에 다가설 수 있다는 언어 자료 면에서의 희망이기도 하다. 붓다가 가르쳤다고 하는 '고귀한 (이의) 네 진리 (catvāri āryasatyāni, cattāri ariyasaccāni, 四聖諦)' 혹은 '의지하여 생겨남 (pratītya-samutpāda, 緣起)' 등 불교의 핵심적인 내용을 표현하는 말들이 바로 그 자체로 인도 고전어의 표준 문법에 맞지 않는다는 공통점이 있다. 즉 후대의 불교도들이 자신들이 아는 표준어로 가다듬고 바꾸기엔 부담스러울 만큼 이미 고착된 불교의 핵심 개념들이 있었는데, 아마도 그것들은 붓다 자신이 사용했던 언어로 전승되던 내용이어서 그 표현들을 바꿀 수가 없었던 것으로 보인다. 이러한 사정만 보더라도 (사투리가 사용된 시기와 지역을 비교해) 우리는 '붓다'라는 인물이 아마도 인도 북동부 지역에서 기원전 500~350년 사이에 활동했을 것이라는 추정을 받아들일 수 있다. 이 외에도 수많은 자료들과 전적들이 일관되게 그 시기 그 지역에서 활동한 구체적인 인물로서 붓다를 받아들이는 편이 더 합리적이라는 사실을 잘 말해주는데, 언어학과 문헌학과 고고학의 교차점에서 우리는 붓다의 흔적을 추적할 수 있다는 희망을 가질 만하다.

인도의 불교 전통을 온전하게 그리고 충실하게 담지하고 있다고 주장하는 동남아시아 빠알리(Pāli) 전승은 붓다가 빠알리를 사용했고 그래서 빠알리 전승이 붓다의 육성을 그대로 전하고 있는 전승이라고 주장한다. 하지만 빠알리는 붓다가 활동했던 지역과 동떨어진 인도 서부 지역 언어, 다시 말해서 서부 사투리에 기반해서 만들어진 인공 언어이다. 빠알리는 당시 인도에서 실제로 사용되던 언어가 아니라 불교 전승을 만들어 내기 위해 여러 사람들이 가다듬어서 만들어낸 인공 언어적인 성격이 강한 언어라는 말이다. 따라서 특정한 언어의 전승이 다른 전승들보다 붓다의 육성에 가깝고 그 전승이 전하는 내용이야말로 진정한 붓다의 가르침을 담고 있다는 선입견은 내려놓아야 한다.

최근 우리는 간다리(Gāndhārī) 전승은 물론 여타 다른 언어들의 전승에 대해서도 수십 년 이전의 상황과는 비교하기 어려울 만큼의 자료를 확보했고, 보다 적확한 이해를 갖고 있다. 또한 후대의 언어를 사용한 전승이 담고 있는 내용이라고 해서 그 내용이 곧바로 후대의 것이라는 사실을 함축하지 않는다. 외워서 전해지던 내용이 후대의 언어로 전해지더라도, 외워서 전해지던 내용 그 자체가 더 오래됐을 가능성은 배제할 수 없다. 마치 필사본의 제작 시기는 오래되지 않았지만,

그 필사본이 담고 있는 텍스트 자체는 아주 오래된 판본에서 베껴 놓은 텍스트일 수도 있다는 것과 같다.

따라서 우리는 붓다의 개인사가 어떠했는지, 그의 이름이 무엇이었는지도 묻지 않으려고 한다. 붓다를 부르던 명칭이 현재 우리가 아는 방식의 성과 이름의 조합이라고 생각하는 선입견은 버리는 게 당연하다. 하지만 대부분의 경우에 다른 사람이 그를 부를 때 공식적으로 사용했던 이름이 '가우따마(Gautama)'였다는 것을 우리는 알고 있다. 이것은 붓다가 속했던 '씨족'이라고 할 수 있는 고뜨라(gotra)의 이름이었다.

인도아리안들이 인도로 이주해 온 수는 많지 않았다. 적은 인구가 남성 위주로 이주해 왔지만, 아리안들이 기존 사회집단들 가운데 지배적인 집단으로 수용 혹은 융화되면서 변화를 가져왔다. 그 변화들 중 하나는 바로 아리안의 문화와 종교 그리고 언어가 모방하고 수용해야 할 모범이자 표준으로 관철된 것이다. 이 맥락에서 이해할 수 있는 사회적 단위가 바로 고뜨라이다. 원래는 사제들만의 '씨족' 개념에 해당하는 '고뜨라(gotra)'라는 단위는 사제들의 부계에 따른 혈통을 강조하는 단위였다. 즉 한 성인을 부계의 조상으로 설정하고 그 조상의 부계를 이어 태어난 모든 사람들이 동일한 고뜨라에 속하게 된다. 따라서 고뜨라 단위 내부에서 결혼을 하는 것은 근친상간으로 간주된다. 특히 '일곱 리시(saptarṣi)'•라고 알려진 7

대 리시들을 자신들의 조상으로 삼는 전통이 베다 시기 이후에 확립되고 점점 더 강화되면서부터는 고뜨라 단위의 정체성을 강조하는 전통은 더욱더 강화되었다.

후대에 리시들 중 7명을 대표적으로 꼽게 된 것은 북두칠성의 별자리에 각 리시들을 연관시키면서 굳어진 관행이라고 보이는데, 이미 『자이미니야브라흐마나(Jaiminīyabrāhmaṇa)』에 언급된 예가 있어서 그 뿌리는 오래된 것으로 보인다. 특히나 고뜨라의 계보를 다루는 맥락에서는 이 리시들이 여러 공적인 제사를 다루는 텍스트, 『쉬라우따쑤뜨라(Śrautasūtra)』나 사적인 제사의식을 다루는 텍스트, 『그리햐쑤뜨라(Gṛhyasūtra)』 등에 자주 등장한다. 각 텍스트마다 제시되는 일곱 이름에 작은 차이가 있지만, 대개 고따마(Gotama)가 포함되어 있다. 여기에 등장하는 성인 이름이 '고따마(Gotama)'이고 '고따마의 자손들'이라는 표현이 '가우따마(Gautama)'이다. 이 '가우따마'라는 쌍쓰끄리땀의 이름을 인도 중세어-붓다가 사용했던 지

• 한국에서는 자주 '성인'이라고 번역하면서 구별하지 않는 여러 단어들이 있는데, '리시(ṛṣi)'도 그런 단어들 중의 하나이다. '리시'는 베다 전통에서 베다의 텍스트를 영감에 따라 읊은 시인으로서의 역할을 했던 아리안의 전사를 가리킨다. 『베다』 텍스트 자체가 스스로 이 세상에 나타나기 위해 매개체로 리시가 역할을 한 것이지, 리시가 『베다』의 텍스트를 창작한 게 아니라는 입장이 베다 전통의 정통 교리로 굳어져 있다. 그래서 리시들이 『베다』의 창작자들이라고 하지는 못하지만, 이들의 역할이 중요하다는 사실은 의심의 여지가 없다.

역 언어도 인도 중세어들 중 하나-로 부르면 '고따마'가 된다.

사제 중심의 세계관과 사제의 권위를 인정하는 종교적이고 문화적인 사회체계가 확립되면서 브라흐만들이 주장하는 자신의 계보인 고뜨라는 다른 모든 사회집단들, 특히 상층 계급에 속하는 집단들에게 널리 퍼지게 된다. 붓다의 경우에도 붓다 자신의 고뜨라 이름이 '가우따마(Gautama, 빠알리: Gotama)'라고 하는 것도 이 전통과 관습에 따라 베다의 리시 고따마(Gotama)에게서 비롯된 것이다. 그런데 붓다 자신이 리시 고따마의 후손인 사제이기 때문에 이 이름을 사용한 게 아니다. 붓다가 속한 고뜨라(≒씨족)의 제사를 담당한 사제가 '가우따마'라는 고뜨라에 속했고, 이 때문에 붓다가 속한 고뜨라가 '가우따마'를 이름으로 사용하면서 붓다에게도 그 이름이 주어졌다. 다시 말해 붓다가 속한 고뜨라의 제사를 전담한 사제(brāhmaṇa)가 자신의 족보는 베다의 성인 고따마(Gotama)에서 출발했다고 주장했고, 그 사제의 주장대로 다른 고뜨라에 속한 사람들이 '고따마의 자손들'이라는 뜻의 '가우따마(Gautama)'를 붓다가 속한 고뜨라의 이름으로 사용했던 것이다. 그에 보태어 붓다 자신을 가리키는 개인적인 이름은 '씯다르타(Siddhartha)'라고 하는 전승이 있지만, 실제로 이 이름이 붓다의 개인적인 이름이었다는 전승은 후대의 그리고 아마도 나중에 고안된 전승이라고 보인다. 붓다가 가르친 바의 취지를 극적이고 설득력 있게 만드는 서사는 붓다가 대제국의 황태자급 위치에서 유소년기를 보냈고 인간 사회에서 가능한 모든 쾌락의 극단을 맛보았지만, 그럼에도 불구하고 붓다는 세상의 모든 것이 다 고생이라는 것을 깨달았다는 서사이다. 따라서 부모가 그를 위해 지어준 이름은 '성공(artha)을 이룬 자(siddha)'라는 뜻의 '씯다르타'였다는 서사가 쉽게 보태어질 수 있었다고 보인다. 여기서 등장하는 '일반적으로 세속적인 인간들이 추구하는 바의 목적'을 의미하는 'artha'라는 말은 정치적이거나 경제적인 성공을 염두에 둔 '목표' 혹은 '대상'을 의미하는 말이다.

다시 말해서 우리는 붓다가 개인을 가리키는 이름으로 어떤 이름을 사용했는지 정확하게 알기 어렵다. 결국 우리는 붓다의 개인사에 관해 아는 게 없다고 하는 편이 솔직한 태도이다. 하지만 붓다가 해탈을 얻어 붓다가 되고 난 순간부터는 상황이 다르다. 붓다로서 그는 우여곡절을 겪기는 하지만, 결국 수많은 사람들의 존경을 받는 인물이 되고 그를 따르는 출가자들을 중심으로 한 단체가 구성되면서 '불교'라는 종교를 창시한 인물이 된다. 그래서 해탈 이후로 그가 했던 일들에 관한 많은 양의 기록과 서술들이 전해졌고, 이를 토대로 그의 고민과 가르침을 유추하기에 큰 어려움이 없다고 할 수 있다.

붓다를 이해하고 그가 마주했던 질문과 해답을 이해하

기 위해서는 우선 붓다를 둘러싸고 있던 당시의 지성사적 지형을 이해할 필요가 있다. 그의 개인사에 관한 전설이 아니라 그 당시 사람들이 공유하던 고민과 질문에서 그가 왜 붓다가 되었는지 찾는 편이 맞는 일일 것이다. 가장 효과적이고 이해하기 쉬운 접근 방식으로 자이나(Jaina) 전통을 설명하는 것으로 이야기를 시작하고자 한다. 우리는 붓다가 활동하던 당시의 인도 동북부에서 등장한 지배적인 사상적 혹은 종교적 흐름을 '쉬라마나(śramaṇa, 沙門) 전통'이라고 부른다. 이 '쉬라마나'라는 말은 '애쓰다, 노력하다, 고생하다'라는 뜻인데, 일부러 고생을 한다는 의미로 이해할 수 있다. 다시 말해서 '고행 전통'이라고 부를 수 있는 전통인 셈이다.

이 사람들은 집을 떠나 출가를 하고 특정한 세계관에 따라 수행 혹은 고행을 하면서 목표한 바를 이루려 노력하던 사람들이었는데, 붓다가 활동하던 시기에는 수많은 쉬라마나 전통들이 인도 북동부에 자리잡고 있었다. 그 당시 가장 세력이 강했던 쉬라마나 전통은 아지비까(Ājīvika)였던 것으로 보인다. 지금은 사라진 아지비까 전통에 대해서는 다양한 추측들이 가능하지만, 이들 자신이 그들의 생각을 직접 전한 내용을 담은 자료는 없어서 그들의 구체적인 세계관을 파악하기는 어렵다. 현재까지 모습을 유지하고 살아있는 쉬라마나 전통은 둘을 꼽을 수 있는데, 바로 자이나와 불교이다.

자이나 전통에서 쉬라마나 이해하기

다양한 쉬라마나 전통들이 있었지만, 지금까지 명맥이 유지되고 있는 전통은 인도에서 현재 0.4% 정도의 비중을 차지하고 있는 자이나교와 세계종교가 된 불교가 있다. 불교는 인도에서 사라진 종교이다. 현재 인도에서 찾아볼 수 있는 불교는 히말라야 지역의 극소수 전통이 아니라면 원래의 불교와는 거리가 있는 전승들이 인도로 재유입되거나 정치적으로 집단 개종한 결과이다. 그래서 현재 인도에 있는 불교 전통(들)은 여러 전통들이 혼재한다. 일부 천민해방운동의 맥락에서 정치운동의 흐름으로 새롭게 만들어진 불교 전통도 섞여 있는 상황이어서 지금의 맥락에서 고려할 내용은 아니다.

현재 상황이 어떠하든, 붓다 그리고 붓다가 살던 당시의 상식적인 세계관을 파악해야 붓다가 제시한 해결책의 특이점을 파악할 수 있다. 그런데 쉬라마나 전통의 세계관을 이해하려고 처음 시도하는 이들에게 가장 권할 만한 접근 방식은 바로 자이나교의 세계관을 단순한 형태로 이해하는 것이라고 필자는 생각한다. 나중에 자이나교의 세계관과 불교의 관점이 가진 차이를 파악하는 방식의 접근이 우리에게 가장 평이한 길을 제공할 것이다.

사정이 이러한 이유는 바로 자이나교의 세계관이 보다 전형적이고 보수적이며 근본주의적 측면을 지니기 때문이다. 이 맥락에서 우리가 염두에 둘 것은 자이나교와 불교 전통은 일란성 쌍둥이와 같은 전통이라는 사실이다. 두 종교가 전제하고 있는 세계관은 물론이고 사용하는 용어나 종교의례 혹은 출가자 집단의 운영 방식까지 여타 다양한 측면에서 이 둘은 별개의 종교들이라기보다 마치 동일한 종교의 분파인 것 같은 측면이 강하다. 다시 말해서 99%의 유전자를 공유하고 있는 두 사람의 공통점을 파악한 이후에 1%의 차이점을 설명하는 방식의 접근법으로 불교와 붓다의 세계관을 서술해 나가고자 한다.

'자이나(Jaina)'라는 용어는 '승리자'를 뜻하는 '지나(Jina)'라는 용어에서 파생되어 '승리자를 따르는 사람'이라는 뜻이다. 자이나교의 해탈을 얻은 자가 가르치는 내용과 그를 따르는 전통을 아우르는 이름으로 사용된다. 마치 '붓다(Buddha, 깨달은 자)'라는 용어에서 파생한 '바욷다(Bauddha, 깨달은 자를 따르는 사람이나 전통)'라는 말이 불교 전통과 불교도를 부르는 것과 같은 표현이다. 자이나교의 창시자를 흔히 '마하비라(Mahāvīra)'라고 부르는데 '위대한(mahā-)', '전사/영웅(vīra)'이라는 뜻을 지닌 말이다. 이 말을 한문으로 옮기자면 '大雄(대웅)'이 될 것인데, 이 용어를 똑같이 불교에서도 사용한다. 그래서 역사적인 붓다, 즉 '샤꺄족의 성인(Śākyamuni, 釋迦牟尼)'이라고 우리가 흔히 부르는 붓다를 상징하는 불상이 자리잡은 건물을 '대웅전(大雄殿)'이라고 부르는 것도 같은 맥락이다. 우리가 흔히 한문에 따라 사용하는 '석가모니'라는 표현은 인도 고대어 '샤꺄무니(Śākyamuni)'라는 표현에서 나온 말이고, '샤꺄족 출신의 성인'이라는 뜻이다. 여기서 '무니(muni)'라는 호칭은 자신의 내면에 집중하는 일을 하고 있는 수행자를 가리키고, 특히나 말을 하지 않겠다는 서약을 한 성인을 부르는 명칭이다. 즉 종교적인 성인들 중에서는 고행자 혹은 명상수행을 하는 사람을 가리키는 뉘앙스를 가진 말이다.

자이나 전통에서는 창시자 마하비라 이전에 이미 똑같은 '지나'들이 있었다고 설명을 하는데, 역사상 계속되어 이어져 오던 여러 '여울목을 만든 이(tīrthaṅkara)'들 중의 한 명이 마하비라이고 마하비라가 살기 이전에 이미 23명의 '여울목을 만든 이'들이 있었다고 한다. 그래서 마하비라는 24대째의 여울목을 만든 인물이라고 설명을 한다. 똑같은 방식의 신화적인 설명에서 붓다도 그 이전에 존재하던 붓다들에 뒤이어 우리가 사는 시대에 나타난 붓다라고 설명하는 전승은 많다. 즉 역사적인 붓다 이전에 수많은 붓다들이 있었다는 설명을 불교도들도 만들어 냈다는 말이다. 이런 자잘한 사정들만 보더라도 자이나교와 불교는 쉬라마나 전통의 문화적 공통유산을 공유하고 있는 전통이라는 것을 알 수 있다. '여울목을 만든 이'라는 말은 강을 건널 수 있는 대목, 즉 '여울목(tīrtha)'을 '만든 사람(-kara)'이라는 뜻이다. 즉 윤회(saṃsāra)를 벗어나지 못하는 현재의 상황이 지배하는 이쪽 편(此岸)에서 강을 건너 윤회가 없는 저 편의 세상(彼岸)으로 갈 수 있는 여울목을 만들었다는 비유를 담은 표현이다.

필자는 앞으로 자이나교를 창시한 역사적인 인물을 '마하비라'라고 부르고자 한다. 자이나 전승을 살펴보면 '여울목을 만든 이'라는 호칭도 자이나의 최초기 전승에는 사용되지 않으며, '승리자(Jina)'라는 호칭이 최초기 전승에 아주 드물게 등장한다. '마하비라'라는 호칭은 가장 오래된 전승이 담긴 것으로 추정되는 『아짜랑가(Ācāraṅga)』의 첫 장에는 나타나지 않고 『쑤뜨라끄리땅가(Sutrakṛtāṅga)』의 첫 장에 나타난다. 그런데 더 나아가서 마하비라의 이름이 '바르다마나(Vardhamāna)'라고 하는 서술은 초기 전승에는 아예 나타나지 않는다. 붓다의 이름이 '씯다르타(빠알리 Siddhattha)'라고 전해진 불교 전승은 최초기 층위에 없는 상황과 유사하다. 불교 전승에서는 종종 '니간타 나따뿟따(Nirgrantha Jñātṛputra, Nigaṇṭha Nātaputta)'라는 명칭이 등장하는데, 자이나 창시자에 대한 지칭으로 해석되는 것이 일반적이다. 하지만 그 의미가 정확하게 무엇이고 실제로 자이나교의 창시자에 관한 호칭이었는지에 대해서는 논란이 많다.

자이나교도들은 인간을 구성하는 핵심이 되는 '생명(jīva, 지바)'이 있다고 믿었다. 이 '지바(jīva)'를 인간의 생명 현상과 의식 활동을 가능하게 하는 가장 근본적인 원인으로 여겼는데, 지바가 육체를 떠나면 죽은 것이고 새로운 육체에 자리를 잡으면 다시 태어난다고 생각했다. 세상 모든 것들에 지바가 있다고 믿는 자이나교도들은 지바의 활성화 정도 차이에 따라 인간과 동물 그리고 식물 등 다른 물체들을 구분했다. 따라서 정도의 차이가 있을 뿐이지 벌레나 나무에도 인간과 똑같은 지바가 자리잡고 있다고 생각했고, 심지어 물이나 돌과 같은 무생물에도 아주 심하게 활성화되지 못한 상태의 지바가 자리잡고 있다고 생각했다. 우리가 이 지바를 인지하지 못하는 이유는 원자 혹은 분자 단위로 너무나 작은 입자여서 감각기관으로 인식할 수 없기 때문이라고 여겼다.

이 지바가 완전하게 자유로운 상태에 가지 않는 한, 인간의 육체이든 식물의 형태이든 물질적 형태에 구속되어 윤회를 계속하면서 속박에 묶여 있게 된다고 자이나교도들은 생각했다. 그래서 물질과 전혀 상관 없는 지바가 육체라는 물질에 구속된 탓에 완전한 상태로 돌아가지 못하고, 그렇게 속박된 채로 사는 존재의 형태들 중 하나가 바로 인간이라고 간주한다. 따라서 물질적인 속박을 벗어난 상태에 들어간다면 지바는 당연히 모든 물질적인 한계를 벗어나게 되고, 해탈을 얻은 지바는 곧바로 온전한 혹은 완전한 앎을 얻는 것도 당연하다고 생각을 했다. 왜냐하면 원래부터 물질과는 아예 다른 지바가 물질의 속박을 받지 않게 되면 그 자체가 갖는 앎에서도 제한을 받지 않는다고 생각했기 때문이다. 그래서 자이나 전통에서 해탈을 얻는 자는 물질적인 한계와는 무관한 초월적인 능력을 갖는 존재자로 이해되는 맥락이 있다. 해탈에 이른 지바는 모든 물질들과는 무관하게 지바 자체의 속성으로서 앎의 능력을 구속받지 않게 되어 그 앎이 극대화되어 전지자(sarvajña, 一切智者)가 된다고 이해된다.

그렇다면 지바는 왜 물질적인 한계에 갇혀 윤회를 지속해야 하는가를 물어 볼 차례다. 아주 미세한 지바에는 또 다른 미세한 오염물질 입자들이 달라붙어 있어서 지바가 물질의 속박에 묶여 있게 되는데, 이렇게 지바를 속박하는 미세입자들을 '까르마(karma, 業)'라고 한다. 까르마에는 두 가지 종류가 있는데, 나쁜 일을 했을 때 지바에 와서 달라붙는 나쁜 까르마가 있고, 좋은 일을 했을 때 달라붙는 좋은 까르마가 있다.

행동의 결과로 지바에 달라붙는 입자들, 즉 행동의 결과들만 '까르마'라고 부르는 게 아니고 그러한 결과를 불러오는 행동 자체도 '까르마'라고 부른다. 인간의 행위, 즉 까르마는 크게 세 가지 방식으로 이루어진다. 행동으로 하는 까르마가 있고, 말로 하는 까르마가 있고, 생각으로 하는 까르마가 있다. 행동은 외적으로 드러나고 직접적인 관찰과 개입이 가능하니 사회적인 규제와 통제의 대상이 되는 게 자연스럽다고 할 수 있다. 말은 언어로 이루어지는 활동이어서 행동만큼 직접적이고 구체적이지는 않더라도 통제의 대상이 될 수 있는 맥락이 있다.

하지만 생각도 까르마를 만들어 내는 '행위'에 포함된다는 관념에 주목할 필요가 있다. 물리적 행동이나 언어적인 발화가 아니더라도 내적인 사고 작용만으로도 좋고 나쁜 까르마가 만들어진다는 관념이 자리잡고 있었다. 생각만으로도 얻게 되는 까르마까지 고려한다면 까르마를 모으는 일을 통제한다는 것은 불가능에 가까운 일이고, 특히나 일반적인 사회생활을 영위하는 사람에게는 더욱 어려운 일이 될 수밖에 없다. 쉬라마나 전통들은 일반적으로 일상의 사회생활을 포

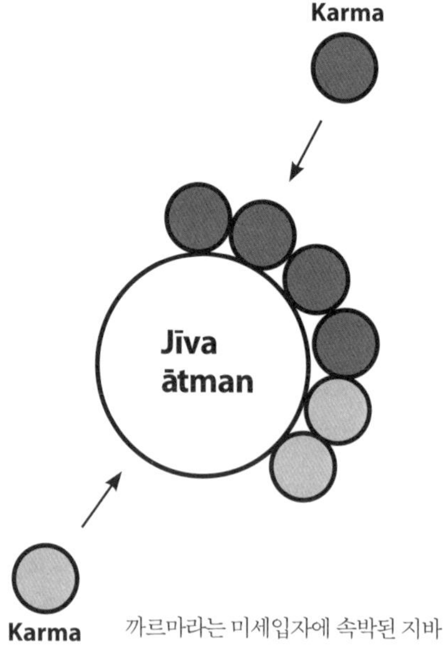

까르마라는 미세입자에 속박된 지바

기 혹은 중단하고 출가수행자로서의 삶의 형식을 택하는 것 이외에는 답이 없다는 세계관을 공유한다. 따라서 자이나교도나 불교도들의 경우에도 출가자들에게 요구되는 도덕적인 규범들은 일반 신도들에게 요구되는 규범과 비교했을 때 그 체계와 강도가 확연하게 다른 것이 당연했다. 그래서 자이나 혹은 불교의 규범체계(dharma)는 크게는 두 가지로 구분되어 있다고 할 수 있다.

이제 자이나교에서 요구하는 핵심적인 덕목들을 설명하면서 나타나는 용어들의 의미도 함께 설명하고자 한다. 자이나 전통과 불교 전통은 대부분의 표현들을 공유한다. 가끔 구체적인 맥락 안에서 그 표현들을 다르게 번역해서 사용하기는 한다. 하지만 근본적인 역사적 맥락과 그 말의 함축은 일치하는 게 일반적이어서 초기불교의 세계관을 이해하는 일에 이런 용어들을 아는 것은 반드시 필요한 일이다.

자이나교에서 가르치는 규범체계의 핵심은 큰 다섯 서약(mahāvrata)라고 하는데, 출가자들은 이것들을 완벽하게 지켜야 하고, 일반 신도들에게는 부분적으로라도 지킬 것이 요구된다. 그 내용은 '해치지 않음(ahiṃsā, 不殺生)', '참됨(satya)', '훔치지 않음(asteya)', '수행자의 삶(brahmacarya, 梵行)', '소유하지 않음(aparigraha)'의 다섯 항목이다. 이 중에서도 가장 중요한 덕목은 바로 살아 있는 것의 생명을 빼앗는 행위를 하지 않는 것

(ahiṃsā)이다. 인도 고전어에서 동사 √hiṃs는 주로 '죽이다'라는 뜻으로 자주 사용된다. 하지만 아쇼까(Aśoka)가 공포한 칙령을 새긴 새김글의 사례처럼 '때리다'의 의미로 사용되는 경우들도 많다. 따라서 √hiṃs의 반대말로 만들어진 'ahiṃsā'가 죽이지 않는 것뿐만이 아니라 살아 있는 것을 해치지 않는 것을 의미할 수도 있다고 알아둬야 한다.

'참됨'을 의미하는 'satya'는 후대 텍스트들이 주로 오해하고 종종 일부러 차용하는 해석처럼 sat(그러함, 영어로 'being')에 추상명사형 뒷토(ending)를 첨가해서 만들어진 말이 아니다. 대상인 어떤 상태(sa, 그것)와 일치함(-tya, 일치함)을 의미하는 말이다. 즉 흔히 '진실'이나 '진리'로 번역되는 'satya'라는 말은, 대상 혹은 상태와 부합한다는 말이다. 다시 말해 베다 전통의 맥락에서는 아주 자주 미래에 있을 일이 원래 정해진 바에 상응한다는 의미를 담아 '구현되어야 할 미래'를 뜻한다. 따라서 'satya'라는 말이 거짓이 아닌 참된 말인 것은 물론이고 말한 대로 미래에 실현되도록 한다는 의미도 담게 되는 말이다. 이런 맥락에서 불교 전통 안에 자주 등장하는 '미래에 구현될 내용을 담은 말을 하는 행위(satyakriyā, saccakiriyā)'는 기적을 불러일으키는 말을 하는 일이 되기도 하고, 자신이 미래에 지키겠다고 서약하는 말을 하는 행위가 되기도 한다. 도둑질(steya)의 반대말(a-)로 만들어진 'a-steya'는 '훔치지 않음'을 의미하고 이것은 마땅하게 주어지지 않은 것을 취하는 일을 하지 않는 것을 의미한다. 좁은 의미에서의 '절도'보다는 넓은 의미로 사용될 수 있는 말이다.

그리고 '수행자의 삶(brahmacarya)'이라는 것은 브라흐마나(brāhmaṇa, 사제 집단)의 가장 충실한 모습을 보이는 생활 양식을 의미한다. 이것은 베다(Veda) 전통에서 사제(brāhmaṇa)가 되기 위해 어린 교육생이 스승의 집에 가서 수년간 교육을 받는 동안 삼가하고 노력하는 생활방식을 지킨다는 것을 의미한다. 이 말이 가리키는 핵심적인 내용은 바로 성관계를 갖지 않는 것이다. 따라서 출가자들은 온전하게 성관계를 갖지 말아야 하고, 일반 신도들의 경우에는 배우자와의 적절한 방식의 성관계 이외의 관계를 갖지 말아야 하는 것을 의미한다.

'해치지 않음(ahiṃsā)'이라거나 '수행자의 삶(brahmacarya)'이라거나 하는 개념을 동원해서 정치활동을 했던 세계적으로 널리 알려진 인물로 흔히 'Mahātma Gandhi'라고 불리는 간디(M. K. Gandhi)를 들 수 있을 것이다. 그는 제대로 인도 전통에 대한 교육을 받아 본 적이 없고, 어릴 때 경험했던 것을 기준 삼아 나름의 방식으로 이해한 인도의 종교 전통을 근거로 대중을 움직이는 정치를 했던 인물이다. 주목할 만한 점은 간디의 고향이 자이나교의 세력이 강한 지역이었고, 개인적으로도 자이나 전통과 많은 인연을 가졌던 인물이라는 사실이다.

간디는 남아프리카에서 활동하던 시기에 자신이 성관계를 갖지 않겠다고 선언했고, 그 에너지가 모여 인도의 독립을 이룰 것이라 믿었으며 자신이 사는 방식을 수행자의 삶(brahmacarya)이라고 이해하고 주장했다.

그가 이해한 방식이 실제 인도 전통에 관한 정확한 이해였다거나, 그가 행했던 방식이 적확한 수행자의 삶이었다고 단순하게 받아들일 일은 아니다. 하지만 쉬라마나 전통 안에서 크게 대두되던 사회적 규범을 정하는 이 개념들은 대부분 베다 전통에 뿌리를 두고 발전된 개념들이었고, 인도 종교 전통은 물론이고 사회적인 도덕 관념의 구성에 이르기까지 인도인들의 사고 틀을 근저에서 규정하는 역할을 하는 주요한 개념들이었으며, 현재까지도 그렇게 자리잡고 있다.

다르마와 까르마

자이나교도들이 그들의 사회·종교적 규범(dharma)을 지키는 이유는 바로 나쁜 까르마를 모으지 않고 좋은 까르마를 모으기 위해서다. '까르마(karma)'라는 용어는 원래 베다 전통에서는 제사의식의 맥락 안에서 이루어진 행위들만을 의미하는 말이었다. 다시 말해서 일상생활의 행위가 아닌 특별한 결과를 창출해 내기 위해 그 나름의 논리와 구조를 가진 제사의식 안에서 행해지는 행위만을 지칭하는 말이었다는 뜻이다.

예를 들어 가축이 새끼를 낳도록 하는 제사를 지낸다고 한다면, 정해진 특정한 나무들을 골라 장작을 순서대로 태우고 특정한 주문(mantra)을 외우면서 정해진 공물을 불에 태워 하늘로 올려 보내는 행위를 한다. 제사에서 왜 우둠바라

(Udumbara, 優曇波羅) 나무의 장작을 태워야 하는지 아는 사제는 우둠바라 나무의 특정한 성질과 상징적 의미를 안다. 야생 무화과로서 밑둥까지 열매가 달리는 우둠바라 나무는 즙이 많은 식물로 다산을 상징하며, 정해진 시기에만 열매가 열리는 나무와 달리 끊이지 않고 열매를 맺는 나무로서 특정한 맥락과 의미를 지닌 채로 사용돼야 한다는 사실을 아는 것이다. 우둠바라 나무 장작을 태우는 행동은 그냥 나무를 태우는 행동이 아니다. 사제는 그 행동이 특정한 효과(saṃskāra, 行)를 만들어 내는 행동이고, 그 영향이 나중에 현실에서 정해진 구체적인 결과를 만들어 내리라는 것을 안다. 따라서 밥을 짓기 위해 불을 지피는 행위와는 근본적으로 다르고, 특별한 효과를 불러일으키는 행동이라는 점이 까르마와 까르마가 아닌 행위를 구분 짓는다.

현대적인 의미에서 나비효과를 문제 삼는 것처럼, 컵의 물을 마시거나 걷고 달리는 행위와 같은 일상생활의 행위들까지 모두 우주의 인과 체계 안에 들어 있어서 언젠가는 그 결과가 드러날 것이라고 생각하는 현대적 관념을 '까르마' 개념에 투사하지 말아야 한다. 우리의 모든 심리적이고 물리적인 행위가 까르마라고 한다면, 까르마는 철학적 의미의 결정론을 함축한다는 등의 근거 없는 오해와 상상이 생겨나는 것은 바로 이러한 오해 때문이다. 까르마를 받아들이면 빠져나

올 수 없는 물리적 결정론에 빠지게 되고 그래서 “자유 의지를 논할 여지가 전혀 없지 않은가”하는 질문을 종종 던지는데, 이런 질문은 최소한 역사적으로는 원래의 맥락을 전혀 이해하지 못하는 무지에서 오는 억지일 뿐이다. 그리고 이런 질문을 마치 불교적 세계관 혹은 인도 종교의 세계관을 이해하는 핵심 질문인 양 포장하는 경우들도 많다. 새로운 질문을 던지고 현대적인 관점에서의 의문을 해명해 가는 것이 중요하기는 하다. 그러나 역사성을 완전히 망각한 채 ‘까르마’의 의미에 관한 오해를 토대로 가짜 질문을 만드는 것은 현대적이지도 혁신적이지도 않으며 기초적인 해석에서의 무지를 드러내는 일일 뿐이다.

자이나교도로서 지켜야 할 규범을 ‘다르마(dharma)’라고 불렀다. 이 ‘다르마’라는 말은 인도 전통에서 가장 많은 번역어를 가질 수 있는 개념으로 보인다. ‘다르마’는 베다 시기의 아리안들이 아리안 사회 안에서 지켜야 하는 종교적이고 사회적인 규범체계를 의미하는 말이었다. 다시 말해서 법률보다 훨씬 더 구체적인 ‘도덕’에 해당하는 말에 가까웠다. 그런데 고대 인도에도 다양하고 수많은 씨족과 종족 집단들이 있었고, 또 그 내부에서 각자 다른 역할을 요구받는 다양한 사람들이 살고 있었다. 그래서 베다 시기에 ‘다르마’라는 말은 처음 쓰일 때부터 복수로 사용되는 개념이었다. 다시 말해서 인간이 사는 사회에는 다양한 다르마들이 존재한다는 관념이 초기부터 있었다.

그런데 사회적 규범체계는 실제로 그 사회가 합의하는 가치체계에 의존해서 지향점이 정해지고 합의가 이루어진다. 따라서 자이나교도로서 다르마를 지키면서 산다는 것은 자이나적인 세계관을 따른다는 뜻이 되고, 불교도로서 다르마를 지키면서 산다는 것은 불교적인 세계관을 따른다는 뜻이 된다. 그래서 '다르마'는 사회적 종교적 규범체계를 정하는 세계관을 가리키는 말로 사용되기도 한다. 그러다 보니 불교도들에게 붓다의 가르침이 바로 불교의 다르마였고, 자이나교도들에게는 마하비라의 가르침이 자이나의 다르마였다.

이런 맥락에서 '다르마'는 '세계관'이기도 하고 '가르침'이자 '교리'가 되는 개념이다. 그래서 불교의 '다르마'를 '붓다의 가르침'이라고 이해하면서 사용하는 한문 번역어가 '불법(佛法, Bauddha-dharma)'이다. '法'이라는 한자어가 '가르침'이나 '교리'라는 의미로 사용되는 맥락이 여기에서 시작된 것이다. 따라서 다르마의 다양성과 복수성에 익숙한 고대 인도에서 아쇼까(Aśoka)가 자신의 칙령을 발표하면서 그 안에 "다르마를 따르라!"는 요구를 포함시켰을 때, 그것이 불교의 규범을 따르라는 요구였다고 해석하는 것은 무리이다. 불교도는 불교의 다르마를, 자이나는 자이나의 다르마를, 여타 다른 종교

집단에 속하는 사람들은 그들 각자의 다르마를 따르라는 요구로 받아들이는 게 가능할 뿐 아니라 상식적인 일이었던 셈이다. 제국을 건설하고 다양한 집단들을 통합시켜 통치해야 하는 정치 지도자의 입장에서 "다르마를 따르라!"는 요구를 내거는 것은 종교편향의 논란에 치우칠 위험이 전혀 없는 일이었다.

자이나 다르마에서 가장 강조되는 것은 바로 '해치지 않음(ahiṃsā)'이다. 그래서 자이나교도들은 채식을 한다. 이렇게 자이나 전통은 일반적으로 쉬라마나 세계관에 충실한 면모를 보인다. 다시 말해서 나쁜 까르마가 지바에 달라붙는 것을 막기 위해 노력하는데, 특히나 산 것을 죽이는 일은 심각하게 나쁜 까르마를 모으는 것이어서 '해치지 않음'을 최대한 지킨다. 출가자들의 경우에는 철저하게 지키고 일반 신도의 경우에는 융통성을 가지고 지키기 때문에 지역이나 집단 혹은 개인에 따라 차이가 있기는 하다.

식물도 생명이 있는 것이어서 '해치지 않음'을 행하자면 식물마저도 먹지 말아야 하겠지만, 그렇게 인간의 생명을 유지할 수 없는 노릇이니 식물만 먹더라도 가려서 먹는 방식이 일반적이다. 식물이 스스로 먹거리로 내어 주는 열매 혹은 과일을 먹는 것은 좀 더 편한 일인데, 채소를 먹는 경우에도 뿌리채소는 먹지 않는다. 뿌리채소의 윗부분을 잘라 먹으면 그 식물이 다시 자라날 수 있지만, 뿌리를 먹어 버리면 해당 식물은 죽게 되기 때문에 뿌리채소를 피한다. 또 출가자들의 경우에는 무의식적으로라도 벌레나 곤충을 죽이는 일을 피하기 위한 노력을 한다. 대표적으로 모든 자이나 출가자들이 지니고 다니는 먼지떨이와 비슷한 빗자루(rajoharaṇa, Prākṛt: oghā)가 있다. 출가자들이 앉거나 눕거나 할 때 무의식적으로 자리에 있던 벌레를 죽이는 일을 피하기 위해 이 빗자루로 자리를 쓸고 나서 앉거나 눕는다. 물론 이 빗자루의 형태나 재료가 다양한데, 자이나교도들 사이에서는 빗자루의 재료와 형태만으로도 자이나 출가자의 소속 종파를 알아볼 수 있는 상징이 되기도 한다.

자이나교는 역사적으로 크게 두 종파가 나눠어 있는데 하얀색의 옷만을 입는 쉬베땀바라(Śvetāmbara, 白衣派)파와 허공을 의복으로 삼아 옷을 소유하거나 옷을 입는 것도 거부하는 디감바라(Digambara, 空衣派) 파가 있다. 디감바라가 나중에 파생된 전통이기는 한데, 디감바라의 경우에도 여성 출가자들은 하얀 천을 두르는 방식의 옷을 입는다. 또한 종파에 따라 약간의 차이가 있지만 자이나 출가자들 중에는 입에 면으로 만든 사각마스크에 해당하는 천(mukhavastrikā, 현대어: muṃhpatti)을 사용한다. 이는 숨을 쉬느라 무의식중에 작은 벌레를 흡입하게 되면서 죽이게 되는 살생을 피하기 위한 것인데, 그 형태

무의식적으로 벌레를 죽이는 일을 피하고자 빗자루를 가지고 다니는 자이나 출가자들
ⓒWikimedia

와 사용 여부에 따라 지금은 여러 자이나 종파들을 구분하는 특징이 되기도 한다. 이런 마스크를 쓰는 것도 종파에 따라 차이가 난다. 하얀 옷을 입는 쉬베땀바라 자이나 종파들 중에서 쓰타나까바씬(Sthānaka-vāsin)과 떼라빤틴(Terāpanthin) 종파에 속하는 출가자들은 줄로 귀에 고정한 마스크를 항상 착용하는데, 무르띠뿌자까(Mūrti-pūjaka) 종파의 출가자들은 필요할 때만 마스크를 사용한다.

그런데 현대인들에게 이해되기 어려운 것은 이 마스크를 사용하는 다른 의미가 있다는 점이다. 그것은 바로 허공에 섞여 있는 '바람' 요소로 이루어진 생명체를 해치지 않는 목적이 함께 있다는 사실이다. 이 대목을 이해하기 위해서는 자이나교가 지닌 물활론적인 성격을 이해해야 한다. 자이나의 원초적인 세계관은 자이나 발생 당시 인도 동북부 지역에 있던 자연관을 잘 반영하는데, 그것은 바로 모든 것들에 생명(지바)이 깃들어 있다는 세계관이다.

이러한 세계관을 우리는 '물활론'이라고 부르는데, 나무와 풀은 물론이고 심지어 돌이나 물에도 생명이 깃들어 있다고 생각한다. 따라서 완전하게 해치지 않음을 지켜야 하는 자이나 출가자라면 살아 있는 물을 마셔서도 문제가 된다. 자이나 출가자는 이미 죽고 난 물을 마셔야 해서, 출가자들을 지원해 주는 일반 신도가 끓인 후에 제공한 물, 다시 말해서 이미 죽은 물만을 마셔야 한다. 그렇게 해치지 않음을 지켜야 하는 상황에서, 인도의 기후 풍토를 생각하면 아무 물이나 편하게 마실 수 없다는 제한이 얼마나 가혹한지를 이해할 수 있을 것이다. 이런 논리로 자이나 출가자들은 물이 엎질러진 자리를 밟고 걸어갈 수가 없다. 죽은 물이 아니라 살아 있는 물이 땅에 엎질러진 상태에서 그것을 밟고 지날 수는 없기 때문이다. 물을 해치는 일이 되고 말기 때문이다. 물에 깃든 생명은 그것이 활성화되지 못해 겉으로 드러나지는 않지만, 물에도 생명이 있다면 물도 밟지 말아야 하는 것은 당연하다. '바람'의 요소도 바로 이렇게 다치지 않게 관리해 주어야 하는 요소라고 생각하는 것이 자이나의 세계관이다.

이런 까다로운 규범을 지키면서 사는 모습을 설명하기 위해서, 아무 물이나 마시지 않고 물을 밟지도 않도록 행동하는 것이 물 안에 있을 눈에 보이지 않는 미생물마저 그 생명을 보호하기 위한 노력이라고 설명하는 경우들이 있다. 자이나의 원초적인 세계관을 이해하지 못한 채 현대 과학적 지식을 동원한 억지스러운 설명의 결과이기도 하지만 현대적인 과학적 설명으로 설득력을 만들어 내는 노력의 결과라고 보는 것이 타당하다.

하얀 옷을 입는 쉬베땀바라 자이나 출가자들은 걸식하는 그릇(pātra)을 사용하는데, 박을 잘라 만들거나 나무 혹은 흙으로 만든 것을 사용하고 여기에 보태어 물통 역할을 하는 용기를 사용하기도 한다. 이 물건들은 무엇인가에 대한 소유를 거부하는 출가자가 개인적인 사용을 위해 소유할 수 있는 예외적인 물품이라고 할 수 있다. 이에 비해 옷을 입지 않는 디감바라 전통에 속하는 출가자들은 이런 소유물마저도 갖지 말아야 한다고 생각해서 사용하지 않기 때문에 신자들이 제공해 주는 음식을 손으로 받아서 직접 먹는다. 이런 태도를 가진 사람들을 '손이 그릇이 되는 사람(pāṇi-pātra)'이라고 부른다.

이런 전통이 엘리트적 성격이 강한 중국불교의 선종에까지 이어졌다. 선종 전통에서 스승에게 깨달은 자의 자격을 인정받은 제자는 수행자로서 전승을 잇는 인정의 상징으로 스승의 전 재산을 물려받는 관습이 있다. 스승이 물려주는 출가자의 전 재산이란 '의발(衣鉢)'이라고 불리는 것이다. 다시 말해서 남이 쓰다 버린 천을 사용하여 만든 옷(衣)과 걸식하는 그릇(鉢)이 출가자가 소유할 수 있는 모든 것인데, 이것을 받는다는 것은 스승의 전 재산을 상속받는 셈이다.

물론 이론적으로 그리고 원칙적으로 그렇다고 해서, 인도에서 모든 출가자가 실제로 누더기만 입고 걸식하는 그릇 이외의 소유물을 갖지 않았다고 생각하면 안 된다. 현실은 전혀 그렇지 않았다. 다만 전통에서 지향하는 바의 이상형이 무엇이었는지 독자들에게 설명하고 있다는 사실을 이해하고,

역사적 현실에 관해서는 오해가 없기를 바란다. 동북아시아의 선종 전통에서도 사정은 마찬가지였다. 지금 필자가 설명하는 것은 이상형(Idealtypus)으로서 관념적인 지향이 그러했다는 것이다. 자이나 전통에서도 실제 일상생활에서는 걸식하는 그릇을 특정하게 정해진 한 출가자가 사용하는 게 일반적이었고, 그래서 구분되는 무늬를 다르게 해서 각 그릇을 구분해 두는 것도 관행이었지만, 원칙적으로 자이나 전통에서 걸식하는 그릇은 결코 출가자 개인의 소유물이 아니다. 자이나 출가자는 원칙적으로 무소유의 규율을 철저하게 지켜야 하고 공동체의 재산인 걸식하는 그릇을 불가피한 필요에 따라 사용할 뿐이었다.

자이나교에서 일반 신자들을 '쉬라바까(śrāvaka, 聲門, 가르침을 듣는 사람)'라고 하는데, 이들은 앞서 설명한 다섯 서약을 모두 제대로 지킬 수는 없다. 출가자들이 지키는 큰 서약(mahā-vrata)과 대조되는 '작은 서약(aṇu-vrata)'이라고 부르는 서약을 지킨다. 하지만 자이나교도들의 다르마는 원칙론에 충실한 면이 강하고, 일상적인 사회생활을 제약하는 면이 강한 게 사실이다. 그래서 자이나교도들이 일반적으로 농업이나 어업에 종사하는 일은 어려웠다. 일상적으로 물고기를 죽여야 하는 어업은 아주 심각하지만, 농업도 벌레를 죽여야만 하는 일이 많고 식물을 다치게 하는 직업에 속해 부수적으로 의도하지 않게 작은 동식물을 죽이는 일을 피하기 어렵기 때문이다. 이런 사정 때문에 자이나교도들은 상업이나 금융업에 종사하는 비중이 높은 편이다. 이것이 그들의 경제적 지위를 강화시키는 계기가 되다 보니 인도 전체 인구 중 자이나교도들의 비중이 1%에도 한참 못 미치는 수준으로 작은 데 비해 상당히 강한 영향력을 행사하는 종교집단이라고 할 수 있다. 현재의 관점에서 자이나교도들은 힌두교도들과 상대해서 자신들의 차별성에 대한 인식이 강하지만, 힌두교도들은 전반적으로 자이나교도들이 힌두 전통과 크게 구분되지 않는 집단이라고 인식한다. 힌두교도들이 현대에 와서 불교가 힌두교의 한 종파라고 간주하는 것도 같은 맥락이다. 큰 틀에서 보자면 쉬라마나 전통에서 제시한 내용들이 역사 속에서 현재의 힌두교를 구성하는 핵심 요소 중의 일부로 수용되었기 때문이다.

결국 자이나교도들이 지향하는 것은 바로 지바에 '까르마'라는 미세먼지와 같은 입자들이 흡착되어 자유로운 상태에 들어가지 못하는 상황을 벗어나야 얻을 수 있는 지바의 완전한 해방이다. 그렇게 하자면 현재의 속박상태에 놓인 지바에 붙어있는 나쁜 까르마들을 떨어내야 한다. 이 맥락에서 주의해야 할 점은 종종 마이너스 통장을 비유로 동원해 고대 인도의 까르마 관념을 설명하면서 생긴 오해이다. 총 잔고를 '0'

으로 맞추기 위해서는 마이너스 금액에 해당하는 플러스 금액을 입금하면 되는 것으로 까르마를 오해하지 말아야 한다. 한 번 지바에 붙게 된 나쁜 까르마는 그 까르마에 해당하는 고통을 유발하고 나서야 삭제된다. 다시 말해서 좋은 까르마는 지바가 완전한 해방에 이르기 전까지 지바에게 좋은 까르마에 상응하는 행복 혹은 유리한 상황을 가져다주는 역할을 하는 것이지 나쁜 까르마를 상쇄하지는 않는다는 말이다.

결국 지금까지 행동과 말과 생각으로 쌓아 둔 상상하기 어려운 거대한 분량의 나쁜 까르마는 구체적인 고통을 통해 그 대가를 지불하고 각자가 해결해야 하는 숙제로 남아 있게 되는 셈이다. 자이나 출가자들이 나쁜 까르마를 떨어내기 위해 고통을 감내하는 것 자체에 대해 감정적인 동요 없이 받아들이는 자세를 견지해야 하는 이유가 여기에 있다. 한 가지 예를 들자면, 자이나 출가자들은 머리카락을 깎지 않고 뽑는다. 머리카락을 뽑을 때마다 고통이 따르지만, 그것은 그간 쌓여 있는 까르마를 떨어내는 과정 일부로 받아들이고 감정적인 동요 없이 덤덤하게 해 나가야 하는 게 수행자의 일상이라고 받아들인다.

이원론과 해탈

자이나 전통에 따르면 이 세상에는 다수의 지바들이 존재하는데, 이 지바들은 모두 각자가 행한 바의 결과인 까르마에 묶여 있다. 자이나 전통에서는 지바는 물론 까르마들도 모두 미세입자로 간주하는데, 개별 지바들에 흡착된 모든 까르마 입자들을 떼어내고 나면 순수한 지바 그 자체가 본연의 상태로 돌아간다고 여긴다. 이 상태는 지바만이 완전히 고립된(kevala, 유일한 혹은 홀로인) 상태라고 할 수 있다.

이 상태를 '완전분리(kaivalya, 고립되어 있음)'라고 부른다. 개별 지바에 달라붙어 옥죄는 모든 까르마를 제거하기 위해서는, 나쁜 까르마에 상응하는 고통을 받아야 하며, 좋은 까르마를 모아서 유리한 상황이 찾아오거나 행복한 경험이 가능하게 만들어야 한다. 따라서 나쁜 까르마의 흡착 혹은 유입(āśrava, āsava, 漏)을 피해야 한다. 여기에서 '유입'은 말 그대로 '흘러 들어간다'라는 뜻이다. 이것을 불교 전통에서는 거꾸로 설명하는데 우리는 불교 전통에 좀 더 익숙하다 보니 우리에게는 '漏(흘러나온다)'라는 한문 번역이 더 익숙하다.

이렇게 까르마가 흘러 들어오는 일 중에서도 특히 최악인 살상(hiṃsā)을 피해야 하기 때문에 자이나의 출가자들은 강력한 행위 규범을 준수하고 고행을 통해 이미 모인 까르마들을 떨어내야 한다. 지바가 모든 까르마들이 유입되어 흡착되는 과정을 벗어나고 기존의 까르마들을 떨어내서 완전하게 까르마들에서 벗어나는 순간이 해방(mokṣa) 혹은 해탈의 순간이라고 할 수 있을 것이다. 이 순간 지바는 모든 물질적인 속성을 완전하게 벗어나서 온전하게 정신적인 어떤 상태에 들어가게 된다. 이런 논리는 자이나 전통이 철저한 이원론을 근거로 이뤄졌다는 사실을 확인시켜 준다.

이 맥락에서 짧게 고대 인도의 이원론적 자연관을 살펴보도록 하자. 고대부터 전해지는 인도의 지성사를 구성하는 전통에서 주요하게 고려되어야 하는 전통이 바로 쌍캬(Sāṅkhya, 數論) 전통이다. 지금은 12세기 이후로 인도에서 정립된 6파 철학(ṣaddarśana)으로 정리된 '학파'들 중의 하나로 이해되는 것이 일반적이다. 하지만 쌍캬 전통은 고대 인도의 자연

철학으로서 고대 인도인들의 자연관 내지는 상식을 반영한 세계관이라고 이해되어야 한다.

'쌍캬'라는 말은 '수, 계산, 셈'을 의미하는 말이다. 이 말은 최초기부터 '샹캬-요가(saṅkya-yoga)'라는 짝을 이루는 말로 자주 등장했는데, 그때의 뜻은 '이론과 실천'에 해당하는 말이다. '쌍캬'는 체계화가 이루어져 숫자로 그 항목이 정해진 완성된 이론을 의미하는 말이고, '요가'는 애쓰는 모든 일을 가리키는, 실제로 행하는 노력을 뜻하는 말이었다. 불교의 전통적인 교리를 설명하는 자료들을 한 번이라도 읽어 본 독자들이라면, 말할 수도 없는 수많은 목록이 등장하고 그 목록 앞에 숫자들이 붙여져 있다는 것을 알아챘을 것이다. 예로 '5온', '12처', '18계', '6식', '6경', '3독', '12연기', '108번뇌'…. 이런 수많은 목록이 가득하다. 이것들을 외우는 게 교리를 익히는 일이기는 하지만 인도 고대의 전통에 따르면, 세부 항목을 정해서 그 항목의 수를 고정시키는 일이 이론을 완성시키는 것이어서 '쌍캬'가 바로 '완성된 이론'을 뜻하게 된 것이다.

최초기부터 '쌍캬'라고 불리는 이론체계는 특정한 요소들의 수를 제시하고 그것들로 세상이 이루어져 있다는 사실을 설명하는 체계로 발전하였던 것이 분명한데, 그 핵심은 바로 극단적인 이원론이었다. 쌍캬에서 설명하는 우주를 이루는 궁극적인 두 가지 요소는 근원물질(prakṛti)과 궁극주체

(puruṣa)이다. 근원물질은 이 세상을 이루는 모든 물질적 요소들을 말하는데, 여기에는 인지 작용과 관련되는 것은 물론이고 정서적인 작용들까지 모두 포함된다. 그리고 물질적인 것과는 완벽하게 다른 성격의 실체가 궁극주체이다. 데카르트(Descartes)의 이원론에서 보이듯이, 이원론이 세계의 역동성을 설명하기는 쉽지만 서로 다른 두 근원적 요소들이 어떻게 연결될지를 설명하는 것은 불가능에 가깝게 된다. 쌍캬 철학에서도 근원물질과 궁극주체가 왜 얽혀야 하는지, 왜 둘이 관계를 맺게 되는지, 어떻게 완전하게 다른 둘이 관계를 맺는지 설명이 불가능해 보인다.

그런데 여기서 우리가 주목해야 하는 점은 바로 인도 전통의 이원론은 몸-마음(mind-body) 이원론으로 구성된 많은 경우의 서구적인 이원론과 아예 다르다는 것이다. 서구적인 틀에서 마음(mind)에 속하는 인지 작용과 감성 작용이 쌍캬에서는 온전하게 근원물질(prakṛti)에 속하는 것으로 간주된다. 궁극주체(puruṣa)는 인지 작용과 감성 작용을 벗어난 것이다. 그런데도 궁극주체는 인간의 핵심을 이루는 가장 중요한 근원적인 요소로 상정되고 이것이 이 우주에 하나인지 여럿인지조차 불분명한 상황이 벌어진다. 다시 말해서 궁극주체는 실제로는 모두 다 하나일 수도 있다는 말이다.

여기에서 핵심적인 사항은 우리의 인지 작용과 경험 그

리고 감성의 문제도 인도 전통에서는 우리의 몸을 다루는 물리적인 방식과 똑같이 다루어지는 것이 당연한 이원론의 기본 틀이 주어졌다는 사실이다. 자이나에서는 쌍캬의 궁극주체 자리에 지바가 자리 잡은 셈이 된다. 그러니까 까르마는 인식에도 작용해서 인식과 윤회 그리고 모든 행위의 궁극적인 주체인 지바를 제한한다. 즉 자이나의 지바 혹은 쌍캬의 궁극주체에서는 다양한 생명체들이 가진 인식 능력의 차별성이 있을 수 없다.

세상의 다양한 생명체들이 서로 다른 인식 능력을 갖게 된 것은 바로 각 생명체의 지바를 제한하는 몸과 감각 기관과 생각하는 기능을 하는 기관이 서로 다른 정도로 제한적인 인식만을 가능하게 하기 때문이다. 까르마의 작용 범위 안에서 이루어지는 모든 인식은 감각 기관의 개입을 거쳐야 하는 매개된(parokṣa) 인식에 그친다. 그래서 초기 자이나 전통에서의 감각지각(pratyakṣa)은 매개된 인식으로 간주됐고, 이것은 불완전한 인식을 의미한다. 따라서 감각지각을 활용한 모든 인식, 다시 말해서 인간이 인간으로서 성취하는 모든 인식은 매개되고 제한된 인식에 그친다.

그런데 자이나의 이원론을 근거로 보자면, 지바가 까르마 입자들을 모두 떨어내고 물질적인 제약을 벗어나는 상황이 된다면 지바는 곧바로 물질적인 제약을 벗어나게 된다. 즉 해탈 혹은 해방을 맞은 지바는 물질적인 제약을 벗어나기 때문에 물질세계에서 생각하는 우리의 상식은 의미가 없게 되고, 해탈 즉시 지바는 전지자(sarvajña, savvannū, 一切智者)가 되는 것으로 간주된다. 그렇다면 '해탈에 이른 지바의 인식은 비물질적인 인식이라고 해야 하는가?'라는 골치 아픈 이론적인 문제가 제기되는데, 비물질적인 인식은 도대체 무슨 인식인지도 문제가 될 수 있다. 후대 자이나의 해석과 이론을 따른다면, 전지자의 인식도 직접인식의 일종이 되어서 매개된 인식이 아닌 범주에 감각지각과 함께 포함되게 된다. 이는 후대 불교 전통에서 불교 전통을 따르는 요가를 수행하는 수행자의 직접지각(yogipratyakṣa, 證知 '요가 수행자의 초월적인 지각')을 다루는 맥락과도 맞닿아 있다고 할 수 있다.

이 모든 후대의 이론적 변화들은 그 당시의 지적 전통 안에서 제기된 이론적인 문제들을 해결하기 위한 이론적인 발전과 변화의 결과들이다. 그렇지만 후대의 모든 전통은 자신들이 고안한 이론적인 발전을 원래 붓다의 가르침 그리고 궁극적으로는 붓다의 깨달음 안에 포함된 내용이라고 받아들이고, 또 그렇게 주장한다. 물론 드문 예외가 있기도 하지만, 이렇게 자신들의 입장을 붓다가 깨달은 것이라고 받아들이는 태도가 바로 전통적인 불교 교학의 태도라고 할 수 있는데, 역사적인 관점이 누락되는 한계가 있다.

다시 마하비라 혹은 붓다의 고민으로 돌아가 보자. 자이나의 세계관에 비추어 볼 때, 지바가 모든 까르마에서 자유롭게 되면 지바는 감각 기관이나 육체의 제한을 벗어난 차원의 인식을 획득하는 것이 당연하다고 할 수 있겠다. 지바는 완전분리(kaivalya)에 이르면 물질적 제한을 넘어서는 인식을 하게 되는 것이어서, 자이나 전통은 이 상태의 지바를 전지자로 간주한다. 여기에서 놓치지 말아야 할 것은 '전지자'를 뜻하는 'sarvajña'라는 말에서 '모든 것'을 의미하는 'sarva'가 단순히 '모든 대상과 사건'을 의미하는 게 아니라 '온전하여 빠짐이 없다'는 의미를 가진 말이라는 점이다. 그래서 'sarvajña'는 '가장 본질적인 것에 대한 앎을 가진 자'라는 뜻을 가진 말이기도 하다. 후대의 이론적인 논의에서 자이나 이론가인 꾼다꾼다(Kundakunda)가 초기의 전지자 관념을 정당화하기 위해 "일상적인 관점(vavahāraṇeṇa)에서만 전지자인 것이지, 궁극적으로는 자신을 아는 것을 의미한다"고 해석하는 등의 입장들도 이런 맥락에서 이해할 수 있다.

나중에 모든 자이나 이론가들은 전지자의 존재 가능성을 증명하려고 엄청난 노력을 쏟아부었다. 바로 해탈의 구현 가능성 문제와 전지자의 존재 가능성 문제가 연관되어 있다고 생각했기 때문이다. 이 이론적인 문제에서 파생된 불똥이 불교 전통에도 튀었는데, 붓다 입멸 이후 불교도들이 자이나와의 경쟁 구도 속에서 붓다 역시 전지자라고 주장하면서 문제가 벌어진다. 마하비라가 전지자라고 주장했을 때 붓다는 어처구니없는 주장이라고 비웃는 태도를 보였다. 만약 마하비라가 전지자라고 하면, 왜 빈집에 걸식하러 가고, 적대적인 사람들이 돌을 던지는 곳에 가서 봉변당하겠느냐라는 조롱 섞인 비판을 했다. 전지자라는 주장은 얼토당토않은 말이라고 반응을 한 것이다.

그런데 마하비라는 전지자인데 붓다는 전지자가 아니라는 대조가 두드러지는 상황에 처하자, 후대의 불교도들은 붓다도 전지자라는 주장을 내세우기 시작했고, 이것은 나중에 더 큰 문제들을 만드는 이론적인 난제의 출발점이 된다. 자이나와 불교 간의 견제와 대결 구도는 수많은 에피소드들에 기록되어 전해지고 있으며, 후대의 불교 철학과 자이나 철학의 이론을 구성하는 데에서도 중요한 모티브를 제공한다.

자이나 전통에서 설명하는 지바에 해당하는 게 붓다에게는 의식입자(vijñāna, 識)였다. 그래서 붓다는 인간이 죽고 나면 미세한 의식(입자)이 육신을 떠나 새로운 육체를 찾아간다고 생각했다. 이런 생각에 관해 불교 전통에 익숙한 사람들은 당혹스럽게 생각할 것이다. 왜냐하면 불교 전통 안에서 이론화 작업이 시작되던 시기에 '제아님(anātman, 無我)'을 강조하는 흐름이 전면에 대두되는 계기가 있었고, 그 후로는 인간에게 불변의 정체성을 담보해 주는 무엇이 존재한다는 생각은 지극히 반불교적인 것으로 간주되기에 이른다. 그 이후로는 모든 불교의 전승에서 의식(입자)이 윤회의 주체가 되는, 다시 말해서 베다 전통에서의 아뜨만(ātman)이나 자이나 전통의 지바(jīva)에 해당하는 것이라는 생각은 오해이고 터부시되는 견해로 간주된다. 그 영향으로 '제아님(anātman)' 이론과 맞지 않게 보이는 전승들은 체계적으로 삭제되거나 수정되어 제대로 전해지지 못하게 되었다.

베다의 제사가 한 인간의 육체 안에 내재화되는 상황을 맞게 된다. 사제가 제사의 구조와 제사를 이루는 모든 요소들의 맥락, 제사와 외부 세계의 연관 관계를 이해하기만 한다면 자기 육체를 사용해 모든 것을 구현할 수 있는 상황에 이른다.

2장

붓다의 시대를 묻다

붓다의 시대와 사상 전통

붓다가 살던 시대에 현재의 네팔을 포함한 인도 동북부 지역을 지배하던 쉬라마나 전통의 구체적인 모습들을 자이나 전통을 예로 들어 알아보았다. 그렇다면 쉬라마나 전통은 과연 왜, 어떻게 발생했는지 질문이 제기될 만하다.

쉬라마나 전통에 관한 이해, 특히 불교나 자이나교를 포함한 고행 전통들의 뿌리에 관한 의문은 오랫동안 있어 왔다. 예전에는 쉬라마나 전통에서 제사의식(yajña)을 중심으로 한 베다(Veda) 전통에 반대하는 입장이 두드러지다 보니, 베다 종교의 전통과는 뿌리에서부터 다른 대결구도에 있던 어떤 전통에서 비롯되었다는 추측을 하던 시절도 있었다. 그리고 이 선입견으로 고대 인도의 사상사와 종교사를 이해하려는 경향이 강했던 분위기가 1900년대 초까지도 지배적이었다. 하지만 이제 수많은 언어학, 문헌학, 고고학적인 발견과 연구들이 누적되면서 우리는 베다 전통 발전의 연장선 안에서 쉬라마나 전통의 등장과 발전을 이해할 수 있게 되었다. 앞서 '다르마'와 '까르마' 개념을 설명하는 대목에서도 이러한 연속성이 독자들에게 전달되었기를 바란다.

베다에서 제사의식은 긴 시간동안 전문적인 특별한 교육을 받은 사람이 진행한다. 이것은 특정한 목적을 이루기 위한 제사의 형식, 순서, 사용되는 도구의 준비 방법 등 세세한 부분까지 모든 것이 정해져 있고 학습돼야 하는 내용이기 때문이다. 예나 지금이나 기도라는 종교적인 행위는 누구나 자신이 의지하는 신에게 개인적으로 행하는 일이지만, 의식을 집전하는 일은 특별한 교육과 자격을 갖춘 사람이 하는 사회적으로 구분되는 일이라고 생각한다. 베다 시기 제사의식이 전문가적인 지식과 이해 그리고 교육과 훈련이 필요한 일이었다는 점을 분명하게 이해할 필요가 있다. 제사의식을 통해 인간 사회는 물론 우주의 질서가 유지되고 인간의 생존이 가능해진다고 믿는 사람들의 생각은 제사의 전문지식을 가진 사제(brāhmaṇa)의 권위가 강력해지는 근거가 된다.

그런데 제사의식이라는 특정한 행위가 왜 목적하는 특정한 결과를 만들어 내는지 묻기 시작하면 답이 간단하지 않다. 이 복잡한 질문이 본격적으로 제기되고 다루어지기 시작한 텍스트들이 바로 초기 우빠니샫(Upaniṣad) 텍스트들이다. 그래서 일반적으로 본격적인 인도철학사의 출발을 우빠니샫 텍스트들의 발생 시기로 상정하는 것이다. 『베다』 텍스트를 익히는 사제계급에 속하는 학생(brahmacārin)은 네 가지 베다들 중에서 하나에 속하는 특정한 전통의 텍스트들을 암송하고 그 내용을 학습하게 된다. 베다 전승의 구별되는 각각의 전통들을 '샤카(śākhā, 나무의 갈라진 가지)'라고 하는데 각 샤카, 즉 전승전통(śākhā)마다 자기 전통에 속하는 텍스트 중에서 외우고 배워야 하는 텍스트들이 정해진다. 전통마다 따로 정해진 쌍히따(saṃhitā, 암송하는 만뜨라를 담은 운문)와 브라흐마나(brāhmaṇa, 제사의식에 관한 설명을 담은 산문)와 아라냐까(āraṇyaka, 제사의식의 의미와 작동방식에 관한 비밀스런 이론적 설명을 담은 부분)를 전승시키는데, 우빠니샫은 종종 이 아라냐까의 일부이거나 아라냐까와 나란히 전해지는 텍스트이다.

우빠니샫에서는 제사를 지내는 행위가 왜 효과를 갖게 되는지에 관한 체계적인 고민과 대답이 제시된다. 이때 제기된 핵심적인 질문은 바로 제사의 각 요소-제사에 사용된 물건들과 제사에서의 행위들과 주문-들과 그것이 영향을 미치는 대상 세계의 연관 관계에 대한 것이다. 이 연관 관계를 '상응(bandhu)'이라고 부른다. 제사의 공물 그리고 장작과 주문이 하늘의 구름과 비와 어떤 연관이 있는지를 알고 제사로 비를 내리게 하는 방법을 아는 사람이 있다면, 그 사람은 비를 내리게 하거나 그치게 하거나 혹은 비를 내리게 하는 제사를 망치는 방법도 알 수 있는 사람이 되는 셈이다. 따라서 상응(bandhu)의 문제로 관심이 집중되고 나면 이 세상에서 진정한 힘을 가진 권력자는 바로 이 어렵고 신비스러운 상응을 이해하는 사람, 즉 이해 혹은 지혜를 가진 사람인 것이다. 불교 전통 안에서 우리가 끊임없이 지혜가 중요하다는 강조를 반복해서 듣게 되는 맥락이 여기에 닿아 있다.

'우빠니샫'이라는 말 자체가 일반적으로 '가까이 앉다'라는 의미로 해석되고, 위험하면서도 비밀스러운 내용에 관한 이야기여서 공개적인 자리에서 누설하지 않는 비밀스러운 내용을 다루는 텍스트라고 해석되는 것이 관행이다. 하지만 이 말의 원래 의미는 '비밀, 비밀스러운 내용'이라는 뜻이다. 이는 위험한 지식을 말하기도 한다. 그 지식의 내용을 소화하고 감당하지 못하는 사람에게 알려질 때 위험할 수 있어 비밀로 다루어져야 할 내용이라는 뜻이기도 하고, 이러한 비밀스러운 지식을 공유하는 사람들의 특권을 확인시켜 주는 표현이기도 하다. 이런 의미로 우빠니샫까지 포함하는 텍스트를 종종 '숲에 속하는' 텍스트라는 의미에서 '아라냐까'라고 불렀다. 숲에 속한다는 말은 일반적으로 사람들이 생활하는 주거지에서 발설되거나 공유될 만한 내용이 아니라는 말이다.

붓다의 활동 시기는 초기 우빠니샫 텍스트들이 형성된 시기 이후이고, 중기 우빠니샫 텍스트들이 만들어지던 시기와 대략 겹치는 것으로 보인다. 우빠니샫이 제시하는 통일된 하나의 이론이 있다거나 당시 널리 합의된 단일한 관점이 있었다고 오해하지는 말아야 한다. 다만 특정한 질문과 문제를 중요시하는 경향성이 있었던 것은 분명하다. 우빠니샫에서 제기된 '상응'에 관한 질문과 그것에 관한 이해나 지식을 중요시하는 흐름은 우빠니샫이 만들어지던 시기에 일어난 큰 전환을 의미한다. 초기 베다 전통에서 절대적이고 중요한 것은 제사의식의 실질적 수행이었는데, 관심의 무게 중심이 우빠니샫에 와서 제사의식의 의미와 맥락에 관한 이해와 이해를 통한 통제 가능성으로 옮겨간 것이다.

제사의식에는 제사 비용을 지불하고 사제(들)을 고용하며 제사를 주최하고 제사의 결과를 자신의 것으로 돌려받는 제사 주최자(yajamāna)가 있다. 제사 주최자가 아니지만, 제사 주최자와의 긴장 관계 안에서 실제로 제사의식을 수행하는 사제의 역할이 이해되어야 할 필요가 있다. 이 긴장 관계의 궁극적인 해소는 제사 주최자와의 사회적 관계망에서 사제가 완전하게 자유로운 입지로 옮겨가는 일에 있다는 합의가 베다 시기 후대로 갈수록 강해졌던 것 같다. 제사 주최자가 제사를 통해 자신이 잘못한 일에서 벗어났다고 한다면, 사실 제사 주최자의 죄 혹은 나쁜 까르마를 사제가 넘겨받은 셈이 되기 때문이다. 최근까지도 왕정이 자리잡고 있던 네팔에서는 왕이 죽고 나면 사제 중 한 사람이 죽은 왕의 뇌에서 작은 일부분을 먹음으로써 왕의 죄를 모두 넘겨받는 의식을 했다. 이 사제는 거액의 보상을 받지만 평생 네팔로 다시 돌아오지 못하는 추방령을 받게 된다. 이런 패턴은 베다에서 제사 주최자와 사제(들) 사이의 긴장 관계로 남아 있다.

그런데 제사 주최자가 좋은 일을 해서 죄가 아니라 덕 혹은 복, 다른 말로는 좋은 까르마를 얻을 수 있게 해 주면 사제는 제사 주최자의 복(puṇya)을 수확하는 밭(kṣetra)의 역할을 해 주는 셈이 된다. 그래서 불교 전통에서 출가자들을 '복전(福田, puṇyakṣetra)'이라고 부르는 것이다. 출가자인 승려에게 음식을 제공하는 등의 기부(dāna, 報施)를 하면 승려는 사제로서 음식을 얻고, 반대로 기부자인 재가신도는 복을 기르는 밭인 승려를 이용해서 복을 받는 것이다. 이 구도 안에서 우리는 불교 출가자들이야말로 '진정한 사제'라고 주장하는 붓다의 수 없이 반복되는 언급을 이해할 수 있다. 원래 불교의 '보시(報施, dāna)'라는 말은 제사 주최자가 제사를 수행한 사제에게 수고비 혹은 인건비로 지급하는 보상을 미화해서 '기부금' 혹은 '보시'라고 부르던 표현에서 비롯되었다. 가정을 이루고 사회생활을 하는 일반적인 사제들보다 불교의 출가자들은 제사 의식을 통해 넘겨받는 제사 주최자의 죄를 잘 감당할 수 있고, 그것들에서 오염되지 않는다는 관념이 있었다. 이것도 실제로는 베다 전통의 사제에 대한 관념이 발전된 형태라고 할 수 있다.

고대 인도에는 수행자 혹은 사제로서 살아가는 서로 다른 삶의 형태들을 반영한 네 가지 종교인의 모습에 관한 서술이 있었다. 그런데 이것이 베다 시대 후기부터는 마치 한 인간이 나이가 들면서 인생의 시기에 따라 거쳐 가야 하는 단계들인 것처럼 조합해서 제시하는 일이 잦아진다. 이것이 현대에도 널리 퍼져있는 '아쉬라마(āśrama)' 관념이다. '아쉬라마'는 사제 집단에 속하는 사람의 이상적인 인생이 거쳐야 할 네 단계를 나타내는 것이다. 그 단계들은 우선 '수행자의 삶(brahmacarya, 베다를 배우는 학생으로서의 삶)'에서 시작된다. 스승의 집에서 머물면서 스승을 섬기고 사제가 되기 위한 교육을 받으면서 모든 면에서 삼가하고 견디는 시기를 말한다. 특히 성관계를 갖지 말아야 한다는 금기가 강하게 적용되는 시기이다.

학생으로서 베다에 관한 공부를 마치고 결혼하고 나면 '가장(gṛhastha, 한 가정을 이끄는 사회인의 삶)'으로서 가족을 부양하고 자식들을 낳아 기르고 아들을 확보해 가문의 제사가 끊이지 않게 하는 등 사회적인 의무를 수행하면서 종교적인 제사의 의무를 수행하는 시기가 온다. 이 기간이 끝나고 나면 모든 것을 내려놓고 '숲에서 거주하는 자(vānaprastha, 인간의 정착지를 떠나서 거주하는 삶)'가 되어 자신의 사회적이고 종교적인 의무를 다음 세대에게 전해주는 시기를 맞게 된다. 그리고 마지막 단계에서는 모든 것을 버리고 '모든 것을 내려놓은 자(sannyāsa, 사회적인 인간으로서의 모든 것을 포기한 삶)'가 되어 죽음을 맞이하기 위해 자신의 집을 떠나 유랑하는 삶을 산다.

베다 시기 후기부터 나타난 이 네 단계는 원래 한 인간이 인생에서 거치는 과정이 아니라 사제로서의 인간이 삶을 영위할 수 있는 대표적인 네 가지 형태를 나타내는 것이었다. 실제로 '숲에서 거주하는 자'와 '모든 것을 내려놓은 자'의 구분은 거의 불가능하다. 후대에 만들어진 억지스러운 설명들은 넘쳐나지만 말이다. 이 네 가지 단계로 사제로서의 인생을 들여다보면 이상적인 삶의 방식은 출가고행자임을 알 수 있다. 특히 시기적으로 나중에 맞는 '숲에 거주하는 자'와 '모든 것을 내려놓은 자'를 보면 더 분명해진다. 즉 가장 이상적인 사제의 모습은 세상을 떠나 숲에 거주하거나 모든 것을 버리고 떠난 사람이 되어 인간 사회의 속박을 벗어나는 모습인 것이다.

일반적으로 우리는 숲에서 홀로 수행하는 고행자를 숲

에 거주하는 사제의 모습으로 떠올린다. 하지만 인도 설화 등의 작품에서 인간 사회를 떠나 숲에서 거주하는 사제(들)의 모습을 흔하게 볼 수 있는데, 이들은 아주 자주 가족과 함께 숲에서 고립되어 지내는 것으로 묘사된다. 즉 숲에 들어가 사회를 떠나서 살지만, 동시에 사제로서의 의무를 다하는 가장의 모습을 구현하는 종교인의 모습이 그려지고 있다.

진실되고 훌륭한 사제는 '사제로서 항상 유지해야 하는 제사를 매일 지내야 하는 의무를 다하면서도 사회적인 이해관계의 망을 벗어나야 한다'는 다소 모순된 입장을 이해한다면, 초기 우빠니샤 이래로 등장하는 이들의 새로운 이상적 인생 형태에 관한 관념을 이해할 수 있을 것이다. 사제는 가장으로서의 사회적 의무를 다하고 나서, 제사를 이어갈 아들을 확보하고 여타 의무들을 모두 충족시켰을 때 진정한 사제의 모습을 구현하고자 자신의 거주지를 떠나 모든 것을 버린 사람(sannyāsin)이 되어 홀로 죽음을 맞는 과정에 들어가는 것이 이상적인 모습으로 상정되었다. 이러한 이상적인 모습이 실제로 얼마나 실행되던 관습이었는지는 정확하게 답하기 어려운 질문으로 남는다.

하지만 이렇게 사제가 자신이 제사를 지내던 환경을 떠날 때, 마지막 제사의식에서 자신이 사용하던 제사의 불을 자기 몸 안으로 넣는 의식을 취한다는 데 주목할 필요가 있다.

다시 말해 제사를 지내는 제단(vedī)부터 제사의 핵심이 되는 불까지 제사를 수행하기 위한 물리적인 요소들이 모두 한 인간의 몸 안으로 들어가게 되는 의식이 고안된 점에 주목해야 한다. 즉 베다의 제사가 한 인간의 육체 안에 내재화되는 상황을 맞게 되는데, 이렇게 된다면 베다의 제사의식으로 성취할 수 있었던 모든 것들을 한 인간의 육체 안에서 성취할 수 있게 되는 셈이다.

눈에는 보이지 않더라도 자기 육체를 제단으로 사용해 제사를 수행할 수 있고 몸 안의 불을 제어할 줄 아는 능숙한 사제는 베다의 제사의식을 통해 얻을 수 있는 모든 것을 자기 육체를 사용해 얻을 수 있는 상황이 된다. 물론 사제가 제사의 구조와 제사를 이루는 모든 요소들의 맥락 및 제사와 외부 세계의 상응(bandhu)을 이해한다는 전제가 있어야 한다. 한편 물리적으로 제사를 준비하는 시간과 공간의 제약을 벗어나서 육체 안에 내재화된 제사의 장을 활용하는 사제가 할 수 있는 일은 상상하기 어려울 만큼 광범위해지고 말 것이다.

이런 맥락에서 한 인간이 몸속에 제사의 불을 지니게 되는 것은 사제에 관한 새로운 해석을 가능하게 만든다. 한 인간이 외부에 불을 피우는 물리적 동작 없이도 자기 몸을 이용하여 수많은 제사를 지낼 수 있고, 이 제사(들)를 수행할 수 있는 능력을 가짐으로써 당시 고대의 인도인들에게 존경과 공포를 일으킬 만큼의 (초)능력을 가진 사람들이었다는 것이 이해되어야 한다. 실제로 초기 불교 전승에서 붓다가 너무나 자주 주장하는 게 바로 "불교의 출가수행자야말로 진정한 사제이다"라는 것이다. 인도의 고행 전통이 왜 생겨났고, 고행자들은 고행을 통해 어떤 초능력 혹은 어떤 상태를 얻고자 했는지 따져볼 것들이 많지만, 불의 내재화는 베다의 제사의식을 중심으로 한 종교 전통과 고행 전통을 잇는 핵심 연결고리로 보인다.

지금도 인도의 전통의학(Āyurveda)에서는 인간의 몸 안에 불이 자리잡고 있으며, 살아있는 인간은 그 불의 작용으로 내쉬는 숨이 따뜻하며 체온이 유지된다고 간주한다. 음식은 그 불을 유지하기 위한 장작으로 이해될 수 있는데, 몸 안의 불을 유지하고 활용하는 과정은 제단에 불을 피우고 불을 관리하고 또 제사의식에 활용하는 것과 동일시될 수 있다.

우리는 나중에 나타나는 많은 수행이론들 안에서도 몸 안에 자리잡은 불(들)에 관한 설명은 물론 이 불을 제어하고 활용하는 것에 관한 이론들을 접할 수 있다. 몸에 내재화된 불이 몸 밖으로 현현하는 형태로서의 숨을 중요시하는 전통에서도 우리는 베다의 제사의식에서 불을 다루는 관념의 흔적들을 볼 수 있다. 붓다가 해탈을 얻었던 구체적인 방법이 무엇이었는지에 관해 많은 전승들이 서로 다른 내용을 전하고 있지만, 아주 오래되고 널리 퍼져 있는 전승 한 가지는 바로 붓다가 자기 자신의 숨을 관찰하는 수행을 하면서 해탈에 도달했다는 것이다. 들숨과 날숨을 관찰하는 것(ānāpānasmṛti, ānāpānasati, 數息觀)에 대한 가치부여는 이러한 관념들과 연관돼 있어 보인다. 이 수행법으로 붓다가 해탈을 얻었다는 전승이 역사적 사실은 아닌 것으로 보이지만, 최소한 최초기의 불교 혹은 붓다의 활동 시기부터 알려져 있던 수행 방법이었던 것은 확실해 보인다.

제사의식과 학문체계

고대 인도에서 제사의식을 통해 목적을 달성하고, 제사의식을 제대로 수행하기 위해서는 제사의식의 구성 요소들에 관한 이해와 지식 혹은 지혜가 중요했다는 사실을 상기할 필요가 있다. 현대인들에게 과학에 해당하는, 즉 지식에 기반한 힘의 원천이 고대 인도인들에게는 바로 제사의식과 연관되어 있었다는 말이다.

우선 제사의 날짜 그리고 시간을 정하는 일은 천체 운행의 이해를 얻어 달력을 고정하는, 다시 말해서 자연의 반복 주기에 관한 정확한 이해를 요구한다. 이것은 천문학과 점성술이 결합된 학문을 의미하며, 지금도 인도인들의 일상을 강하게 지배하고 있는 천문학과 연관된 점성술(jyotiṣa)의 뿌리가 된다. 물론 점성술과 연관된 학문으로 수학을 꼽을 수도 있다. 그리고 제사가 펼쳐지는 제단을 제사의 맥락에 맞게 준비하는 일에 필요한 기하학도 연관된 지식체계라고 할 수 있겠다. 제사터를 준비하는 일에는 상당한 정도의 계산과 지식이 필요했을 것이다. 예를 들어 12일 동안에 걸쳐 벌어지는 악니짜야나(agnicayana, 불을 쌓아 올림) 제사의식에서는 제단을 준비할 때 북쪽 제단(uttaravedī)으로 큰 새 모양의 제단을 준비하는데, 이 제단은 1,005개의 벽돌을 조합해서 만들어야 한다. 이 제사는 영생을 얻는 목적과 연관된 대형 제사의식인데, 구체적인 설계도에 해당하는 후대의 필사본 기록과 현대에 재현된 새 모양의 제단, 그리고 고고학적인 발굴을 통해 드러난 옛 제사의 흔적을 보면 이 제사가 어떠했는지 짐작이 된다.

제사의식을 수행하기 위해 필요한 요소들의 의미와 맥락을 이해하고 이것들을 통제하기 위한 이해와 지식이 필요한 것은 당연하다. 더 어려운 것은 제사의식 안에서 행해지는 구체적인 행위들이 어떻게 우리가 사는 세상 혹은 우주와 연결되는지 이해하는 일이다. 제사를 구성하는 각 요소들의 의미를 안다는 것은 이 요소들과 세계가 연결된 방식을 이해한다는 것이고, 제사의 요소들을 다루는 행위의 작용 방식을 안다는 것은 이 연결을 통해 제사가 어떻게 세상의 변화를 만들어 내는지 이해한다는 것을 의미한다. 이러한 제사와 우주의

고대 인도의 제사의식에 사용한 새 모양의 제단과 재료 및 도구들

연결을 '상응(bandhu)'이라고 하며, 이 상응이 우빠니샫의 핵심 질문 대상이라고 할 수 있다. 제사의 불을 내재화한 채로 세상을 떠나 모든 것을 버린 한 사람이 상응을 얼마나 이해하느냐에 따라, 자신의 몸을 이용한 제사의식으로 구현할 수 있는 일의 한계가 정해진다는 것은 납득 가능한 논리가 된다. 이렇게 해서 다소 복잡하지만 출가하고 고행하던 사람들이 베다 전통의 연장선상에서 출가수행자가 되었다는 맥락은 설명한 셈이 되었다.

베다의 제사의식을 치르기 위해 제단을 준비하는 방식은 제사의 종류에 따라 다양한데, 많은 제사의식에서 꾸샤(kuśa) 풀을 바닥에 깔아 제단을 준비한다. 제단은 그것이 제단으로서 완성되는 순간 일상적인 공간의 일부가 아니게 된다. 그 공간에서 행해지는 일들이 우주를 직접 움직이는, 뭔가 차원이 다른 일들이 벌어지는 특별한 공간이 된다. 그래서 붓다가 해탈을 얻기 전에 꾸샤(kuśa) 풀을 보리수 아래 깔고 앉아 깨달음을 얻기 전에는 일어서지 않겠다는 각오를 했다는 불교의 전승들도 있다. 지금까지의 설명으로 붓다의 깨달음이 어떻게 베다의 제사의식과 연관되는 것으로 간주되는 사건이었는지 독자들은 이해할 수 있을 것이다.

베다 종교의 중심이 되는 의례(yajña)에서는 제사의식 중에 낭송되는 텍스트인 주문(mantra)과 특정한 의례에 관한 서술이나 원초적인 맥락을 밝히는 설명을 정확하게 전승하고 보존하는 일이 초미의 관심사가 된다. 문자는 아쇼까(Aśoka) 왕의 새김글 이전에는 사용된 적이 없어서, 구전으로 전승이 이어져 왔다. 그 전승을 암송해서 전달하고 또 그 내용에 관한 해설을 다음 세대에 제공하는 과제를 수행하는 일은 사제 집단 안에서만 독점적으로 이루어지는 특별한 구전 전승을 통해 이루어졌다. 인도아리안 전통이 인도로 이주해 오던 초기부터 전사이자 시인이라고 할 수 있는 사람들-후대에 '리시(ṛṣi)'라고 불리는 이들-이 만들어서 구전으로 전승한 『릭베다(Ṛgveda)』의 텍스트가 베다의 핵심적인 내용을 이루고 있다.

초기 베다 시기를 나타내는 『릭베다』의 시기가 지나고 나면 실질적인 현장성과 즉각성은 사라지고 베다의 제사의식이 내포하고 있던 대결구도에서 비롯된 내적인 위험성과 폭력성은 거세되어 간다. 일례로 제사의식 안에 포함된 여러 경기들 중 '브라흐모다(brahmodya)'라는 지혜를 겨루는 경기를 들 수 있다. 한 편에서 우주를 하나로 설명할 수 있는지 물으면, 상대방이 대답을 하고 맞받아치는 질문으로 우주를 둘로 설명할 수 있는지 물으면 다시 대답하며 맞받아친다. 그러면 상대는 그 대답을 던지면서 우주를 셋으로 설명해 보라고 요구하는 방식으로 질문과 답을 주고받는 경기가 지속되는데, 어느 시점에서 상대방이 과하게 질문을 던지고 있다고 생각되는 순간에 "자신이 모르는 것을 묻는 자는 머리가 터져 죽을 것이다!"라는 경고를 한 편에서 제기하는 순간이 온다. 이 순간 답을 모르면서 아는 것처럼 질문을 던진 한 편이 패배를 인정하지 않는다면 최소한 초기 베다 시기에는 실제로 상대방의 머리를 쳐서 죽이는 상황이 벌어졌을 것이다. 『릭베다』 시기 이후로는 이런 폭력성이 제거되고 목숨을 잃을 수도 있는 원초적인 대결의 장으로서의 성격이 거세되면서 브라흐모댜를 하기는 하되 모두가 아는 대답을 주어진 각본에 따라 주고 받는 형식적인 껍데기만 남게 된다.

종종 붓다에게도 대답하기 곤란한 질문을 던지는 이들이 많았고, 그런 질문이 끈질기게 계속되는 상황이 되면 붓다는 상대방에게 "자신도 모르는 것을 자꾸 묻는 자는 머리가 터져 죽을 것이다!"라는 경고를 날리는 대목들이 나온다. 대부분 이 경고 이후로 질문을 계속하는 상대는 없는 것으로 불교 텍스트들은 전하고 있다. 후대 불교 텍스트의 주석가들은 붓다 곁에 경호원처럼 대기하던 신적인 존재들이 붓다의 명령에 따라 질문하는 상대의 머리를 쳐서 죽이는 일이 벌어지는 것이라는 억지스러운 설명을 지어내는데, 이것은 불교 주석가들도 이 경고의 의미와 맥락을 모르고 있었다는 뜻이다. 베다의 지혜 겨루기 경기를 알지 못해서 그런 설명을 하는 것이기는 하지만, 이런 예에서 베다의 제사의식이 최초기에는 얼마나 폭력적이고 위험했는지 알 수 있고, 초기 불교도들이 그 문화와 전통에 익숙했다는 사실도 잘 보여준다.

이후 베다의 종교는 형식화된 의례를 핵심으로 삼는 종교로서의 측면이 점차 강화되고, 형식화된 의례의 수행과 그에 관한 지식을 독점하고 있던 사제들(brāhmaṇa)의 기득권이 확대되어 간다. 이런 맥락에서 두드러지는 것은 베다 종교와 연관된 텍스트의 엄밀한 전승이 초미의 관심사가 된다는 사실이다. 텍스트의 내용에 관한 해석이나 이해와는 무관하게 그 형식, 다시 말해서 텍스트를 소리 내어 낭송할 때 만들어지는 물리적인 발음의 연속된 흐름이 보존되어야 한다는 필요성이 강조되었다는 말이다. 텍스트의 외형, 즉 형식적 말소리의 보존에 주력하는 태도는 인도의 지성사 전통 자체의 지향점을 만드는 계기가 되기도 한다.

인도 전통에서는 6개 분야를 베다에 부속되는 부속학문(vedāṅga)으로 간주한다. 여기에 포함되는 것들은 민간어원론(nirukta)과 음운론(śikṣā), 제의론(kalpa), 문법학(vyākaraṇa, 어형분석 이론), 운율론(chandas), 점성술(jyotiṣa)이다. 눈에 뜨이는 점은 이들 중에서 음운론, 문법학, 민간어원론이 직접 언어를 다루는 학문이라는 사실이다. 텍스트의 물리적 형태를 온전하게 보존하는 것에 관심이 크다 보니, 베다의 여러 전승전통(śākhā)들이 각각 자기 전통의 전승에 필요한 언어학적인 지식들을 담아 개별 전통 내부의 문법적 지식체계(prātiśākhya)들을 만들어 냈다. 그래서 베다 전통의 종교적 맥락 안에서 개별 전승전통을 따라 발전된 문법전통들은 구문론적인 문법의 측면보다는 음운론(phonology)과 형태론(morphology)에 집중한 지적 전통들이었다. 전승된 특정한 텍스트를 어떻게 각 어절 단위로 끊어서 이해하고, 또 각 어절 단위들이 서로 연결되면서 만들어내는 발음상의 변화들을 어떻게 이해하고 설명할 것인가의 문제가 주요한 관심의 대상이 된 맥락이 바로 이것이다. 이러한 전통이 나중에 체계화되어 발전된 것이 빠니니의 저작 『아스타다이(Aṣṭādhyāyī, 여덟 장으로 이루어진 저술)』로 대표되는 인도의 문법학 전통이다. 인도의 지성사가 학문의 표준으로 삼았던 모델이 문법학이었다는 평가가 많은 이유가 이것이다.

또한 제사의식의 맥락 안에서 전수되는 베다와 같은 텍스트의 경우에는 제사의식의 진행에서 필요한 때에 정확한 발음으로 텍스트의 왜곡 없이 낭송하는 것이 중요하다. 다시 말해서 외워서 사용할 수 있는 텍스트, 즉 구전으로 살아 있는 텍스트가 아닌 것은 사용이 불가능하고 죽은 텍스트인 셈이니 쓸모가 없는 것이다. 베다 전통 내에서는 초기의 발전상이 아니고 일부 극단화된 형식적 내용이기도 하지만, 『베다』를 외우는 과정에서 이루어질 수 있는 전승의 오류를 차단하기 위한 기술적인 장치가 마련되기도 했다. 제사의식이 정확하게 이루어지기 위해서는 제사의 수행 중에 외워야 하는 만뜨라, 혹은 주문이 정확하게 낭송되어야 한다. 만뜨라의 정확한 낭송은 제사가 목적하는 바를 이루기 위한 핵심적인 사안이라고 이해되었다.

구체적인 예를 들어 보자. 『따잍띠리야쌍히따(Taittirīya-saṃhitā)』나 『샤따빠타브라흐마나(Śatapatha-Brāhmaṇa)』에 전해지는 '뜨바스뜨리(Tvaṣṭṛ)'라는 인물에 관한 이야기가 왜 만뜨라를 정확하게 암송해야 하는지를 잘 보여준다. 제사를 지낼 때마다 인드라(Indra) 신이 나타나서 제사의 공물인 쏘마(soma, 특정한 식물의 즙인데 환각 혹은 각성 작용을 일으키는 액체)를 가로채는 일을 당하자, 뜨바스뜨리는 인드라 신을 물리치기 위해 '브리뜨라(Vṛtra)'라는 괴물을 만들어 내고 제사를 지내면서 이 브리뜨라가 인드라를 물리칠 수 있는 존재가 되도록 주문을 외웠다. 뜨바스뜨리가 외우려고 했던 주문은 'indra-śátru'였다. 이는 뒷말에 강세가 있어서 '인드라의 천적', 즉 인드라를 죽이는 자가 되어라는 주문이었다.

그런데 뜨바스뜨리는 음절이 틀린 것은 아니었지만 강세가 틀린 주문을 외우고 말았다. 즉 앞말에 강세를 넣어서 'índra-śatru(인드라의 적, 즉 인드라에게 당하는 자)'라고 주문을 잘못 외우고 말았다. 이렇게 되자 그가 만들어낸 괴물은 인드라의 천적이 아니라 인드라에게 당하는 적이 되고 말았다. 결국 뜨바스뜨리는 강세 하나를 잘못 외워서 인드라 신을 물리치지 못하게 되고 만 것이다.

베다의 텍스트, 특히 제사의식의 만뜨라를 정확하게 외워야 한다는 관념은 베다 시기부터 다양한 시도들을 만들어냈고, 결과적으로 언어학이라고 간주될 만한 학문적인 분석 체계까지 만들어 냈다. 『베다』 텍스트를 암송할 때 각 단어의 순서를 바꾸어 가면서 전체 텍스트를 암송하는 기술이 있는데, 이것을 '비끄리띠(vikṛti)'라고 한다. '비끄리띠'라는 말은 '변형'을 의미한다. 이 말은 변형되기 전의 원초적이거나 혹은 본래 상태-원래의 변형되지 않은 상태를 부르는 말이 '쁘라끄리띠(prakṛti)'이다-에 반대되는 것을 가리키는 말로 사용된다.

그 내용을 살펴보자면 이렇다. 한 텍스트의 단어들에 각각 번호를 매긴다고 가정하고 그 단어들을 외우는 순서를 나타낸다면, 단어들을 특정한 순서로 재조합해서 외우는 것을 아래처럼 나타낼 수 있다. '자타(jaṭā, 땋은 머리)'라고 하는 비끄리띠의 경우 텍스트에 포함된 어구들을 1-2-3-4-5 등의 순서가 아니라 1-2 2-1 1-2 2-1, 2-3 3-2 2-3, 3-4 4-3 3-4 등으로 바꿔서 암송한다. 또 '가나(ghana, 굳은 덩어리)'라고 하는 비끄리띠의 경우에는 1-2, 2-1, 1-2-3, 3-2-1, 1-2-3, 2-3, 3-2, 2-3-4, 4-3-2, 2-3-4등으로 어구들을 결합하면서 외운다. 또 잘 알려진 다른 비끄리띠는 '끄라마(krama, 진행)'인데

1-2, 2-1, 2-3, 3-2의 방식으로 어구들을 조합시켜 가면서 낭송한다. 이렇게 단어들의 순서와 결합이 바뀌면 연성(sandhi)의 규칙이 적용되면서 각 단어들의 정확한 형태에 대한 오해를 방지할 수 있다.

한국어로 비유하자면 [실라]라는 발음을 듣고 그 의미를 모르는 사람은 정확한 형태가 '신라'인지 '실라'인지 알 수가 없다. 하지만 두 글자의 순서를 바꾸어 [라-신]이라고 한 번을 외우고 나면 '신라'라는 말의 정확한 의미가 무엇인지는 모르더라도 그 형태가 '신라'라는 것은 분명하게 인지할 수 있게 된다. 이 맥락에서 베다 시기 만뜨라가 현대의 한국인에게도 전해진 예가 바로 "수리수리마수리"라고 하는 흔히 외우는 주문이다. 이것은 불교 텍스트의 한문 번역을 통해 한국에까지 전해진 베다 시기에 만들어진 만뜨라이다. 베다 언어를 공부한 사람이 아닌 한에야 그 의미가 무엇인지 아는 사람은 없지만, 모두가 외워서 그 형태를 잘 보존한 채로 적절하게 잘 사용하고 있다.

베다의 전승이 갖는 구전의 특징을 이렇게 자세하게 설명하고 이해할 필요가 있는 것은 바로 불교의 모든 전승이 근본적으로는 유사한 방식의 구전으로 이루어져 왔기 때문이다. 붓다가 활동하던 시기 이후 수백 년 동안 불교의 전승은 기록된 적이 없고, 기록될 것으로 간주된 적도 없으며, 문자로 기록될 수 있는 것이라 간주되지도 않았다. 따라서 우리가 가진 모든 불교의 전승은 그 출발점으로 되돌아가면 구전 전승의 결과이고, 우리가 불교 전승에서 얻은 모든 정보는 바로 이 뿌리에서 발원된 것이다.

다소 번잡해 보이지만 우리는 고대 인도의 구전 전승 문화를 이해할 필요가 있다. "이렇게 나는 들었다(Evaṃ mayā śrūtam, Evaṃ me sutam, 如是我聞)"로 시작되는 고정구가 정해진 이유와 맥락 그리고 그 의미를 둘러싼 많은 이견들이 있고, 다양한 해석의 가능성들이 있다. 하지만 이 구절에 바로 뒤따라 나오는 일반적인 정형구와 짝을 이루면서 암송하는 텍스트로서의 운율을 만드는 동시에 반복구를 통해 암송을 위한 고정구로서의 패턴을 만든다는 사실은 인정된다. "이렇게 나는 들었다" 뒤에는 대부분 "… 한 때(ekasmin samaye, ekaṃ samayaṃ) …"라는 구절이 따라 나온다. 이 불교 경전들을 시작하는 고정구 자체의 범위가 뒤따르는 구절의 어디까지인지 따져보는 것도 의미심장한 일이지만, 경전이 편찬되는 과정을 '합창' 혹은 '합송(saṅgīti, 함께 낭송함)'이라고 이해하는 전통의 의미가 이 맥락에서 분명해진다.

인도아리안과 짜끄라(cakra)

인도로 이주해 온 아리안들은 가축을 사육하고 이를 위해 말을 타는 일에 익숙했던 유목민들이었는데, 이것은 인더스 문명의 원주민들이 가축을 기르던 양상과는 큰 차이를 보인다. 인더스 유적에서 여러 가축에 관한 흔적들이 발견되고 있는데, '인더스 도장(Indus seal)'이라고 불리는 수많은 유물에 다양한 가축의 모습들이 새겨져 있는 것은 물론이고 흙으로 만든 가축 모양의 인형들도 다수 발견되고 있다. 그런데 재미있는 점은 말의 존재가 확인되고 있지 않다는 사실이다. 인더스 문명에서는 말을 전쟁에 사용하는 소수의 지배집단이 존재하지 않았다는 말이다.

인도아리안들에게 말은 아주 익숙한 가축이었을 뿐 아

니라 귀중한 가축이기도 했다. 그리고 아리안들이 말과 함께 인도로 가지고 들어 온 가장 주목할 만한 것은 바로 마차 바퀴(cakra)였다. 여기에서 '짜끄라(cakra)'는 구조적으로 단순한 원형의 통나무 바퀴와는 아예 다른 구조를 가진 바퀴를 말한다. 통나무 바퀴는 하나의 통나무나 혹은 몇 개의 통나무를 이어 붙여 적당한 두께를 가진 원형으로 잘라 만든 것을 말하고, 이것은 물건을 나르는 소수레와 같은 저속주행에 사용하는 수레(śakaṭa)에만 적용되는 바퀴의 형태이다.

하지만 짜끄라는 현재의 자전거 바퀴에서 보듯, 중심축과 바퀴의 둥그런 외측을 연결시키는 여러 독립적인 직선 형태로 된 바퀴살(spoke)을 가진 바퀴를 지칭한다. 이 바퀴는 고속주행이 가능한 구조물이어서 말이 끄는 전쟁용 전차 혹은 마차(ratha)를 구성하는 핵심 요소이다. 『베다』에도 전차(ratha) 뿐 아니라 수레(śakaṭa)가 나타난다. 무겁고 느린 짐수레는 아마도 소가 끌었을 것으로 생각되는데, 쏘마(soma) 제사를 지낼 때도 쏘마를 나르는 특별한 짐수레가 사용되는 경우가 있다.

전차가 아닌 수레는 그 나름의 쓰임새와 사회적 맥락을 가진 운송수단이었지만, 짜끄라를 장착한 경량목구조의 전차는 아리안들과 함께 인도로 유입된 새로운 문물이었다. 험한 길에서 짐을 나르는 일에 적합할 만큼의 구조적인 안정성을 가진 것은 아니었지만, 예외적인 장소와 상황에서 사용 가

통나무 바퀴를 가진 손수레 모형

능한 특별한 형태의 전쟁도구였다. 아리안들은 전차와 기마술로 전투에서 우월한 지위를 차지할 수 있었을 것이다. 짜끄라의 구조적인 안정성을 구현해 중심축이 흔들리지 않게 고정시키는 동시에, 마찰이 적은 방식으로 회전이 가능하도록 전차를 제작하는 아리안들의 지식은 물리적인 전투뿐 아니라 문화적인 우월성을 사회적으로 인정받는 근거가 될 수 있다. 전차가 전쟁에 동원된다면 전차를 제작할 수 있는 전문적인 기술을 가진 집단은 물론 전차를 활용하여 적을 제압하는 적당한 활과 화살을 제작하고 사용할 수 있는 사람들이 필요했을 것이다.

이렇게 전차와 활의 결합을 보여주는 전사의 모습은 인도 고전 텍스트에서 일상적이라고 할 만큼 흔하게 찾아 볼 수 있다. 인도 고전에서 전형적으로 보이는 전차는 전차를 끄는 말을 다루는 전차운전자(saṅgrahītṛ)와 전차에 올라타고 활을 쏘는 궁수가 함께 전차를 타는 형태를 취한다. 텍스트에 서술된 모습으로는 전사인 궁수는 코뿔소 가죽으로 만든 보호장구를 착용하고 전차운전자는 하의만 간단하게 입은 모습으로 그려진다. 주름지고 겹쳐진 모양을 한 인도코뿔소의 가죽은 평평한 보통 가죽보다 훨씬 더 우수한 방호 기능을 수행할 수 있는 물리적 구조를 가졌다. 경량목구조 전차를 사용한 이들이 실제로 행하는 전투는 평지에서 이루어지는 소규모 전투이거나 혹은 양 진영의 대표자들 간의 일대일 결투 형태에 가까웠을 것으로 판단된다. 전투는 아주 조심스럽게 다루어야 할 만큼 복잡한 구조를 지닌 경량목구조 전차를 만드는 일부터 이것을 조종하는 일 그리고 그 위에서 활을 사용해서 전투를 수행하는 일까지 모두 특별한 훈련을 받은 인력들이 동원되어야 한다는 것을 전제한다. 코끼리들이 전투에 조직적으로 투입되기 전까지 고대 인도의 전쟁은 최소한 전차에 의해 좌우됐을 것이다. 이런 현실은 짜끄라가 아리안들의 우월함을 나타내는 상징으로 자리잡는 주요한 이유였을 것이다.

짜끄라는 아주 다양한 방식으로 문화적인 상징물로 사용되었고 이제는 인도 문명의 상징물이 되었다. 현재 인도의 국가 상징(national emblem)에도 짜끄라가 자리잡고 있다. 인도 국가 상징은 기원전 3세기에 아쇼까(Aśoka)가 싸르낱(Sarnath)에 세운 아쇼까의 칙령이 새겨진 기둥에 설치한 기둥머리 조형물에서 비롯된 것이다. 이와 아주 유사한 형태의 기둥머리들이 다수 발견됐지만, 그 양호한 상태와 조형미 때문에 싸르낱의 조형물이 특별한 관심을 받아 왔다.

아쇼까가 이 조형물을 싸르낱에 설치한 이유는 붓다의 '가르침의 바퀴를 처음 돌림'이라는 사건이 바로 이 곳에서 일어난 일이기 때문이다. 붓다가 해탈을 얻은 이후 처음으로 자신의 가르침을 편 사건을 '가르침의 짜끄라를 돌린 사건'이라고 전승한 사실에서 비롯된 것이다. 불교 전통에서도 짜끄라가 얼마나 중요한 상징으로 사용되고 있는지 이 텍스트의 제목 자체가 잘 드러내 주고 있다. 뒤에서 우리는 이 텍스트의 내용을 보다 더 자세히 살펴보게 될 것이다.

붓다가 처음으로 가르침을 펴기 시작한 것을 기념하여 세운 아쇼까의 기둥머리는 한 덩어리의 사암을 깎아 만든 것인데 개략적인 크기는 2.15m 정도가 된다. 그 구체적인 모양은 이렇다. 맨 아래 연꽃 모양의 받침 위에 둥그런 받침대가 있는데, 이 받침대에 네 동물이 새겨져 있다. 네 동물은 달리는 말과 황소와 코끼리와 사자이다. 이 네 동물이 서로서로를 따라가는 형상으로 새겨져 있는데, 각 동물의 사이에 선명하게 새겨진 것이 바로 짜끄라이다. 그리고 그 원형 받침 위에 네 마리의 사자상이 자리잡고 있다. 사자들은 서로 후면을 기대고 네 방향을 향해 서 있다. 이것이 현재의 아쇼까의 기둥머리인데, 예전의 기록을 근거로 판단해 보면 이 네 마리의 사자 자체는 기둥머리의 최상단이 아니고, 최상단에 자리잡고 있던 짜끄라를 떠받치는 위치에 서 있다. 결국 이 조형물 전체가 보여주고자 하는 핵심적인 상징은 바로 짜끄라이다.

네 마리의 사자가 떠받치고 있는–불교적인 맥락에서 사용되는–이 마차바퀴문양은 한국의 불교 미술에서도 아주 익숙하다. 즉 불교에서 붓다가 처음으로 자신의 가르침을 펼친

'싸르낱 아쇼까왕 석주'의 일부, 싸르낱 고고학박물관 소장

현재 사용되는 인도의 공식 국가 상징

인도 대법원의 상징 ©Wikimedia

사건을 가르침의 바퀴를 처음 돌린 것으로 비유하거나, 붓다를 '짜끄라를 굴리는 자로서의 제왕(cakravartin, 轉輪聖王)'에 비유하는 일에서 비롯되었다. 왼쪽 그림에서 보이는 것이 현재 싸르낱박물관에 있는 원본 조형물이고, 그 다음 그림이 현재 사용되는 공식적인 인도의 국가 상징이다. 그런데 이 조형물은 실제로는 짜끄라의 받침대 역할을 하는 조형물이었지만, 짜끄라가 파괴되어 현재 보이지 않는다. 따라서 역사적으로 정확한 모양을 보여주는 것은 현재 인도 대법원의 상징으로 사용되는 모양이라고 할 수 있다.

한문 번역으로 붓다를 '전륜성왕(轉輪聖王)', '전륜성제(轉輪聖帝)', '윤왕(輪王)'이라고 표기하는 것은 모두 같은 말의 번역이다. 이 모든 호칭의 배경에는 바로 'cakravartin(바퀴를 굴리는 자)'이라는 개념이 자리잡고 있다. 인도아리안의 문화에서 그리고 인도 고대사의 맥락에서 짜끄라가 왜 중요한 요소로 작용했는지 그 연원을 살펴 보았는데, 이제 이와 연관된 짜끄라를 굴리는 제왕(cakravartin)에 대해 알아보자.

'짜끄라를 돌리는 사람'이라는 뜻을 가진 'cakravartin'이라는 말의 의미는 다른 설명이 필요하다. 우선 바퀴를 굴린다는 것은 인도 전통에서 황제가 된다는 것을 상징한다. 여기서 황제는 제한된 특정 지역의 지배권을 가진 왕보다 높은 지위를 갖는다는 뜻이다. 최소한 이론적으로 혹은 명목상으로는 모든 주변국의 왕들을 지배하는 황제를 말하며, 'cakravartin'은 그 황제가 된다는 의미의 표현이다. 그리고 '황제'라고 불릴 수 있는 짜끄라를 굴리는 더 높은 지배자의 지배영역 안에서 나름의 통치권을 갖는 왕들은 실질적인 자율성을 가지지만, 명목상 그리고 제사의례의 맥락에서는 분명하게 짜끄라를 굴리는 황제에 종속되는 위치에 있다는 사실이 공식적으로 확인되어야 한다. 여기에는 국가의 통치체계 자체를 베다의 제사의식(yajña)의 틀로 파악하는 인도의 전통적인 국가질서에 관한 이해가 배경에 자리잡고 있다. 이 맥락에서 짜끄라를 굴리는 황제의 하위에 놓이는 왕들은 제사의식을 통해 공식적으로 짜끄라를 굴리는 황제의 통치권을 인정하고, 반대로 제사의식에서의 질서를 받아들이는 것으로 자기자신의 상대적 독립성을 인정받는다. 제사의식이 공식적인 권력관계의 외형적 표출이자 확인의 도구가 되는 셈이다.

이처럼 느슨한 형태의 권력구조에 기초한 국가 혹은 제국의 구축을 설명하는 곳이 또 있다. 고대 인도의 통치술 혹은 정치술에 관한 체계적인 서술을 담은 전통 지식체계라고 할 수 있는 『아르타샤쓰뜨라(Arthaśāstra, 정치학)』와 『니띠샤쓰뜨라(Nītiśāstra, 통치학)』이다. 이 텍스트들에서 우리는 왕권의 구조를 짜끄라에 비교하는 방식의 서술을 종종 볼 수 있다. 중앙한 곳에만 있는 통치자가 넓은 지역을 다스리는 구조를, 바퀴축에 연결된 살들이 사방으로 뻗어나가는 구조로 바퀴가 기능하는 모양에 비유하는 것이다. 이 비유는 여러 가지를 함축하고 있는데, 그 중 한 가지는 바로 권력의 중심에서 멀어질수록 권력의 직접 통치와 거리가 멀어지는 구조의 반영이다. 다른 하나는 돌아가는 바퀴의 중심점이 돌지 않듯, 광활한 통치영역에서 일어나는 정치적인 변화에도 권력의 정점인 통치자의 지위는 고정적이고 불변의 자리를 유지한다는 것이다. 다시 말해서 최고통치자의 초월성을 반영하는 은유가 되는 셈이다.

이 두 가지 측면에서 인도 왕권이 작동하는 방식을 이해해 보자. 관료제를 통한 강력한 중앙집권체제가 아닌 절반의 자율성을 띤 지방 자치 권력들이 느슨한 연맹 관계로 이뤄진 거대국가 체계로 이해할 수 있다. 실제 인도 역사에서 수많은 국가단위가 다양한 규모와 성격을 가지고 생성되었지만, 큰 틀에서 지역적 차별성을 무시한 통일적인 중앙집권체제의 구축이 시도된 예는 무척 드물다. 정리하자면 '짜끄라를 굴리는 제왕'이 의미하는 바의 '통치자로서의 황제'는 실제 권력이기도 하지만, 상징적인 존재이기도 하다. 제사의식의 측면에서 혹은 큰 영역의 정치단위에서 상징적인 존재로서 황제의 지위를 가진 자라고 보는 게 타당하다.

바로 이러한 성격이 붓다와 같은 종교적인 권위자를 짜

끄라를 굴리는 제왕으로 칭할 수 있는 맥락을 만든다고 보인다. 만약 아쇼까가 초창기의 무력을 동원한 정복 전쟁을 포기하고 자신을 '도덕성의 담지자(dharmātman)'로 설정하여 제국의 통합을 시도했다면, 그가 왜 짜끄라를 굴리는 제왕 이데올로기를 적극 활용해야 하는지 같은 맥락에서 쉽게 납득할 수 있다.

짜끄라를 굴리는 제왕 관념의 역사적인 발생에 대해서는 아직도 논란이 많다. 분명한 점은 짜끄라, 전차 그리고 황제의 권위는 베다 전통의 세계관과 연관성 안에서 서로 연결된 채로 설명돼야 한다는 것이다. 어쨌거나 이제 우리는 붓다가 처음으로 자신의 가르침을 편 사건을 '가르침의 바퀴를 처음 굴린' 사건이라고 이해하는 불교도들의 태도를 이해할 수 있다.

아리안의 이주와 사회 체제의 변화

짜끄라를 굴리는 제왕이 갖는 의미를 해명하느라 살펴보았던 고대 인도의 왕권과 왕국이 갖는 구조는 실제 사료의 분석을 통한 인도 고대사의 재구성에서도 확인된다. 이것은 한 편으로는 왕권을 중심으로 중앙집권체제가 이루어지기 이전 소수 지도자가 지배하는 정치체계를 갖는 집단들, 즉 부족공동체가 존재했던 시대와 지역을 배경으로 활발했던 출가수행 전통, 그리고 그 출가수행 전통에 속하는 불교의 사회적 맥락을 이해하기 위해서도 중요한 측면이 있다. 그 맥락을 인도아리안의 이주와 사제, 즉 브라흐만(brāhmaṇa)들의 문화적·종교적 주도권 확립과 맞물린 사회 계급체제의 구축 과정을 통해 짧게나마 살펴볼 필요가 있다.

서북부 인도에서 시작된 아리안의 인도 내에서의 이주 물결(약 기원전 1,300년경)이 기원전 7~6세기경에는 인도의 북동부에까지 이른 것이 확실해 보인다. 수많은 문헌학적인 분석들과 고고학적이고 언어학적인 자료들과의 비교연구 결과로 이제 우리는 베다 텍스트의 층위에 따른 지역적인 배경을 대략 이해할 수 있다. 초기 베다 텍스트들의 배경은 인도의 서북부 지역인데, 『릭베다』 내부에서 후대에 성립된 1권과 10권 이전에 만들어진 2~9권은 현재의 아프가니스탄 동부 지역에 아리안들이 머물던 기억을 반영한 것으로 보인다. 하지만 초기 베다 텍스트들에서 이미 강가(갠지스강)와 야무나(야무나강)가 만나는 지역에 걸친 이주와 사회적 변화를 볼 수 있고, 『브라흐마나(Brāhmaṇa)』 텍스트들에서는 갠지스강 동부와 중부 인도에 대한 암시들을 볼 수 있으며, 『우빠니샫(Upaniṣad)』 텍스트들은 동부 인도를 주 무대로 삼고 있다.

아리안 이주의 긴 시간 동안 일어난 사회적인 변화는 초기 베다에서 보이는 것보다 훨씬 강한 계급 혹은 계층적인 구분의 체계화와 고착화된 사회체계 구축, 베다 텍스트에 반영된 사제 집단의 세계관과 종교적인 이데올로기의 사회 전반에 걸친 관철과 확립이다. 이와 맞물려 아리안들이 사용하던 언어이자 베다의 언어인 쌍쓰끄리땀이 모범적인 언어로 다른 사람들에게도 전파되고 수용되었다. 이러한 종교적 권위는 지배권의 정당화를 위해 사제의 지원이 필요한 왕의 등장과 왕국의 구축을 통해 더욱 강화되는 양상을 보이게 된다. 이 같은 변화의 과정이 인도 내에서의 아리안의 이주와 맞물려 일어난 변화들의 중요한 축이다.

아리안의 이주 그리고 이에 수반한 정주 내지는 정착생활의 확립에 대해서는 몇 가지 오해를 불식시킬 필요가 있다. 우선 유목생활이 정주생활로 전환되는 과정에는 아주 복잡하고 다면적인 사회적 요소들이 상호 작용하는 과정이 필요했다. 이러한 사실을 고려한다면 아리안들이 정주생활과 유목생활이 혼재된 형태로 지냈던 시기가 존재했다는 사실을 어렵지 않게 이해할 수 있다. 또한 정주생활이라고는 하지만, 실질적으로 정해진 범위 안에서만 이주를 반복하는 방식의 정주적인 유목생활을 의미하는 경우도 있었다는 사실을 염두에 두어야 한다. 고전 텍스트에서 아리안들이 정주민들을 '(종교적인 의미에서) 청결하지 못한 자들'로 폄하하는 게 드물지 않게 확인되며, 이는 오래된 일반적인 태도였다는 사실에도 주목할 필요가 있다. 이러한 사실은 나중에 붓다와 같은 수행자들이 거주처를 정하지 않고 항상 이주하면서-불교식 표현으로는 '유행(遊行)'하면서-사는 일에 관한 긍정적인 태도를 만들어 내는 문화코드로 작용하게 된다.

농경과 정주생활이 곧바로 유목이나 다른 방식의 생활

양식보다 생산성이 높다는 생각 또한 역사적으로 근거 없는 선입견일 뿐이다. 농업 생산력은 구체적으로 어느 지역에서 어떤 작물을 토대로 농사를 짓는지와 연관되고 또 어떤 도구와 기술로 작물을 재배하는지와 밀접하게 연관된다. 최소한 불교가 발생되고 발전한 인도 북동부 지역처럼 강수량이 많고 온도가 높아 벼의 수경재배가 가능한 지역이라면 우리는 어렵지 않게 정주 농경생활의 높은 생산력을 받아들일 수 있다. 아리안들의 생활형태가 변화하게 된 이유가 무엇이었는지에 관한 의문이 제기될 수 있다.

이런 의문에 관한 논의의 핵심은 잉여생산을 가능하게 한 물적 토대로 모이는 경향이 있는데, 철제 농기구의 사용이 얼마나 핵심적이었느냐에 관한 논쟁으로 귀결되는 게 일반적이다. 여기에서 주 논점은 철기를 사용했다는 사실 자체가 아니고 철제 농기구가 사용되었다는 데에 있다. 다시 말해서 무기나 상징물이 아닌 노동의 도구로 철기가 보편적으로 사용되는 단계에 접어들었다는 것을 말한다. 이 대목에서도 불교가 발생하고 발전한 인도 동북부 지역이 연결되는 지점이 있다. 철제 농기구의 보편적인 사용은 철기 생산 기술은 물론 높은 온도를 만드는 땔감 확보 등이 일반적인 조건이다. 이 조건을 만족하는 곳은 지리적인 자원 분포를 살폈을 때 풍부한 철광이 있는 인도 동북부 지역이 적합했을 것으로 보인다.

'그라마(grāma)'라는 말은 고전 쌍쓰끄리땀에서 '마을'로 번역되지만, 원래 의미는 이주하는 아리안들의 이동 단위를 이루던 '한 무리'를 뜻한다. 아리안들이 유목민으로서 이주하면서 구성하는 이주의 단위를 부르는 이름이 '그라마'인 것이다. 따라서 쌍쓰끄리땀에서 'saṅgrāma'가 '전쟁'을 의미하게 된 맥락을 우리는 어렵지 않게 이해할 수 있다. 즉 이주하는 두 무리가 조우하는 상황, 충돌하는 상황을 이르는 말이 'sam-grāma(그라마들의 만남)'였던 것인데, 구체적으로 '작은 단위의 전쟁' 혹은 '분쟁'을 의미하는 말이다. 그리고 이러한 조우는 먼저 이주한 아리안들과 나중에 이주해 오던 아리안들 사이에서도 일어났을 것이고, 이러한 충돌은 주로 가장 크게 꼽히는 노획물인 소(牛)를 두고 이루어진 충돌이었던 것으로 보인다.

더 나아가 'grāma'라는 단어가 '목걸이'나 '뱀'을 의미하는 데에 대해서는 좀 더 구체적인 분석이 필요하다. 이것은 이주하던 아리안의 한 무리가 한 곳에서 머물게 될 때 가축을 안전하게 지키기 위해 전차 혹은 우마차들을 둥글게 배치하던 것에서 비롯된 용례라고 보는 게 가장 타당하다. 이렇게 해서 이주 중에 겨울을 났던 것으로 보인다. 그런데 후기 베다 시기 아리안들의 이주 시기에 이르면, 'grāma'가 정주생활을 하는 정착지의 의미로 사용되는 용례들이 분명하게 나타난다.

이것이 아리안의 이주 과정과 나중에 이루어진 아리안의 정착민화 과정을 드러내는 구체적인 언어 표현의 전형적인 의미상 변화이다. 물론 이 과정에서 놓칠 수 없는 부분은 아리안들의 정주 과정을 유목과 정주 사이의 흑백 논리에 따른 구분으로 구별할 수 있는 게 결코 아니었다는 것이다. 아리안들이 정착 과정에서 특정 지역 안에서만 유목 방식으로 생활한다거나 정주 시기와 유목 시기의 비율이 바뀌는 과정을 거친 것에는 의심의 여지가 없다. 바로 이 점을 고려하는 게 고대 인도사를 이해하는 데 중요한 맥락이 된다.

붓다가 활동할 당시 배경이 된 지역에는 정치적 실체로 자리잡은 좀 더 큰 규모로 이뤄진 정착민들의 단위가 있었는데, 이것을 '자나빠다(janapada)'라고 불렀다. '크다'는 의미를 보태어 '마하자나빠다(mahājanapada)'라고 부르는 단위는 구체적으로 얼마나 큰 규모의 단위였는지 따져보기 쉽지 않다. 하지만 이 단위들이 정치적 실체로 작동했다는 것은 분명해 보인다. 따라서 붓다가 활동하던 당시의 해당 지역이 공동체 단위로 생활하며 활동하던 '마하자나빠다' 중심의 정치제체를 갖는 것은 맞다. 그런데 그 지역이 공화정 체제를 지닌 지역이었다거나 당시에 민주주의가 작동했다는 등의 이야기는 억지다. 붓다를 민주정치와 공화정을 구현한 정치운동가로 만들고 싶은 사람들이 상상 속에서 그려낸 허구에 불과하다.

이 맥락에서 아리안의 이주에 관한 구체적인 이해를 전제하고 붓다의 생존 당시 상황에 접근할 필요가 있다. 우선 아리안들의 이주는 아주 긴 기간에 걸쳐 점진적으로 이루어졌으며, 남성이 대부분인 소수의 이주민들이 이주했다. 그들은 이미 인도에 존재하던 사회적 층위 구분을 갖는 사회에서 지배 계급으로 편입됐고, 그들의 문화는 모범적인 문화로 관철되어 모든 사람들이 모방하고 따라하는 주도적 문화로 자리잡았다. 다시 말해서 인도아리안들이 원주민들을 무력으로 정복해서 하층 계급으로 삼아 카스트 제도가 만들어졌다는 등의 19세기에 만들어진 근거 없는 설명들을 지금까지 반복하고 있어서는 안 된다는 말이다.

이러한 큰 틀에서 이해하자면 우리는 베다 텍스트를 창출해 내고 그와 연관된 세계관을 관철시킨 아리안의 본격적인 이주 물결 이전에 이루어진 아리안 선주민들의 이주를 쉽게 이해할 수 있을 것이다. 그리고 최근 연구와 분석에 따르면 베다 텍스트에서 폄하 대상으로 나타나는 특정한 집단(ethnic group)은 주류 아리안들이 인도에서 만나게 된 인도의 토착 원주민들이 아니라는 것이 드러났다. 나중에 이주해 온 아리안 주류가 이전에 인도로 이주해서 먼저 정착해 있던 아리안 선정착민들을 폄하해서 불렀던 표현이 텍스트에 담겨 있음을 이제는 이해할 수 있게 되었다. 붓다가 사용하던 지역 언어인

마가디(Māgadhī)도 바로 선정착민의 언어였다고 할 수 있다. 그리고 베다 전통에 대한 붓다의 반감도 이런 맥락을 함께 지니고 있다. 다시 말해서 베다를 만들어낸 아리안들의 본격 이주에 앞선 아리안의 이주 물결이 동북 인도에서 마가디어를 만들어낸 배경이고, 붓다의 언어적이고 문화적인 배경도 이 맥락 안에서 이해되어야 한다.

이렇게 다중적인 아리안의 이주 상황, 특히나 베다에 반영된 문화를 공유하던 아리안 본류의 이주 이전에 인도 동북부에 이르렀던 아리안의 이주 상황을 파악하는 것은 불교를 연구하고 이해하는 일에서 중요한 의미를 갖는다. 불교의 발생이라는 맥락에서 우리가 고려해야 할 사실은 바로 붓다의 활동 시기만 하더라도 인도 동북부 지역, 즉 붓다가 활동하던 지역에서는 사제들의 절대적 권위가 관철되지 못했다는 사실이다.

붓다가 활동을 하던 시기의 인도 동북부 지역, 즉 현재의 비하르(Bihar)와 웨스트벵골(West Bengal) 그리고 네팔의 남부 지역은 아리안의 문화가 정착된 곳, 다시 말해서 브라흐만 사제들의 문화적이고 종교적인 주도권이 완전히 정립된 곳이 아니었다. 언어나 문화적인 면에서 아리안 문화가 이미 수용되고 일반화된 것은 사실이었지만, 인더스 유역이나 갠지스 상류처럼 종교적이고 사회적인 질서가 사제계급이 창출한 이념에 따른 재편을 완전히 이루어낸 상태가 아니었다는 뜻이다.

이런 배경에서 나타난 문화가 바로 출가수행(śramaṇa) 전통이라고 보인다. 즉 실제 아리안들이 인도에서 구축했던 제사의식을 중심으로 한 종교적인 권위가 사회구성의 핵심 원리로 작동하는, 소위 말하는 사제 집단이 규정하는 다르마(dharma)가 붓다의 활동 시기에 해당 지역에서 완전하게 관철되어 있지 않았다는 뜻이다. 하지만 붓다에게 베다 전통은 분명히 잘 알려져 있었고, 붓다 자신이 인도아리안어에 속하는 언어를 사용했던 것도 확실하며, 그가 가진 세계관도 아리안들의 세계관에 기초하고 있었다는 것도 의심의 여지가 없어 보인다.

이렇게 베다의 문화를 관철시키는 아리안 본류가 이주해 가는 과정에는 어떤 사회적인 역학 관계가 개입됐는지의 문제도 주목해야 할 질문거리이다. 이 질문은 곧 정치적 지도자(rājan, '왕')를 중심으로 새로운 영역을 개척하는 집단이 어떤 구성원들로 어떻게 구성됐는지에 관한 질문으로 연결되기 때문에, 훗날 사회적인 권력 관계의 구성이 이루어지는 과정에 관한 질문과도 직접 연결된다. 새로운 생활터전을 확보하기 위해 움직였던 아리안 집단을 구성하는 데에도 다양한 가능성들이 있었던 것으로 보이고, 그와 연관되어 그들이 새로운 영토 확장 사업에 뛰어들어 얻게 된 성과물을 분배하는 과정도 우리의 관심사가 된다. 여러 텍스트에서 확인되는 바로는 상속에서 배제되거나 상속권을 갖지 못하는 젊은이들이 이러한 정복 전쟁에 가담했던 것으로 보이고, 이 과정을 통해 사회적 계급체계가 구축되었을 것으로 보인다.

결국 우리에게 주어진 역사적인 그림은 아리안들의 그라마(grāma) 혹은 아리안들 중 개인적인 필요성이 절실했던 집단들이 물리적으로 정복 전쟁과 영토 확장을 이룬 뒤에 사제들이 해당 지역에 시간적으로 뒤따라 들어가서 자리잡는 과정이 이루어졌다는 전개이다. 사제들의 이주 이후에 비로소 사제 중심의 아리안들이 지향하던 사회체계가 해당 지역에 구축되었다는 뜻이다. 곧 사제들의 새로운 정착지 이주의 맥락은 정복이나 영토 확장 자체가 아니라 이미 정복된 영토 안에서의 안정적인 사회체계 혹은 계급체계 구축의 일환이었다는 것이다. 이 과정은 아마도 정치적 지도자가 가진 권력의 정당화와 사제들이 독점하고 있던 제사의식 수행이 밀접하게 연관되어 있었다는 것을 의미하는데, 이 측면이 수많은 텍스트들 그리고 당시 행해졌던 제사의식들에서 여실히 드러나고 있다.

왕이 권력의 정점에 서서 권력을 독점하는 단위의 국가가 출현하기 전 단계, 즉 부족 혹은 씨족이라고 부를 만한 단위에서의 의사결정은 그 대표들이 모이는 회합(sabhā)-현재 인도의 하원을 '(loka-)sabhā'라고 부르는 것이 여기에서 유래한다-에서 이루어졌고, 이것이 정치적 단위의 중심에 있었다고 할 수 있겠다. 'sabhā'라는 말은 원래 회합이 이루어지는 장소를 가리키는 개념이었다. '집(gṛha)'이라고 할 수는 없는, 폐쇄적이지 않은 형태를 가진 어떤 장소를 가리켰던 것으로 보인다. 이 장소는 단위의 대표들이 비정기적으로 모여 회의하고 의사결정을 내리거나 정기적인 제사를 지내고 종종 내기와 같은 행사를 하는 곳으로 쓰이거나, 또 다른 사회적인 목적으로 이용된 것으로 보인다. 나중에는 이 장소에서 이루어지는 회합 자체를 가리키는 말로 'sabhā'가 사용된다.

이러한 의사결정을 위한 회합에 사회의 일반 구성원들이 참여하지는 않았던 것으로 판단되는데, 이미 사회적으로 상층에 속하는 지배집단이 구성돼 있었던 것으로 보인다. 또 지배집단 내부에도 신분에 따른 구분이 있었던 것으로 판단된다. 이러한 의사결정의 모임에 참석 자격이 있는 개별 집단의 대표자 혹은 연장자를 'rāja'라고 불렀다. 이 말은 라틴어의 'rex'와 어원이 같은 말로 흔히 '왕'이라고 번역되지만, '왕'보다는 '대표자, 지도자, 연장자'의 의미로 쓰이는 경우도 많다. 그래서 붓다의 아버지가 'rāja'였다고 한다면, 붓다의 아버지가 왕이었다기보다는 씨족 대표회의에 참석할 자격을 가진 인정받는 사람이었다고 이해하는 편이 타당하다.

왕이 권력의 정점에 선 왕권이 확립된 국가체계와는 다르게 부족 혹은 씨족 단위의 집단들이 연맹을 이루어 권력을 행사하는 체제가 있었던 것으로 보인다. 이러한 체제를 'gaṇasaṅgha(집단의 연합)'라고 하는데, 무력을 소유한 무사집단이 과두제에 가까운 권력분점의 연합을 이루어 통치하던 체제로 보인다. 이러한 권력 구조 때문에 부족연합체(gaṇasaṅgha)에서는 왕권 확립과 정당화를 위한 사제의 종교의식이 필요하지 않았던 것은 물론 사제들에 관한 왕권의 지원도 있을 수 없었다. 이것이 바로 사제들이 주장하고 정당화하는 사회 체제의 관철이 이루어지기 어려운 상황의 근저에 놓인 핵심적인 권력 구조였다.

이러한 부족연합체 형태의 정치단위가 발전의 최정점에 이른 것은 아마도 기원전 600~500년경으로, 이 시기에 바로 'mahājanapada(대연합체)'라고 하는 국가와 유사한 정치적 단위가 형성된 것으로 보인다. 구체적인 예로는 까우삼비(Kauśāmbī)가 전형적이다. 이 도시는 규모가 6km의 길이에 달하는 성벽으로 둘러싸일 만큼의 크기로 조성된 수도였다. 그래서 인더스 문명의 도시들에 대조시켜 이 시기를 인도 역사에서 '2차 도시화(second urbanization)'라고 부르기도 한다. 하지만 갠지스강 유역에서 나타난 이러한 정치단위들은 머지않아 더 동쪽에 있던 마가다(Magadha)에 중심을 둔 제국의 등장과 함께 사라지는 운명에 놓이게 된다.

부족연합체와 대연합체들의 시대에 종지부를 찍은 제국의 등장과 함께 새로운 시대를 맞게 되는 인도의 역사에 대해, “무엇이 이러한 제국의 등장을 가능하게 했을 것인가”라는 질문이 제기된다. 이 질문을 푸는 데 있어 큰 요소로 주목해야 할 것은 바로 전투에 등장한 코끼리이다.

인도 동북부는 비옥하고 습한 농지를 근거로 벼농사가 가능했을 뿐 아니라 그 배후에 있는 밀림에서 코끼리들을 포획하고 길들여 가축으로 사육할 수 있는 가능성을 열어 주었다. 잡힌 코끼리들을 다루고 관리하는 일에는 밀림의 원주민들이 동원될 수 있었고, 실제 전쟁에서는 코끼리마다 평민 출신의 군사로 이루어진 10여 명의 궁수들이 배치되어 적을 공격했다. 코끼리 확보와 관리는 큰 비용이 필요한 일이었기 때문에 결국 보다 큰 영역을 지배하는 중앙 집권적인 왕국, 즉 제국의 탄생이 맞물려 진척되어야 하는 상황이 발생한 것이다. 또한 풍토상 습지나 숲 지역에서는 먼 거리의 원정 전쟁이 어렵지 않았다. 코끼리의 사료를 숲에서 직접 조달할 수 있기 때문이다. 이러한 방식의 통치는 결국 광활한 농토를 관리하여 국가 재정을 뒷받침할 수 있는 관리 체계가 구축되어야 할 필요를 낳는다. 코끼리를 동원한 무력의 사용은 전시에는 효율적인 정복과 억압의 수단이 될 수는 있겠지만, 평화기에 접어든다면 제국을 관리하는 일이 그러한 폭력적인 방식으로 이루어질 수는 없다.

이러한 상황에 봉착하는 고민을 했던 왕이 아쇼까(Aśoka)였던 것으로 보인다. 깔링가(Kaliṅga) 정복에 따른 수많은 희생에 회의를 느꼈다고 하지만, 아쇼까는 결코 깔링가에서 철군하거나 제국의 구축 자체를 포기하지 않았다. 그 자신이 개인적으로 확신을 가진 불교도가 되었는지 혹은 통치 이념으로서 불교를 채택했는지에 대해서는 논쟁이 가능하지만, 둘 모두가 사실이었을 가능성이 있다는 점을 고려하면 이에 대한 논쟁은 핵심을 비켜가는 것으로 보인다. 결국 중요한 것은 불교의 다르마(dharma)를 제국 통치의 다르마(dharma)로 재해석하거나 혹은 변형시키고 이를 통해 통치와 외교의 일관된 노선을 정립했다는 점이다. 이로써 아쇼까는 그 자체가 결속을 가지는 단위로 이루어지던 전통 부족연합체(gaṇasaṅgha)와는 달리, 중앙의 권위와 무력으로 유지되는 제국의 정체성 구축 가능성을 불교적인 세계관 안에서 찾았던 것으로 보인다.

이 맥락에서 다르마(dharma)의 보편성을 주장하는 것은 불교적인 의미로 이해되고 해석된 방식의 배타성을 주장하는 게 결코 아니다. 실제로 제국의 운영을 위해 상식적인 선에서 여러 종교들 모두가 어렵지 않게 받아들일 수 있는 다르마(dharma)를 이념으로 제시하고 여러 종교 전통들을 두루 후원하는 게 가장 합리적인 통치 방식이었을 것이다. 마우랴 왕조기에 짠드라굽따(Candragupta)는 자이나 신자였고, 그의 아들 빈두싸라(Bindusāra)는 아지비까(Ājīvika) 신자였으며, 또 다시 빈두싸라의 아들 아쇼까(Aśoka)는 불교 신자라고 전해지는 역사가 전하는 바는 이 왕들의 신앙이 배타적인 한 종교를 향한 지원과 타 종교의 탄압을 의미하는 게 결코 아니었다는 사실이다.

아쇼까 이후에도 계속 왕이 바뀌면서 왕의 개인적인 신앙이 바뀌는 일은 반복되었던 것으로 판단된다. 마우랴 제국의 마지막 왕 브리한라타(Bṛhadratha)를 죽이고 슝가(Śuṅga) 왕조를 세운 뿌샤미뜨라(Puṣyamitra)는 사제였고, 그는 사제들의 종교적이고 정치적이며 문화적인 주도권을 강화하는 방식으로 국가 이념의 방향을 재정립했다. 아쇼까가 자신의 칙령을 기록하는 데 사용했던 방언 혹은 속어는 이때 다시 쌍쓰끄리땀으로 대체되고 베다 전통의 부활이 강하게 추진되었다고 보인다. 그렇다고 해도 출가수행 전통이 절멸되었다거나, 배타적인 방식의 통일된 종교 상황이 창출되지는 않았다고 필자는 판단한다.

붓다는 불교도가 아니었다.
붓다는 붓다였고, 그를 따르는 사람들이
불교도가 된 것이다.

3장

붓다의 출발을 묻다: 깨달음

그 고민의 출발점

붓다가 출가수행자로서의 삶과 수행 혹은 고행을 시작한 이유와 당시 고행이 지닌 의미를 베다 전통의 맥락에서 살펴보았다. 이 맥락에서 추가로 '윤회'와 '까르마'의 관념도 살펴볼 필요가 있다.

우선 윤회와 까르마는 별개의 역사적인 뿌리를 가진 두 관념이라는 점을 이해할 필요가 있다. 우리는 불교 전통을 통해 윤회와 까르마 관념이 결합된 세계관을 고대 인도의 세계관으로 간주하는 경향이 있지만, 역사적인 흐름을 따져 보면 까르마에 대한 관념과 윤회의 관념은 별개의 사고방식이다. 앞서 자이나의 예를 들어 입자 형태로 이해된 까르마 개념을 설명했다. 아마도 이러한 입자론의 형태로 이해되던 까르마 관념이 붓다가 살았던 시기에 당연하게 여겨지던 까르마에 관한 관념이었을 것이다. 윤회에 관한 생각은 맥락이 꽤나 다르다. 베다 시기 최초기에 인도아리안들은 죽은 조상들을 제사를 통해 먹여 살린다고 생각했다. 다시 말해서 지금 제사를 지내서 공물을 하늘로 올려 보내면 그 공물을 받아 지내는 것이 조상이라고 여겼다. 제사에서 보내는 공물은 천상에 있는 신들이 받아 악신(asura)을 물리치고 우주의 질서를 유지하는 일에 사용되기도 하지만, 동시에 조상들의 생존 근거가 되는 것이기도 했다.

그런데 내가 죽고 나면 내 아들이 제사를 지내 보내 주는 공물에 의존하게 될 것이고, 아들까지 죽고 나면 모두가 손자의 제사에 의존하게 될 것이다. 따라서 내가 지켜야 할 의무 중에서 조상을 향해 아주 중요한 것은 바로 제사의 대가 끊기지 않도록 반드시 제사를 지낼 아들을 확보하는 일이다. 최소한 종교적 관념상으로 남아 선호가 관철되는 근본적인 이유는 아들만이 제사를 이어갈 수 있기 때문이고, 이렇게 아들을 확보하는 일에 조상들의 안위도 달려있기 때문이다.

제사로 공물을 받는 조상들은 대가 이어질수록 끝도 없이 이어질까? 조상들이 죽어서 저승에 가고 나면 저승에서 무한정 머무는 것이 아니다. 3대 조상까지만 저승에 머물다가 4대 조상의 지위로 밀려 올라가게 되면, 인간이 지향하는 하늘

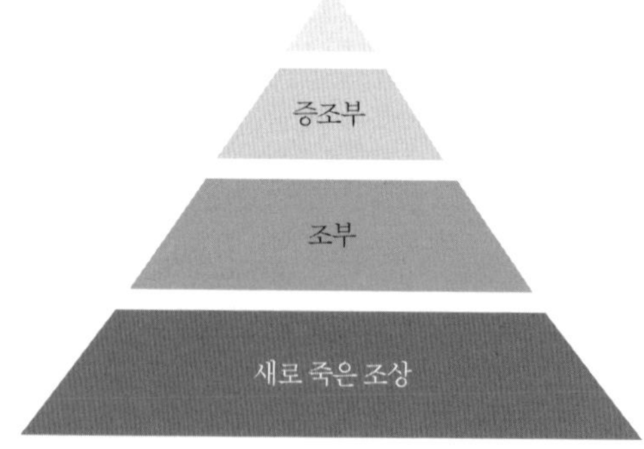

베다 초기 내세관 구조 도식화

나라(svarga)에 들어가게 된다는 게 초기 베다 시기의 생각이었다. 다시 말해서 후손의 제사에 의존하지도 않고 모든 어려움이 없이 즐거움을 누리는 낙원의 세계로 상상되던 하늘나라에 도달하고 나면, 인간으로서 이르고자 했던 가장 궁극적인 목표에 도달하게 되는 것이다. 살아 있을 때 내 조상에 대한 의무를 다하고 나서 3대 후손까지 그 의무를 충실하게 이행한다고 하면, 나는 하늘나라에서 영원하게 편하게 지내는 존재로 고양될 수 있다는 관념이 베다 초기의 내세관으로 보인다.

베다 텍스트에서 '다섯 불에 대한 앎(Pañcāgnividyā)'을 다루는 대목들에서는 고전적인 삶과 죽음의 연속된 흐름에 관한 설명이 나타나는데, 쏘마에 주목하자. 제사에서 공물로 보내는 '쏘마(soma, 환각 혹은 각성 작용을 하는 식물의 즙)'는 하늘나라의 구름이 되고, 다시 비가 되어 세상에 돌아오면 물이 되어 식물을 자라게 한다. 그 식물을 먹고 자란 가축을 인간이 먹는다. 인간의 몸에서 이루어지는 소화의 최종 단계에서 음식으로 섭취된 가축, 궁극적으로 보자면 쏘마는 결국 정액으로 변환되어 새로운 인간을 만들어 낸다는 설명이다. 그리고 정액으로부터 만들어진 인간은 제사를 지내 쏘마를 하늘로 올려 보내게 되니까, 다시 또 한 번의 순환 주기에 들어가게 된다. 죽은 인간의 운명이 쏘마의 순환 구조에 엮여 있다는 것을 알 수 있다. 한 인간의 탄생에, 죽은 인간이 겪어야 하는 변화에 쏘마가 변해가는 과정도 함께 묶여 있는 것이다.

신들의 영생이나 죽은 자가 하늘나라에서 누리는 영원한 삶 혹은 하늘나라에서의 영원한 체류가 쏘마에 의존한다는 것을 뒤집어 보자. 제사에서 쏘마를 제공하지 못하면, 신의 영생도 죽은 자의 천상세계도 영원하지 않을 수 있다는 관념이 존재했다는 것을 의미한다. 여기에서 분명하게 텍스트에 언급되어 있지는 않을지라도 '다시 죽음(punarmṛtyu)'의 공포가 이미 상존하고 있었던 것이다. 초기 『베다』에서도 죽은 자가 저승에서 다시 자기 가족 안으로 돌아온다는 생각이 있었음을 여러 학자들의 연구는 설득력 있게 보여 준다. 이런 설명은 한 개인의 재탄생 과정에 초점이 있는 게 아니다. 한 가족이 세대를 바꿔가며 이어가는 방식으로서 삶과 죽음의 연속된 흐름이 받아들여지고 있었다는 게 핵심이다. 즉 할아버지, 아버지, 아들, 손자가 대를 바꾸어 서로 이어가며 생명을 지속시키고 있던 구조가 구상되었던 것이다.

증조할아버지가 손자로 다시 태어나는 순환 구조로 가족의 연속성이 보장되는 세계관이 베다 시대 사람들의 실제 내세관이었다고 한다면, 후대에 이루어지던 제사의식의 관습을 일부 분명하게 설명할 수 있는 길이 열린다. 즉 싸삔디까라나(Sapiṇḍīkaraṇa, 주먹밥을 만들어 조상신을 섬기는 제사의식)를 하고 나면, 4대 조상이 어떤 이유로 조상들을 위한 제사(śrāddha)에서 제외되고 뭉뚱그려진 조상으로 통합되는지 설명할 수 있게 된다. 이 말은 나를 기준으로 보자면, 증조할아버지가 내 손자로 태어나는 구조와 맞아 떨어진다는 뜻이다.

반면 4대 조상부터 하늘나라로 진입한다고 설명하든, 같은 집안의 자손으로 다시 태어난다고 설명하든, 이 틀이 위기를 맞을 가능성은 있다. 의도하지 않은 상황으로 후손의 제사가 이어지지 못하는 불행한 상황이 벌어진다면, 하늘나라에 미처 진입하지 못한 3대까지의 조상들은 영원히 하늘나라에 도달하지 못하게 된다. 또 끊긴 후손의 공물 지원 때문에 어렵고 궁핍한 존재로 저승에 남아 있어야 할 것이다. 따라서 인간이 궁극적으로 도달하고자 하는 하늘나라에 갈 수 있는지 여부는 실제로 씨족 사회 혹은 가족사회의 안정성에 달려 있었다고 할 수 있다.

그런데 아마도 베다 시기 초기 이후로 이러한 씨족 사회의 안정성이 흔들리는 상황이 도래했던 것으로 보인다. 다시 말해서 하늘나라에 가는지 여부에 관한 확신이 씨족 사회의 안정성과 함께 흔들리기 시작한 것으로 추정된다. 그런 상황에서 사람들은 묻기 시작했다. 하늘나라에 가려면 우주의 질서 유지를 위해 제사를 지내야 하는데, 저승에서는 그리고 심지어 하늘나라에서는 제사를 안 지내도 되는 것인가? 후손의 제사에 의존하지 않고도 필요한 모든 것을 누리면서 사는 하늘나라가 있다면, 그곳에서는 필요한 것들이 어떻게 조달되는 것인가?

수많은 질문들과 대답들이 있었고 다양한 모색이 있었던 것으로 보인다. 하늘나라에서 누리는 것들은 이 세상에서 자신이 생전에 하늘로 미리 보내 둔 공물을 받는 것이니만큼 무한할 수 없다는 고민도 있었고, 하늘나라에서도 제사를 지내야 한다는 생각도 있었다. 하늘나라에서도 제사를 지낸다면 하늘나라에 가도 그 위에 있는 상층 하늘나라에 가기 위한 노력이 또다시 필요할 것이라는 생각까지 하고 나면, 상층 하늘나라 위에 다시 또 하늘나라가 더 있을 것이라는 생각은 어렵지 않을 것이다. 결국 인간은 한없이 새로운 하늘나라로 가는 노력을 무한히 해야만 하는 존재라는 생각이 대두된 흔적들이 있다.

베다 시기의 많은 기록들은 하늘나라를 태양의 세계로 생각했던 것으로 보인다. 밝은 태양의 세계가 하늘나라라고 생각하면 조상들이 머무는 세계는 달의 세계라고 보는 관념이 있었던 것 같다. 그 관념의 맥락에서 어렵지 않게 무한 순환의 사고가 등장한 흔적들이 있다. 달은 항상 주기적으로 커지고 작아지기를 반복한다. 그렇다면 달에 사는 존재들이 커진 달에 가득 차 있다가 작아진 달에서는 아래로 떨어져 이 세상으로 돌아오는 일이 벌어진다는 상상은 어려운 일이 아니다. 비가 되어 이 세상으로 돌아온 존재들은 식물을 키우는 수분이 되어 쏘마의 순환 구조 안에 들어가게 된다.

이러한 쏘마의 순환 구조 관념은 우빠니샫 시기에는 확고하게 자리잡은 것으로 보인다. 그래서 베다 시기에는 죽은 자가 저승의 심판관을 만나 "너는 누구냐?"라는 질문을 받았을 때 대답해야 하는 정답이 있다. 바로 "나는 쏘마다!"가 그 정답인데, 쏘마는 제사의식에서 하늘에 공물로 바치는 식물의 즙이다. 즉 하늘의 수분은 바로 제사 때 하늘로 보내진 쏘마이고 따라서 생명의 근원이자 정액의 산출물, 인간을 이루는 것은 바로 쏘마인 것이다. 따라서 인간은 쏘마라고 대답을 해야 정답이고, 저승의 시험에 통과한다는 것이 베다 시기의 중요한 지혜인 것이다. 그렇다면 인간이 쏘마라는 뜻은 결국 비와 물과 식물과 동물과 정액과 인간의 형태를 취하기는 하지만, 모두 무한 순환되는 쏘마라는 말이다. 이것이 우리가 지금 무한 순환의 논리로 이해하는 윤회의 세계관이 구축된 논리이다.

초기 베다의 세상은 씨족 사회의 관행에 따라 의무(dharma)를 다 하기만 하면 하늘나라를 향한 구원과 해방이 보장된 세상이었다. 씨족 사회의 안정성이 흔들리면서 더 이상 안정적인 구조 안에 남아있을 수 없게 되는 상황이 전개되었던 것으로 추정된다. 개인들은 이제 아주 구체적으로 각자 이 무한 순환의 어려움에서 벗어나기 위한 노력을 해야 하는 상황에 처하게 된 것이다. 붓다가 윤회에서 벗어나기 위한 불가피한 선택으로 출가수행자의 길을 택한 문화적 맥락이 확고하게 정립되어 있었던 셈이다. 그런데 이 윤회의 관념과 까르마의 관념이 결합되는 상황에서 나쁜 까르마가 불러올 피할 수 없는 고통에 관한 고민이 함께 보태어진 상황이라면, 붓다의 시대에 쉬라마나 전통들이 공유하던 고민의 무게는 결코 가볍지 않았을 것이다. 붓다 자신은 윤회와 까르마에 관한 믿음이 확고했고, 그 확고한 믿음만큼 이것들에서 벗어나고자 하는 의지가 굳건했던 인물이었다.

고생(duḥkha, 苦)에 관한 생각

붓다는 왜 출가수행자가 될 만큼 인간이 사는 일에 대해서 절실하게 탈출하고 싶은 욕구를 느꼈던 것일지 당시 인도의 종교지형, 작동하던 관념 등을 살펴보면서 개략적으로 설명했다. 이제 붓다가 인간의 삶이 지니는 구조적인 한계에 내린 진단을 그가 제시한 논지를 정리하는 방식으로 짚어 보고자 한다. 여기에서 필자는 붓다가 제시했다고 전해지는 수많은 설명과 비유를 나열하는 방식을 택하지 않으려고 한다. 나열보다 요점을 정리하는 방식의 서술은 초기불교에서부터 이루어지던 수많은 해석 전통의 결과들과 거리를 유지하면서도 그 맥락을 파악할 수 있게 해 준다. 여기에는 후대 불교의 해석상의 논쟁들이나 이론 전개 그리고 발전 방향이 왜 나타나게 되었는지를 이해하는 출발점이 될 수도 있는 장점이 있다.

이 세상을 살아가면서 누군가가 겪는 모든 일들 그리고 대상들은 크게 세 가지로 나눌 수 있다. 좋아하는 것, 싫어하는 것, 이것도 저것도 아닌 것. 무엇인가 좋아하는 것을 갖고 싶어 하고 좋아하는 경험을 구하는 것은 너무나 당연한 일일 것이고, 반대로 싫어하는 것을 피하고 싫어하는 경험을 회피하는 것도 당연한 일이다. 물론 좋거나 싫거나 하는 반응을 불러일으키지 않는 경험이나 대상들도 많은 게 사실이다. 하지만 이러한 중성적이거나 이도저도 아닌 것들은 실제로 우리의 삶에서 의미 있는 것들이 아니다. 구하기 위해 노력을 하거나 신경을 쓰고 피하기 위해 애쓰는 대상도 아니고 감정적인 반응을 불러일으키지 않는다면, 우리 인생에서 있으나 마나 한 것들이라고 할 수 있기 때문이다. 그래서 우리가 경험하는 대상세계 혹은 그것들이 일으키는 경험 자체를 불교에서는 크게 셋으로 나누고 있다고 할 수 있겠다.

좋아하는 일이 있고 싫어하는 일이 있고 이도저도 아닌 일이 있다고 세상을 나눈다면, 지극히 주관적인 기준으로 나누는 것처럼 보인다. 마치 곤충을 계통이나 발생 기준이 아닌 인간이 얻는 효용을 기준으로 해충과 익충으로 나누는 것과 같다. 그리고 따지기 시작하자면 외부 세계에 존재하는 대상 자체가 즐거움(P. sukha), 고생(P. dukkha), 이도저도 아닌 것

(P. adukkhamasukha)이라고 하기는 어렵다. 외부의 대상을 경험하는 우리의 주관적인 감정이 즐거움이나 고생이나 이도저도 아닌 것이라고 해야 한다. 따라서 불교에서 이 세상을 다루는 일은 실제로 인간 주체가 세계를 경험하는 방식에 따른 접근이라는 사실이 여기에서부터 분명하게 드러나는 셈이다. 우리가 인생에서 겪는 어려움을 따져 보자면 이도저도 아닌 일들은 우선 제외하고 생각하면 된다.

결국 좋은 것들을 우리가 원하는 만큼 얻거나 싫은 것들을 완벽하게 피하거나 하지 못하는 것이 우리들이 겪는 모든 괴로움의 원인이라고 할 수 있다. 여기에 중요한 요소가 한 가지 더 개입된다. 우리가 실제로 좋아하는 것이 주는 즐거움의 크기를 객관적으로 인지하고, 즐거움의 크기만큼 노력을 기울이는 게 아니라는 사실이다. 다시 말해서 뭔가 좋아한다는 감정에 사로잡히고 나면, 그것이 주는 만족감에 상응하는 노력 이상을 기울여 가면서 추구하는 일이 허다하다. 싫어하는 것도 마찬가지다. 객관적으로 싫어하는 일이 주는 고통의 형태나 크기보다 훨씬 과장된 방식으로 혐오의 반응을 일으키거나 무리하게 피하는 게 우리의 일반적인 정서적인 쏠림 현상이다.

이렇게 어떤 생각이나 정서적인 쏠림에 치우쳐서 제대로 사리분별을 하지 못하는 상태를 '착각(moha)'이라고 부른다. 이 'moha'라는 말은 번역하기에 무척 까다로운 말이기는 한데, '정신을 차리지 못하는 일'이라고 대략 이해한다면 괜찮을 것 같다. 특정한 대상이 너무나 마음에 들어 정신을 차리지 못하는 상태가 된 다음부터 인생의 온갖 어려움을 자초하는 사람들이 드물지 않게 있고, 그런 경험들을 우리 모두는 일상적으로 하고 있기 때문이다. 싫은 것에 대한 혐오가 지나쳐서 스스로 훨씬 많은 희생을 치르면서도 그것을 향한 적개심을 키워가는 사람들도 흔하게 있다는 것이 우리가 살아가며 겪는 일상이다.

힌두교 전통 안에는 아주 다양한 '모히니(mohinī)'라고 불리는 여신에 관한 이야기들이 전해진다. 'mohinī'라는 말은 '모하를 일으키는 여자'라는 뜻이다. 'moha'라는 말의 의미를 모히니에 얽힌 이야기들에서 이해해 볼 수 있다. 모히니(mohinī)가 비스누(Viṣṇu) 신의 현현(avatāra)이라는 전승도 있고, 전통에 따라 모히니에 관한 다양한 이야기들이 전해지지만, 모히니의 핵심 역할은 따로 있다. 바로 물리치고자 하는 상대방을 성적인 매력이 넘치는 여성의 모습으로 유혹해서 상대방을 파멸에 이르게 만드는 것이다. 고대 설화 내지는 신화의 팜 파탈(femme fatale)인 셈인데, 악신(asura)을 유혹하거나 심지어는 고행자로 등장하는 쉬바신을 유혹하는 이야기까지 다양한 일화들이 넘쳐난다. 그런데 아주 자주 등장하는 이야기가 있다. 고행을 해서 강력한 에너지를 얻은 고행자가 신들보다 도 강한 능력을 얻는 상황에 이르러 신들에게 위기가 되는 상황이 발생했을 때이다.

이 때 신들이 사용하는 해결책으로 모히니가 등장한다. 고행자란 수행자의 삶(brahmacarya)을 행하는 것이 당연하고 성 관계에 관심을 갖는다는 게 가장 큰 금기를 어기는 일이라고 할 수 있겠다. 하지만 모히니가 등장하는 거의 모든 이야기들 안에서, 수십 년의 고행으로 엄청난 초능력을 얻은 고행자들도 모두 모히니를 만나고 나면 '제정신이 아닌 상태'에 이르고 만다. 당연히 붓다에게도 똑같은 이야기가 전해진다. 붓다가 해탈 직전 단계에 이르자 수많은 악신이 붓다의 해탈을 막으려고 시도했다는 드라마틱한 서술이 일반적으로 전해진다. 악마의 세 딸이 등장한다는 이야기도 있고 다른 이야기도 있지만 핵심은 모두 같다. 붓다가 해탈에 이르기 전에, 붓다가 악마의 영향력에서 완전하게 벗어나는 상황이 벌어지기 전에 모히니를 동원해서 막으려고 시도했다는 말이다. 그리고 위대한 붓다의 깨달음에 관한 서술을 담은 불교 전승에서 붓다는 모히니의 유혹을 단호하게 물리친다.

붓다의 해탈을 위대한 사건으로 부각시키기 위한 서사적인 도구는 고대 인도에서 동원 가능한 모든 서사적인 도구들을 가지고 이루어진다. 이러한 해탈이라는 기적적인 사건의 극적인 서술은 불교 미술과 불교 문학 작품의 근간을 이루는 내용이 되고, 나아가 실제로 불교 신자들이 붓다를 받아들이는 방식과 불교적인 세계를 경험하는 핵심적인 내용이 된다. 따라서 우리는 사상사적 측면에서 아주 좁게 불교라는 종교에 접근하는 방식이 설화, 문학, 상징, 미술과 건축 등을 아우르는 거대한 문화 현상으로서 불교를 파악하는 일에 얼마나 심하게 제약을 주는지 인식할 필요가 있다.

결국 정리하자면, 우리가 인생에서 어려움을 겪는 근본적인 이유는 좋아하는 일(rāga)이 있고 싫어하는 일(dveṣa)이 있고, 이것들 때문에 정신을 차리지 못하는 경우(moha)가 있기 때문이다. 이것이 인생에 대한 붓다의 근본적인 진단이다. 그런데 이 내용을 한문 번역으로만 익숙하게 접한 한국 독자들에게는 이런 설명이 이해되지 못한 채로 오해를 불러일으키는 경우가 너무 많다. '좋아함(rāga)'을 '탐(貪)'으로 '싫어함(dveṣa)'을 '진(瞋)'으로 '착각(moha)'을 '치(癡)'로 번역하다 보니, 이것들을 '탐욕'과 '분노'와 '어리석음'이라고 이해하게 된다. 그리고 이것이 인생의 문제를 만드는 세 가지 근본적인 독, 즉 삼독(三毒)이라고 배운다. 그러다 보니 아예 틀린 번역은 아니지만, 근본적인 맥락의 전달이 불가능한 교리 체계를 배우고 받아들여야 하는 상황이 벌어지는데, 한문 번역어가 아닌 인도 원어의 맥락을 살려 파악하고 이해하면 사실 대단하게 복잡한 내용을 담은 진단은 아닌 셈이다.

인간은 좋아하고 싫어하는 것이 있는데, 여기에 과도하게 쏠린 반응을 하면서 자꾸 문제를 만드니 인생이 고생이라는 게 붓다의 진단이었던 셈이다. 하지만 인생에는 불행과 좌절의 시간만 있는 것이 아니고, 만족과 행복과 즐거움의 시간이 분명히 있는데도 불구하고 인생이 모두 고생이라고 하는 주장은 결국 비관주의자의 주장이거나 혹은 염세주의자, 우울증 환자의 세계관처럼 들리기도 하지만 말이다. 어쨌든 이렇게 세 가지 핵심 키워드로 인간이 안고 있는 문제를 진단하는 일이 붓다에게만 있었던 생각인지는 확실하지 않다. 다만 이런 내용이 붓다가 인생의 구조적인 근본 문제로 진단한 것들이라는 사실은 확실해 보인다.

인간이 사는 일을 '고생(duḥkha)'이라고 할 때 'duḥkha'는 한문으로 흔히 '고(苦)'라고 번역된다. 그래서 이 말의 의미를 '고통'과 연관시켜 받아들이는 게 일반적이고 상당히 강한 뉘앙스를 가진 단어로 느껴진다. 그 반대말은 'sukha(즐거움)'이다. 그래서 한문에서는 'sukha'를 '낙(樂)'이라고 번역한다. '고생'은 실제로 이빨이 아프거나 통증을 느끼는 상태처럼 직접적인 괴로움보다 훨씬 넓은 의미를 갖는 말이다. 필자는 주로 '불편함'을 그 번역어로 떠올리기를 권한다. 누군가 어려운 사람을 만나는 자리에서 그 사람이 내게 식사를 대접한다고 하

자. 내가 밥을 먹는 일을 고통이라거나 고통스럽다고 하는 것은 과장이다. 하지만 분명 즐거운 일도 편안한 일도 아니다. 즐거운 척해야 하는 일이기는 하지만 말이다. 아마도 가장 적절한 표현은 '불편하다'는 말이 될 것이다.

그런데 인생이 모두 불편함이라는 게 붓다의 주장이라고 해도, 좀 과하다는 생각을 하는 것이 일반적인 반응이라고 생각된다. 당연히 인생에는 많은 즐거움의 순간들이 있기 때문이다. 그래서 불편함에 대해서 약간의 정리가 필요하다. 이 맥락에서 우리의 인생이 '고생'이라고 할 때 그 의미가 무엇인지 나누어서 이해해 보자. 첫째는 직접적인 고통이 주어지는 상황이다. 이가 아프고 병에 걸려서 고통을 받고, 시험을 앞두고 스트레스를 받는 것처럼 구체적인 어려움과 고통이 분명한 상태는 의심의 여지없이 불편한 상황이 맞다. 반면 즐거운 상황을 상정해 보자. 커피 한 잔을 마시고 즐거움을 맛보는 상황은 어떨까? 그 향과 맛, 마시고 나서 각성의 느낌까지 즐거움을 만들어내는 모든 요소를 고려하자는 말이다. 그 즐거움을 느끼는 순간이 지속되도록 우리는 여러 가지 노력을 할 수 있지만 결과적으로 모두 실패한다. 커피를 두 잔째 마시는 일이 첫 잔의 만족감을 유지시키기 어렵다. 세 번째 잔과 네 번째 잔이 된다면, 아마도 부작용이 만족감보다 클 것이다.

이런 일상적인 경험을 '한계 효용 체감의 법칙'이라고

부를 수 있다. 물론 경제학의 역사 안에서 뒤피(Jules Dupuit, 1804~1866)나 고센(Hermann H. Gossen, 1810~1858)이 주장한 내용을 붓다의 시기 인도인들이 지적한 내용과 동일시할 수는 없다. 다만 붓다가 생각했던 것은, 모든 만족이 만족의 최고점을 재현하지 못한다는 불만족을 필연적으로 수반한다는 사실이었다. 다시 말해 모든 만족은 그것이 유지되지 못한다는 면에서 동시에 불만족이라는 지적이다. 따라서 모든 즐거움도 사실은 고생이라는 게 붓다의 지적이 되는 셈이다. 붓다의 입멸 후 불교 전통들은 이론화 과정을 거쳐 고생의 종류를 나누고 설명을 덧붙이는 방식으로 붓다의 지적을 분명하게 하기 위한 작업을 진행시켜 나가게 된다.

인간이 경험하는 모든 일은 결국 고생이라는 주장은 붓다에게는 당연하게 받아들여졌다. 붓다는 즐거움에 집중하고 그것을 강조하는 사람들이 즐거움과 고생의 객관적인 상황을 정확하게 보고 있지 못한 것이라고 지적했다. 나아가 인생에서 우리가 경험하는 모든 것이 근본적으로 고생이라는 사실에 윤회와 까르마에 관한 생각까지 더해지면, 고생으로만 가득찬 인생의 상황이 무한반복되리라는 심각한 판단에 이르게 된다. 이러한 고민을 공유하는 사람만이 실제로 진지하게 불교도가 될 수 있을 것이다. 즉 즐거움이 인생 안에 있으니 그것을 찾아야 한다는 입장을 가진 사람이라면, 문제 파악에 대한 붓다의 의견에 동의하지 않는 셈이니 붓다가 제시한 해결책에 공감하거나 따를 이유도 없을 것이다. 붓다에게는 사는 일이 모두 고생이라는 자신의 진단에 공감하지 않는 사람들이 많다는 것도, 그래서 붓다가 제시하는 해답에 관심이 없는 사람들이 많다는 것도 당연한 상식이었다. 그 상황은 지금도 마찬가지라고 해야 한다. 그런 사람들은 당연히 해탈에 도달하지 못하는 사람들이라는 사실도 논란의 여지가 없다. 해탈을 찾는 일에 관심이 없는데, 해탈에 도달한다는 것은 어불성설이니 말이다.

하지만 나중에 종교로 자리잡은 불교가 이론을 만들고 교리체계를 구축하고 나면, 예외 없이 적용되어야 하는 고생과 해탈에 관한 이론의 절대적 정당성을 여러 다른 불교 전통들에서 각자 주장하는 상황이 벌어진다. 모든 것이 고생이라는 진단에 동의하지 않는 사람들은 문제 자체를 받아들이지 않으니 해탈에 이르지 못하는 것이 당연하다는 해석 전통이 있고, 다른 편에는 그런 사람들도 모두 해탈에 이를 수 있고 그 가능성에서 배제되는 생명체는 우주에 없다는 주장을 펼치는 흐름도 있게 된다. 이 맥락에서 우리에게 익숙한 질문이 바로 "개에게도 불성이 있습니까?"하는 질문이다. 현재 우리가 다루는 붓다의 생각을 밝혀 가는 맥락에서는 이런 질문 자체가 잘못된 것이라는 사실만 분명하게 인지하면 된다. 불교

(들)가 수없이 만들어진 후대의 불교 전통들에서 다루어진 문제들과 논쟁점들을 붓다에게 투사하지 말아야 한다. 붓다는 불교도가 아니었다. 붓다는 붓다였고, 그를 따르는 사람들이 불교도가 된 것이다.

즐거움이 영속되지 못하는 것에 관한 생각은 "모든 구성된 것들은 영속하지 못한다(sarvaṃ saṃskṛtam anityam)"라는 표어로 축약될 수 있겠다. 이 표현은 구체적인 맥락에 따라 다양하게 다른 의미를 담고 다양한 맥락에서 등장하지만, 그 의미를 간단하게 살펴보자.

이 문장의 의미는 구성된(saṃskṛta) 모든 것(sarva)은 영원하지(nitya) 않다(a-)는 것이다. 이 뜻을 이해하자면 우선 'sam-√(s)kṛ'라는 표현부터 살펴볼 필요가 있다. 동사말뿌리 √kṛ는 쌍쓰끄리땀에서 '하다, 행하다'의 의미를 갖는다. 이 말뿌리에 앞토 'sam-'이 첨가된 형태인데, 앞토 'sam-'은 동반하거나 함께한다는 의미 혹은 완전함이나 완성의 의미를 나타낸다. √kṛ의 다른 형태로 √skṛ가 있는데 앞토 'sam-'이 사용될 때에는 √kṛ대신 √skṛ 형태가 사용되기 때문에 sam-√(s)kṛ의 과거 분사는 'saṃskṛta'가 된다. 이 과거 분사를 중성 명사의 형태로 사용하면 'saṃskṛtam'이 된다. '구성되었다'는 말은 그것이 원초적으로 존재하는 형태가 아니라는 말이다. 특정한 조건 아래에서 그것을 구성하는 요소들이 결합돼 만들어졌다는 뜻이다. 따라서 구성 요소들이 다시 분해되어 해체되는 상황이 온다면 그것은 결합된 상태로 지속될 수 없을 것이다.

이런 함축을 읽어 낸다면 "모든 구성된 것들은 영속하지 못한다"라는 주장은 실제로는 동어 반복에 가까운 당연한 말이 되고 만다. 개별 요소들로 구성되어 유지되는 한에서만 존재하는 것들은 그 구성이 가능하게 만든 조건이 바뀐다면 해체될 것이기 때문이다. 여기서 구성된 것으로서의 맛을 느끼는 지각작용의 예를 들어보자. 커피라는 액체가 입으로 들어가고, 그것의 맛을 느끼는 감각 기관이 정상적으로 작동하고, 그에 따라 커피를 마시는 만족감을 느끼는 의식이 생겨난다. 따라서 커피를 마시면서 맛으로 느끼는 만족감은 실제로 다양한 조건들이 결합되어 함께 이루어지는 사건으로서만 가능하다. 대상이 실제로는 커피가 아니었다거나 미감을 느끼는 감각 기관이 작동하지 않는다거나 하는 변수가 끼어들면 그 만족감은 있을 수 없다. 커피의 향을 느끼는 것도, 커피에서 얻는 카페인이 주는 각성 작용을 느끼는 것도 모두 같은 방식의 경험을 구성하는 요소들이다.

이 모든 경험들은 실제로 많은 요소들이 개입되어 구성되는 사건들이다. 똑같은 sam-√(s)kṛ를 어원으로 가진 남성 명사가 'saṃskāra'라는 명사이다. 그리고 이 명사를 사용해서 "모든 구성된 것들은 영속하지 못한다"라는 표현을 만들면

"sarva-saṃskārā anityāḥ"가 된다. 이 표현은 나중에 붓다가 가르쳤던 것들을 이론체계로 일관되게 정리하고자 했던 사람들이 정형화해서 사용했던 것인데, 그 의미를 파악하는 것은 이제 어려운 일은 아닐 것이다. 이 문장을 한문으로 옮기면 '제행무상(諸行無常)'이라고 하게 되는데, 당연히 그 문자 자체의 의미로 내용을 파악하기는 불가능에 가깝다. 인간의 경험은 모두 대상과 인간의 감각 기관에 의지해서 생겨난다. 따라서 이 논리에 따르자면 인간의 모든 경험은 조건에 따라 구성된 결과물이고, 그것은 영속성을 가질 수 없고, 영속적이지 않은 한 모두 고생으로 귀결된다는 명제가 만들어지는 맥락을 우리는 이제 이해할 수 있다.

이런 다소 이론적인 것으로만 보이는 주장들을 실제로 붓다나 혹은 붓다의 제자들이 믿고 공감하고 있었을지 궁금한데, 실제로 그러했을 것이라고 믿을 근거는 충분하다. 붓다가 했던 표현들이라고 전해지는 말 중에 "이를 깨달아 일상사의 일들이 역겨워지고…", "세상의 일상사가 역겨워 출가를 결심한 훌륭한 집안의 자제들이…" 등 비슷한 구절들이 노래의 후렴구처럼 반복해서 등장한다. 즉 인생의 모든 게 궁극적으로는 고생이고 추구할 만한 가치가 없다는 것에 정서적으로도 공감하는 사람들이 많이 있었고, 그런 사람들이 붓다의 제자가 되거나 다른 쉬라마나 전통의 수행자가 된 경우가 많았다. 이 말은 출가수행자가 되지 않은 더 많은 다수는 출가를 단행한 사람들만큼 이 문제를 절실하게 느끼거나 강력하게 공감하지는 않았다는 뜻도 된다. 어느 정도 붓다의 설명에 공감하지만, 사람들 대부분은 (붓다가 말하는 근본적으로는 고생이라고 보아야 할) 만족과 행복을 찾는 일상의 생활을 선택하고 있었다. 이 상황은 현재에도 변함이 없다.

그런데 행복과 쾌락의 경험이 사실은 고생이라고 역설하던 붓다는 과연 어떤 일을 계기로 이런 결론에 도달하고 출가자가 됐을까? 나아가 사람들에게 인생의 모든 것이 고생이라고 역설했을까? 이런 질문은 붓다의 생존 시기에도 있었다고 보는 것이 상식적이다. 그래서 불교도들은 붓다가 깨달음을 얻고 나서 가르쳤던 모든 내용들이 실제로 그가 스스로 출가 이전에 겪었던 극적인 사건들을 통해 몸소 체험한 바의 결론이었다는 서술들을 만들어 내기 시작한다. 다시 말해서 붓다가 해탈을 체험한 순간 이후에 붓다가 가르쳤던 내용을 모두 투영한 이야기가 반영된 한 편의 대형 드라마를 붓다의 깨달음 이전 체험담으로 구축해 내는 일이 진행된 것이다.

그 결과 지금 우리가 알고 있는, 출가 이전 붓다의 삶도 상세하게 담은 붓다의 일대기들이 만들어졌다. 인생을 생로병사 네 가지 요소로 설명한 붓다의 말을, 동서남북으로 향하는 대궐의 출입문을 오가며 겪은 붓다의 경험과 맞아떨어지는 서사로 만들어 냈다. 또 왕자였던 붓다의 출가를 막고자 왕이 최상의 미녀들을 궁녀로 동원해 왕자에게 쾌락의 맛을 가르쳐 주었지만, 왕자는 연회 후 쓰러져 있는 궁녀들의 모습에서 쾌락이 영원하지 못하며 좌절과 불만을 가져옴을 체험했다는 서사를 만들어 낸다. 인생의 일들에 역겨움을 느껴서 출가를 단행한 붓다의 결단이 얼마나 위대하고 극적인 것이었는지 그려내기 위해 붓다가 대제국의 왕자가 되어야 했던 맥락도 있다. 그리고 출가를 단행하는 순간 아들이 태어났다는 소식을 듣게 된다는 장면은 요즘의 영화 평론가들의 눈에는 너무 쉽게 우연에 의지하는 서사적 구성의 엉성함에 대한 비판을 불러올 만하다.

하지만 우리가 잊지 말아야 할 것은 마지막 순간에 아들이 태어난다는 사실이다. 붓다가 베다 전통의 기준에서 보더라도 제사를 이어갈 후손을 확보하지 않아 저승에 있는 모든 조상들을 영원한 불행에 몰아넣은 악인이라는 낙인을 얻지 않게 만드는 기능의 서사적 장치이기도 하다. 따라서 필자는 붓다의 출생이 어떠했고, 계급적인 지위나 왕자였는지 여부를 따지는 일들에 시간을 할애할 필요는 없다고 생각한다.

발상의 전환을 맞다

붓다에게 인생을 구성하는 모든 요소가 고생이고 그 고생이 윤회 안에서 지속될 것이라는 사실은 너무나 절실한 문제였다. 그리고 그 문제를 해결하려면 까르마를 모두 삭제해야 한다는 것이 당시에는 당연한 상식이었다. 그래서 붓다는 출가 수행자가 되었고 당시의 쉬라마나 전통에 따라 엄청난 고통을 이겨내는 수행을 지속해 나간다. 그 당시 고행 전통의 일반적인 세계관은 아마도 자이나교도들이 보여주는 세계관이 표준적이라고 받아들여도 무리가 없을 것으로 보이고, 따라서 붓다도 출가 이후 처음에는 고행의 고통을 통해 그간 쌓은 나쁜 까르마들을 털어 내는 일에 집중했을 것으로 보인다. 그리고 이런 상황이 영원히 지속되었다면 그는 또 한 명의 유명한 고행자가 되었을지는 모르지만, 붓다가 되지는 못했을 것이고 불교라는 종교도 세상에 등장하지 않았을 것이다.

출가한 붓다가 알라라 깔라마(Āḷāra Kālāma)와 운다까 라마뿟따(Uddaka Rāmaputta)라는 고행자들을 스승으로 삼아 그들의 수행자 집단에서 배웠다는 일반적인 전승이 역사적인 사실인지를 구체적으로 따지기는 쉽지 않다. 단지 깨달음에 이른 붓다가 가르친 내용을 일대기에 투사해서 재정리하는 방식으로 체계화된 재구성이나 이론들이 정당화되는 게 일반적이어서, 깨닫기 전 붓다가 사사했다는 스승들에 대한 후대 전승들은 주의할 필요가 있다. 다만 극단적인 고행주의를 지향하는 고행자들에게서 수행을 배우고 그러한 수행 방법들을 체득했다는 것은 사실로 보인다.

붓다가 배워서 극단적인 정도까지 행했다고 전해지는 수행법이 과연 어느 전통에 속한 것이었는지 정확하게 판가름하기는 쉽지 않다. 자이나 전통에서 알려지는 방식의 고행과 크게 다르지 않은 것으로 보이는데, 현재 자이나 전승을 통해 우리가 알고 있는 고행을 행했다는 것이 자이나 전통과 일치하는 내용을 붓다가 습득했다고 받아들이기보다는, 당시 쉬라마나 전통들 사이에 공유되고 있던 내용을 붓다가 배우고 행했다고 받아들이는 게 아마도 정확하게 이해하는 방식이라고 생각된다.

'붓다의 고행상', 파키스탄 라호르박물관 소장

붓다의 일대기를 서술하는 전승에서는 빠지지 않고 등장하는 장면이 하나 있는데 그것은 일반적으로 '초선(初禪)'이라고 불리는 붓다의 개인적인 경험에 관한 것이다. '초선'이라는 말은 '첫 단계의 선정수행의 경지'라는 의미이다. 인도 원어로 '댜나(dhyāna, jhāna)'를 음사한 한자어 '선나(禪那)'라는 말의 첫 글자만 따서 부르는 말, 즉 '선(禪)'의 첫 단계라는 뜻이다. 쌍쓰끄리땀으로는 'prathamaṃ dhyānam'이라는 말이다. 여기에서 '댜나'라는 말의 의미를 이해하는 게 중요하다. 그 이유는 붓다가 깨달음을 얻고 해탈에 도달한 방법도, 제자들에게 가르친 해탈에 이르는 길의 핵심도 바로 댜나이기 때문이다.

댜나가 무엇인지 그리고 어떻게 행하는 것이고 어떤 효과가 있는지 이해하는 게 불교의 모든 것이라고 해도 과언이 아니다. 그래서 댜나(만)을 강조하는 방식으로 불교 근본주의를 내세운 전통이 가장 중국적인 불교를 만들어낸 선불교(禪佛敎) 전통이라고 이해할 수 있겠다. 중국의 선불교 전통이 지배적인 전통으로 자리잡은 한국의 상황 때문에 '선불교'라는 용어부터 '좌선(坐禪)'이나 '선사(禪師)' 등의 용어는 한국인들에게 익숙해졌다. 원어인 'dhyāna, jhāna'를 의역해서 한문으로 옮긴 번역들도 있는데, '定(정)', '靜慮(정려)'와 같은 표현들이 널리 쓰인다. 그런데 댜나를 음역한, 다시 말해서 번역을 포기한 '선나(禪那)'라는 단어가 왜 일반적으로 쓰이게 되었을까? 가장 큰 이유는 바로 이 단어의 의미가 무엇인지 정확한 설명이 주어진 적이 없기 때문이다. 현대 인도 고전학자들 간에도 이 말의 정확한 의미에 대한 합의가 만들어지지 못하고 있다. 이는 곧 이 용어의 정확한 의미를 우리가 알지 못한다고 하는 게 가장 정확한 서술이라는 뜻이다.

'dhyāna'라는 말은 '생각하다, 마음에 두다'를 뜻하는 말뿌리 √dhyā/dhyai에서 나온 말로 고아리아어에 그 뿌리를 두고 있다. 인도 중세어로 기록된 비문들에 'jāna'혹은 인도 중세어(Prākṛt)의 'jhāna'등의 형태로 우리에게 알려져 있다. 여기에서 잠시 '인도 중세어'를 의미하는 '쁘라끄릳(Prākṛt)'이라는 언어의 이름에 대해 알아보자. 베다 시기 말기 이후로 인도의 각 지역에서 일상적으로 사용되던 일상적인 언어 혹은 지역언어들을 'prākṛta(원초적인 것, 자연스러운 그대로의 것)'라는 말로 표현했다. 이를 'saṃskṛta(다듬어진 것, 구성된 것)'이라고 부르는 쌍쓰끄리땀에 대조시켜, '쁘라끄릳(Prākṛt)'이라는 통칭으로 부른다. 따라서 '쌍쓰끄리땀'이라는 언어의 이름은 앞서 설명한 sam-√(s)kṛ에서 만들어진 말이고, 이는 베다의 언어이자 신들과 소통하는 문화어이자 사제들의 언어로 간주된다.

반면 이렇게 정제되고 다듬어진 언어가 아닌 지역의 일상어들은 '원초적인' 혹은 '다듬어지지 않은' 언어라고 해서 '쁘라끄릳'이라고 부르는 것이다. 붓다 자신은 인도 중세어를 사용하던 사람이었고, 베다의 종교적 권위와 연관된 쌍쓰끄리땀의 사용에 분명한 반감을 가진 인물이었다. 따라서 붓다가 'dhyāna'에 해당하는 표현으로 어떤 단어를 사용했고, 그 단어가 실제로 분명하게 'dhyāna'의 중세어 형태였는지부터 논란의 소지가 많다. 이 맥락에서 다루어야 할 전승의 문제는 나중에 다루어 보겠다.

다시 '댜나'의 의미에 대해 따져보자면, 필자는 '마음에 두다, (생각을) 떠올리다, 착상하다'를 의미하는 √dhī와 연관되어 있을 가능성도 높다는 생각을 가지고 있다. 그렇다고 해서 이 'dhyāna/jhāna'가 불교에서만 등장하는 용어이거나 혹은 불교도들만 알고 있던 내용을 담은 용어는 결코 아니다. 이것도 당시 쉬라마나 전통에 알려져 있던 수행 방법들 중의 하나였던 것으로 보이고, 이것이 얼마나 불교적인 차별성을 갖추었고 붓다에 의해 재창조되었는지는 가늠하기 어렵다. 불교 전승에 자주 등장하는 댜나나 혹은 이것과 연관되는 싸마디(samādhi, 三昧)와 관련되는 체계들과 이 체계를 서술하기 위해 사용되는 용어들은 쉬라마나 전통들에만 나타나는 것이 아니다. 시대적으로는 불교보다 나중에 성립된 『요가쑤뜨라(Yogasūtra)』에도 똑같이 등장한다. 이 경우에도 어느 한 쪽 전통의 내용을 다른 전통이 차용했다는 서술은 대부분 근거가 미약한지라, 고대 인도의 쉬라마나 전통에서 일반적으로 공유되던 것으로 이해하는 게 타당하다고 보인다.

붓다가 경험했다는 초선을 생각해 보면 의문이 드는 점이 있다. 특히나 중국의 선불교 전통에 익숙한 한국인들이라면 깨달음에 이른다는 선 수행도 진도 혹은 등급이 있어서 1단계, 2단계, 3단계 등을 구분한다는 것이다. 붓다는 나중에 댜나를 지도하고 가르치면서, 그리고 자신이 도달했던 경지를 설명하고 그에 기초한 해탈을 향한 프로그램을 만들어 내면서 댜나의 단계를 넷으로 나누었다. 즉 4단계의 댜나에 이르고 나면 해탈이 가능한 프로그램을 제시한 것이다. 당연히 4단계에 이르기 전에는 1단계부터 순서대로 단계를 높여가며 성취해야 하는 내용들이 있게 된다. 한순간에 갑자기 깨닫는다거나 하는 후대의 서술을 붓다 자신의 설명과 혼동하지 말아야 한다. 그리고 한순간에 갑자기 깨닫는다고 하는 것도 4단계까지 거치는 과정을 넘어서면 이루어지는 체험이어서 마라톤의 결승점 같은 것을 의미하는 것으로 이해될 수도 있다. 인도의 대승불교 단계를 넘어 중국불교 안에서 해탈론이 중국화되어 자가발전의 동력을 얻어가면서 이루어진 논쟁과 발전들은 그 근본 맥락이 인도의 불교 전통에 이어져 있다고 해도 현재 우리의 관심사가 아니다.

또 한 가지 짚어야 할 내용은 일반적으로 초기불교라고 불리는 전승에서도 붓다가 도달한 경지를 9단계로 나누는 전통이 자주 등장한다는 사실이다. 특히 빠알리(Pāli) 전승에서 강하게 나타나는 댜나에 관한 이론체계인데, 이것은 붓다 자신의 설명과는 다른 후대에 구축된 이론체계이다. 우선 붓다는 4단계로 설명을 했고, 붓다가 제시한 가르침의 핵심 내용인 4단계의 댜나에 관한 내용은 후대의 누구도 쉽게 변형하거나 삭제하기가 불가능했을 것이다. 이런 문제의 맥락에서 구전 전통은 훨씬 가변적이고 내용을 변형시키기 수월할 것이라고 생각하는 선입견은 버려야 한다. 인도 고대의 구전을 기준으로 상황을 이해한다면 전혀 그렇지 않다는 것은 이미 앞서 베다의 구전 전승에 관한 상황을 살펴보면서 알아본 적이 있다. 우리가 아는 한국에서 익숙한 형태의 구전 전승, 즉 지역적 변형과 차용이 많은 설화나 전설과 같은 구비 문학을 기준으로 초기불교 전승을 상상하지 말아야 한다. 베다 전승만큼은 아닐지라도 고정된 구전 전승의 내용에 개입해서 고치는 일은 불교 전승에서도 쉽지 않았을 것이다. 그래서 후대 불교도들은 붓다의 전승에서 자신들의 이해나 설명에 맞지 않아 불편한 내용을 삭제하는 게 아니라, 자신들의 이해와 설명을 반영하는 내용을 삽입하는 방법을 택해서 불교 전승을 재구성한다.

그래서 4단계를 가르쳤던 붓다의 댜나는 나중에 9단계의 댜나로 확장되는데, 4단계를 두 세트로 만들어서 8단계로 만들어낸 이후, 이 8단계의 정비된 이론체계를 넘어서는 궁극의 경지가 붓다가 도달했던 경지라고 상정하고 이것을 9단계로 정의한다. 그런 사정에 붓다의 깨달음은 총 9단계로 구성되게 되었다. 이 9단계 구성의 설득력을 강화시키기 위해 그 아래의 단계들은 붓다가 사사했다고 전해지는 붓다의 옛 스승들 알라라 깔라마와 웃다까 라마뿟따가 도달했던 경지들이라고 설명된다. 이렇게 되면 붓다가 왜 이 스승들을 떠날 수밖에 없었으며 이 스승들이 가진 한계가 무엇이고 붓다가 이른 경지가 왜 더욱 훌륭한 것이고 궁극적인 것인지가 분명해진다. 결국 수행자로서 붓다의 경력과 가르침 체계가 완벽하게 맞아떨어지는 구조가 갖추어지는 셈이다. 그리고 많은 고전들에서 그렇듯이 모든 것이 맞아떨어지는 서술은 사실 그렇게 조작되어 만들어진 서술일 확률이 높다.

이 9단계 구성에서 9번째의 궁극적인 단계로 제시되는 게 바로 '분간과 느껴짐 없음(saññā-vedayita-nirodha)'이라는 단계이다. 이 '분간과 느껴짐 없음'이라는 용어는 최초기 불교에서는 '니르바나(Nirvāṇa, Nibbāna, 涅槃)'와 같은 의미로 사용된 용어였다. 이 용어는 그 자체가 빠알리(Pāli) 경전에 등장하지 않고 원래는 니르바나를 가리키기 위한 은유적인 표현이었는데, 나중에는 댜나 수행의 구체적인 단계인 것처럼 받아들여진 것이다. 9단계의 댜나를 설명하는 서술에서 주목할 점이 있다. 붓다가 9단계에 도달한 후에 해탈에 들기 위해서는 단계들을 역행해서 더 낮은 4단계로 돌아가야 한다는 설명이다. 후대의 불교도들도 붓다가 9단계가 아니라 4단계에서 해탈에 들었다는 사실을 지울 만큼의 불경함을 범하기는 어려웠던 까닭이다. 이 경우에서 우리는 불교 전승 안에서 붓다의 설명이 어떻게 확장되고 변형되면서 새로운 이론에 맞는 체계로 재구성되는지에 대한 전형적인 예를 볼 수 있다.

초선 체험이 중요한 이유는 바로 고따마의 깨달음을 근거로 불교라는 종교 전통이 만들어지는 핵심적인 전환점을 서술하고 있기 때문이다. 기존의 베다 전통이나 다른 쉬라마나 전통들과는 다른 불교의 정체성이 만들어진 순간이 초선 체험의 순간 혹은 초선 체험을 회상한 순간이다. 붓다가 자신이 극단적일 정도로까지 시도했던 고행이 해탈로 가는 바른 길이 아니라는 생각을 하고 새로운 수행의 방법을 모색했을 때, 새 전환점을 만들어 준 계기가 바로 어릴 때 자신이 했던 체험에 대한 막연한 회상이었다. 특히 붓다가 해탈을 체험한 이후 붓다 자신이 스스로 새로운 해탈의 길을 찾게 된 계기를 설명한 것이 있는데, 그것이 바로 붓다가 어린 시절에 겪은 초선 체험이었다고 한다.

결국 붓다의 해탈 체험이라는 사건을 통해 불교가 탄생하게 되도록 만든 계기는 붓다가 어릴 때 했던 체험을 떠올린 일이었기 때문에, 이 어릴적 체험에 관한 붓다의 회상은 불교가 만들어진 출발점이라고 할 수 있다. 그래서 필자는 불교의 역사에서 가장 중요한 한 순간을 꼽으라고 한다면, 붓다가 해탈을 체험한 순간보다 이 첫 단계 선정 체험의 순간을 꼽겠다.

일반적으로 잘 알려진 서사의 예를 잘 보여주는 『쌍가베다바스뚜(Saṅghabhedavastu, 출가공동체가 분열된 사정 이야기)』에 전해지는 이야기는 사문유관과 초선 체험이 결합되어 있다. 사문유관이라는 것은 왕자인 고따마가 성문 밖으로 놀러 나가다가 병자, 늙은 사람, 죽은 사람을 보고 삶의 본질적인 모습이 괴로운 것임을 알고, 네 번째 외출에서 마주치게 되는 출가한 사람을 보고 출가를 결심한다는 설화이다. 『쌍가베다바스뚜』에는 사문유관과 초선의 경험이 이렇게 얽혀 있다.

왕자로서 호화로운 생활을 하던 고따마가 성문 밖으로 놀러 나가다가 병자, 늙은 사람, 죽은 사람을 보게 되었고 이를 계기로 삶의 본질이 고생이라는 것을 알게 되었는데, 네 번째 외출에서 출가한 고행자(śramaṇa 沙門)를 보게 되고 출가를 결심하게 된다. 이런 왕자 고따마를 보고 왕인 아버지는 어떻게 해서라도 아들의 출가를 막고자 한다. 그래서 아들의 태도를 바꾸고자 아들에게 성밖에 나가 경작지를 살펴보고 오도록 시킨다. 그런데 왕의 경작지를 보러 간 왕자는 그곳에서 일하는 사람들과 동물들의 비참함을 보고 그들을 풀어준다. 그러고 나서 잠부나무 아래로 가서 초선에 이른다. 이 초선에 이른 왕자에 대한 서술은 다음과 같이 주어진다.

> 그러고 나서 보살은 이런 강한 마음의 동요(saṃvaga) 때문에 아버지 샤꺄, 슏도다나의 경작지를 둘러볼 때 잠부나무 그늘로 [그곳으로] 간 다음에 잠부나무 아래에 앉아서 욕구들로부터 떨어지고 나쁘고(pāpa) 좋지 않은(akusala) 것(dharma)들로부터 떨어져서 파악하는 사고(vitaka) 그리고 견지하는 사고(vicāra)와 함께하는, 분리됨에서 생겨나고 즐거움과 편안함이며, 장애가 되는 작용(āśrava)들이 없는 상태와 같은 초선에 이르렀다.•

그러고 나서 이야기는 계속 이어지는데, 아버지는 초선에 든 아들 고따마를 지켜주기 위해 해가 이미 움직였는데도 움직이지 않고 아들을 지키는 잠부나무 그늘을 보고 아들에게 경의를 표하고 칭송한다. 태양이 움직였는데도 왕자 고따마를 보호하기 위해 그림자가 움직이지 않았다는 기적의 서술은 후대로 갈수록 붓다를 향한 추앙과 기적이 강화되는 경향을 잘 보여주지만, 이 텍스트의 서술은 그 자체가 후대의 재구성임을 잘 드러내고 있다. 사문유관은 붓다의 일대기에서 중요한 사건인 출가를 설명하고 나중에 구축된 불교적 교리와 일치시키기 위해 고안된 극적인 서사인 반면, 초선의 경험은 그 근본적인 출발이 붓다의 개인적인 체험과 그 체험에 관한 회상을 담은 붓다 자신의 이야기에서 비롯된 것이다. 현재까지 전해진 불교 전승에서 가장 원초적인 형태의 초선 체험에 대한 서술을 담은 대목을 살펴보자. 빠알리 전승의 『중간 길이 전승(Majjhimanikāya)』에서 우리는 다음의 서술을 찾을 수 있다.

> 악기벳싸나(Aggivessana)여, 내게 이런 생각이 들었다. 그러니까 말하자면, 아버지 싹까(Sakka)가 일을 하고 있을 때 시원한 잠부나무 그늘에 내가 앉아서 욕구들로부터 떨어지고 좋지 않은(akusala) 것들로부터 떨어져서 파악하는 사고(vitaka) 그리고 견지하는 사고(vicāra)와 함께하는 분리됨에서 생겨나는 즐거움과 편안함, 즉 첫

• tato bodhisattvas tenaiva saṃvegena pituḥ śākyasya śuddhodanasya karmāntān avalokya yena jambūchāyā tenopasaṅkrāntaḥ upasaṅkramya jambūchāyāyāṃ niṣadya viviktaṃ kāmair viviktam pāpakair akuśaladharmaiḥ savitarkaṃ savicāraṃ vivekajaṃ prītisukhaṃ anāśravasadṛśaṃ prathamaṃ dhyānaṃ samāpannaḥ … (Raniero Gnoli and T. Venkatacharya eds. The Gilgit Manuscript of the Sangluhhedavastu. Vol. 1. 76~77).

다나에 이르러서 그 [상태에] 머물렀다. '과연 이것이 깨달음(bodha)으로 가는 길일 수 있을까?' 악기벳싸나여, 이런 기억에 따라서 내게 이런 인식이 있었다. '이것이 바로 깨달음으로 가는 길이다.' 악기벳싸나여 내게 이런 생각이 들었다. '나는 도대체 이런 편안함, 즉 욕구들과는 따로 있으며 좋지 않은 것들과는 따로 있는 편안함을 두려워하는가?' 악기벳싸나여 내게 이런 생각이 들었다. '나는 이런 편안함, 즉 욕구들과는 따로 있으며 좋지 않은 것들과는 따로 있는 편안함을 두려워하지 않는다.'•

여기에 보이는 서술에 해당하는 내용은 한문으로 번역된 전승 중에서 다르마굽따까(Dharmaguptaka, 法藏部) 전통의 『출가공

• tassa mayhaṃ aggivessana etad ahosi. abhijānāmi kho panāhaṃ pitu sakkassa kammante sītāya jambucchāyāya nisinno vivicc' eva kāmehi vivicca akusalehi dhammehi savitakkaṃ savicāraṃ vivekajaṃ pītisukhaṃ paṭhamaṃ jhānaṃ upasampajja viharitā. siyā nu kho eso maggo bodhāyāti. tassa mayhaṃ aggivessana satānusāri viññāṇaṃ ahosi. eso va maggo bodhāyāti. tassa mayhaṃ aggivessana etad ahosi. kin nu kho ahaṃ tassa sukhassa bhāyāmi yan taṃ sukhaṃ aññatr' eva kāmehi aññatra akusalehi dhammehīti. tassa mayhaṃ aggivessana etad ahosi. na kho ahaṃ tassa sukhassa bhāyāmi yan taṃ sukhaṃ aññatr' eva kāmehi aññatra akusalehi dhammehīti. (MN I 246~247)

동체 규율(Vinaya)』을 한역한 것에 포함되어 있는 초선의 회상에 관한 내용•에서도 보이는데, 약간의 내용상의 차이를 보이지만, 빠알리 『중간 길이 전승』의 서술과 그다지 멀리 떨어져 있지 않다. 1인칭 회상의 형식을 취하고 있다는 특징과 다른 여러 문헌자료들은 물론이고 미술작품에 나타나는 내용과의 비교를 통해 검토해 볼 때 이 서술이 가장 원초적인 형태의 초선에 대한 서술임은 의심의 여지가 없어 보인다.

초선의 내용 자체와 필연적인 연관성을 보여주지는 않지만, 불교 초기부터 초선 체험에 관한 서술에 등장하는 서사적 요소가 잠부나무인 점도 주목할 만하다. 원래 붓다가 회상의 내용으로 제시한 서술에는 단순하게 잠부나무가 등장하지만, 위에서 본 『쌍가베다바스뚜』에는 잠부나무 그늘이 움직이지 않는다는 기적이 보태어져 있다. 붓다의 일대기에 연관된 나무 일화는 크게 셋을 꼽을 수 있다. 첫째로 붓다가 쌀라(Sāla)나무 아래서 태어났다는 것이고, 둘째는 붓다가 어릴 때 잠부(Jambu)나무 아래서 초선에 해당하는 경험을 했다는 것이고, 셋째는 붓다가 아쉬밧타(Aśvattha)나무 아래서 깨달음과 해

• 爾時菩薩自念. 昔在父王田上坐閻浮樹下. 除去欲心惡不善法. 有覺有觀喜樂一心. 遊戲初禪. 時菩薩復作是念. 頗有如此道可從得盡苦原耶. 復作是念. 如此道能盡苦原. 時菩薩卽以精進力修習此智. 從此道得盡苦原. (T. 1428. 四分律 31卷 781a, 4~10)

탈 체험을 얻었다는 것이다. 각 사건을 상징하는 나무들이 서사 안에서 별도로 할당되었다는 것은 이 세 사건이 붓다의 일생을 상징하는 중요한 사건이라는 점을 암시하고 있는 또다른 증거이기도 하다.

자신이 시도한 극단적인 고행이 해탈로 가는 바른 길이 아니라고 생각하고 새로운 가능성을 모색하던 순간에 어릴적 체험을 떠올리게 된 일에 대해 붓다는 위에 인용한 『중간 길이 전승』의 해당 대목에서 쌋짜까(Saccaka)라는 인물에게 설명해 주고 있다. 이 구절에 등장하는 '악기벳싸나(Aggivessana, Skt. Agniveṣyāyana)'는 쌋짜까(Saccaka)의 고뜨라(gotra)이름이다. 이 대화에서 붓다가 직접 자신의 과거를 회상하는 내용을 담고 있는 것 자체도 무척이나 예외적인데, 고따마가 해탈에 이르러 붓다가 되기 이전에 자신이 겪은 개인사를 1인칭으로 직접 언급한 것은 필자가 아는 한 (설화적인 내용을 제외하고는) 유일한 대목이기도 하다. 이 대화에서 붓다는 (본문에 인용하진 않았지만) 자신이 두 가지 고행을 극도로 행했다는 사실을 회상한다. 숨을 쉬지 않는 수행을 하고 음식을 먹지 않거나 극도로 줄여서 먹는 수행을 시도했던 경험을 이야기한다. 물론 이러한 고행의 역사적 사실 관계나 그 맥락은 연구되어 해명되어야 할 것이다. 『중간 길이 전승』에 담긴 '마하쌋짜까쑫따(Mahāsaccakasutta)'라는 이름에 근거해서 이 수행법이 자이나의 수행법을 비판한 것이라는 해석은 가능하기는 하다. 하지만 큰 틀에서 쉬라마나 전통 전반의 고행 전통을 염두에 둔 것이라고 해석하는 게 더 설득력 있어 보인다.

이 회상의 서술을 독자들이 구체적으로 이해하기에는 무리가 많을 것이다. 따라서 구체적인 내용을 따져보는 일은 뒤로 미루기로 하자. 지금 우리가 주목할 것은 붓다가 어릴 적에 했던 체험이 단서가 되어 그 체험이 깨달음으로 가는 길이 되지 않을까 하는 발상의 전환을 이루어냈다는 사실이다. 어릴 때의 체험이란 다름이 아니라, 아버지가 근처 들에서 일을 하고 있으니 보호자가 가까이 있어 아이가 두려움이나 불안함을 느낄 상황은 아니었을 때 시원한 나무 그늘에 앉아서 즐거움(prīti)과 편안함(sukha)를 느꼈다는 것이다.

여기에서 중요한 점은 바로 특정한 욕구가 있어서 그 욕구가 충족되어 행복이나 즐거움을 느끼는 일이 아니었다는 사실이다. 그래서 해탈에 도움이 되지 않는 안좋은 것들(akusala)이 개입되지는 않았다는 말이다. 앞서 붓다가 모든 것이 고생이라고 했을 때의 맥락을 생각한다면, 특별한 원인 혹은 이유가 없는 즐거움과 편안함은 아예 다른 성질의 즐거움일 수 있다는 것을 생각할 수 있다. 붓다는 바로 이 어릴 적의 체험에서 대상이 없는 즐거움을 발견했다. 그리고 모든 것이 필연적으로 고생일 수밖에 없는 구조에서 자유로운 즐거움의 가능성을 보았던 것이고, 이것이 단초가 되어 붓다의 사상사적 전환이자 혁신이 이루어지게 되었다. 즉 우리가 아는 모든 종류의 즐거움이나 기쁨과는 다른 종류의 즐거움에 관한 가능성을 보게 된 것이다. 고행 혹은 고생을 통해서만 나쁜 까르마의 문제를 해결할 수 있으며, 나쁜 까르마를 완전하게 소멸시키기 위한 자발적이고 강력한 고생이 해탈에 이르는 길이라는 당시의 상식과 믿음에 균열을 만드는 계기가 나타난 것이다.

고통을 스스로 자초하는 일이 해탈에 이르는 유일한 길이 아닐 수 있다는 생각은 당시 쉬라마나 전통이 지배하던 지적인 환경에서는 상상하기 힘든 새로운 발상이었다. 그래서 붓다 자신은 심각한 고민에 빠지게 됐고, 스스로 자신에게 묻는다. "과연 이것이 깨달음(bodha)으로 가는 길일 수 있을까?" 이 질문을 자신에게 스스로 던진 붓다가 얼마나 많은 시간이 흐른 후에 해탈에 이르는 올바른 방향이라고 확신했는지 알 수 없다. 하지만 붓다는 시간이 지나고 "이것이 바로 깨달음으로 가는 길이다!"라는 확신을 갖게 된다.

이 확신을 갖게 되기까지 어떤 생각 혹은 어떤 체험이 있었는지는 분명하지 않다. 다만 여기 인용된 구절에서는 "악기벳싸나여, 이런 기억이 있고 나서 내게 이런 생각이 떠올랐는데, 그 생각은 바로 '이것이 바로 깨달음으로 가는 길이다'

라는 것이었다"라고 말하고 있다. 여기에서 기억된 바(sata, Skt. smṛta) 어릴적 경험에 상응하는 방식으로 확실한 인식이 있었다는 표현이 나타난다. 이 대목에서 '기억된 것' 혹은 '기억'을 의미하는 'sata'를 메타인지로서의 마음챙김(sati, 念)으로 해석하는 방식은 후대의 수행론을 투사하는 것으로 보여서 억지스러운 해석이라고 판단된다. 이 서술에 나타난 'vitarka'나 'vicāra'도 사실은 '비슷한 말'로 제시된 설명인데, 붓다가 자주 사용했던 표현방식인 것으로 보인다. 붓다가 주로 설명하고 다루는 주제들이 수행자의 내면적인 체험과 연관되는 것들이다 보니, 붓다는 상대방에게 자기 생각을 전달하기 위해 비슷한 말들을 여럿 나열해서 설명하는 화법을 빈번히 구사했다. 그래서 붓다가 자주 사용했던, 사실은 같은 말의 반복을 이루는 쌍이라고 생각된다.

그런데 후대의 전통에서는 붓다가 전지자로서 분명한 의도로 두 표현을 구분해서 사용했다는 전제 아래 수많은 추측들이 난무하게 된다. 그리고 이것들이 이론체계로 정립되는 과정을 거쳐 본격적인 불교 교학 내지는 불교 철학의 구축 작업이 시작된다. 즉 붓다는 '화'가 무엇이냐를 설명하는데, '성냄, 열 받음, 분노, 언짢음' 등등의 비슷한 말들을 나열하는 방식을 일반적으로 사용했는데 후대의 이론가들은 이것을 다르게 받아들였다는 말이다. 화가 나는 것과 분노가 어떻게 다른지 그것이 언짢은 것과 또 무엇이 다른지를 모두 따져서 설명하겠다는 게 후대에 붓다의 설명들을 이론화하고 체계화하기 위한 주석 전통에서 이루어진 시도이다.

붓다가 새롭게 발견한 깨달음으로 가는 길은 이제 스스로 자신에게 고통을 강요하는 일이 아닌 길이 된다. 이것은 극단적인 발상의 전환이었고, 붓다는 자신이 발견한 이러한 새로운 길에 대해 '중간길(Madhyamāpratipada, Majjhimāpaṭipadā, 中道)'이라는 이름을 붙이게 된다. 이 '중간길'이 의미하는 것은 해탈을 향해 나아가는 길에서 일반인들처럼 쾌락을 추구하는 쾌락의 길도 아니고, 고행자들이 해탈을 위해 스스로 고통을 만들어내는 고행의 길도 아닌 새로운 길이라는 뜻이다. 이것은 양 극단에 치우치지 않은 새로운 길에 대한 확신과 자신감을 담은 표현이라고 할 수 있으며, 쾌락과 고통 사이의 절충과는 다른 제3의 길이라는 의미를 담은 표현이다.

이 표현이 나중에 불교적인 해탈론의 입장을 가리키는 핵심 표현으로 사용되고, 그래서 우리는 불교 전승에서 수많은 '중간'이라는 표현을 담은 저술들과 학파 이름들을 만나게 되는 것이다. 나가르주나(Nāgrjuna, 龍樹)가 집필했다고 전해지는 저작 『중론(Mūlamadhyamakakārikā, 中論頌)』이라거나 그가 속한 전통을 부르는 '중관파(Mādhyamaka, 中觀派)'라는 명칭이 여기에서 비롯되었다. 이 명칭은 자신의 전통이나 저작이 붓다의 혁신을 계승한 정통성을 가진 불교라는 의미를 담은 표현인 셈이다.

초선 체험에 관한 회상을 담은 구절에는 "나는 도대체 이런 편안함, 즉 욕구들과는 따로 있으며 좋지 않은 것들과는 따로 있는 편안함을 두려워하는가?"라고 붓다 스스로 제기한 질문이 등장하고, 나중에 붓다가 자신에게 "나는 이런 편안함, 즉 욕구들과는 따로 있으며 좋지 않은 것들과는 따로 있는 편안함을 두려워하지 않는다!"라는 답을 내렸던 사실도 제시된다. 새로운 종교 체험의 단계에 접어들어 처음 겪는 상태를 체험하는 수도자들의 일반적인 정서적 반응은 바로 두려움이다. 완전히 다른 새로운 것이 파악되지도 않고 제어되지 않을 때의 두려움은 동양은 물론이고 서양의 수많은 종교 체험을 다루는 서술에서도 거의 예외 없이 공통적으로 드러나는 요소인데, 이 구체적인 의미를 해명하기는 쉽지 않다.

분명한 것은 붓다 자신이 이전에 배운 적도 없고 경험해 본 적도 없는 방식의 스스로 개척한 체험을 이어가면서, 다시 말해 댜나의 네 단계를 모두 성취해 가면서 고따마는 결국 깨달음을 얻고 해탈을 확증하고 나서 붓다가 된다. 종교 체험으로서의 불교적 깨달음에 관한 해석도 어려운 문제이지만, 이 초선 체험의 회상에 관한 서술을 우리가 어떻게 이해할지도 만만치 않은 과제이다. 이 회상을 서술하는 대목에는 네 가지 시간이 겹쳐있다. 우선 어린 고따마가 이런 체험을 한 시점(T1)이 있고, 해탈에 이르기 전에 고따마가 어린 시절의 체험을 떠올린 순간(T2)이 있고, 나중에 붓다가 쌋짜까라는 인물을 만나 자신이 회상했던 순간에 대해 이야기하는 상황(T3)이 있고, 그보다 시간이 더 지나서 붓다가 했던 이야기들을 기억하고 떠올리면서 제자들 혹은 후대의 불교도들이 그 내용을 전승으로 고정시켜 낭송하는 시기(T4)가 있다.

어린 시절의 체험(T1)이 과연 종교학에서 이야기하는 특별한 초월체험이었을지는 논쟁의 여지가 있다. 그리고 붓다 자신이 어린 시절의 체험(T1)을 나중에 댜나의 진전 과정을 네 단계로 나누어 설명하는 상황 안에서(T3) 어린 시절의 체험을 첫 단계의 댜나 체험이라고 정해서 설명한 이후, 불교 전통 안에서 고정된 교리로 받아들여지는 초선 체험에 관한 이해의 틀(T4)이 있다. 물론 후대(T4)의 해석 틀에서 제시된 사소한 서사의 변형 과정들은 이해하기 어려운 게 아니다. 후대에 붓다의 위대함과 그를 둘러싼 모든 것들에 관한 과장이 커져가는 상황에서 붓다가 왕자여야 하고, 수많은 궁녀들에 둘러싸여 쾌락의 극단을 맛보아야 한다는 서사에 비해 보면 아버지가 들에서 농사일을 했다는 사실은 앞뒤가 맞지 않게 되고 만다. 그래서 후대의 주석가들은 이 서술에서 "아버지 싹까(Sakka)가 일을 하고 있을 때"라는 구절의 의미가 '왕 싹까가 파종일을 맞이하여 왕이 직접 파종을 하는 종교적인 혹은 정치적인 행사를 맞이하여 들에서 일을 하는 모습을 연출하고 있을 때'라고 이해해야 한다는 설명을 덧붙이게 된다.

스리랑카에서 활동한 빠알리 전통의 대표적인 사상가이자 주석가인 붓다고싸(Buddhaghosa)의 해석을 보자. 그는 자신이 쓴 『중간 길이 전승(Majjhimanikāya, 中阿含經)』에 관한 주석서 『빠빤차쑤다니(Papañcasūdanī)』에서 제례의식에 속하는 파종의식(vappamaṅgala)의 일부로 이 대목을 해석한다. 즉 붓다의 아버지 숟도다나가 들에서 일을 하는 게 아니라 제례의식의 일부로 일을 하는 척하던 (종교적이고 정치적인 행사의 연출된) 상황이었다는 설명을 하고 있다. 이런 변형의 필요성을 이해하는 일은 그다지 어려운 것은 아니다. 이런 맥락 안에서 위에 인용한 『쌍가베다바스뚜』의 초선에 관한 서술은 쉽게 이해된다.

고통을 감내하는 방법이 아닌 방식으로 해탈을 얻었다는 게 구체적으로 어떤 차이가 있는지 큰 틀에서 알아볼 필요가 있다. 자이나의 마하비라가 해탈을 얻는 순간을 서술한 텍스트를 살펴보도록 하자. 자이나 전승은 기원후 5세기 중반에 '발라비(Valabhī)'라는 장소에서 열렸다고 하는 편찬 회의에서 지금의 (하얀 옷을 입는) 쉬베땀바라 전승이 최종적으로 확정되었다고 한다. 그렇더라도 그 안에 포함된 텍스트 자체가 마찬가지로 후대의 것이라는 의미는 아니다. 이러한 사정은 정확하게 불교에도 마찬가지로 적용된다. 자이나 전승의 가장 오래된 텍스트는 쉬베땀바라의 앙가(aṇga, 부분)들 중에서 첫째와 둘째 앙가를 꼽을 수 있고, 이 중 첫째가 바로 『아짜랑가(Ācārańga)』인데 이 텍스트가 가장 오래된 텍스트로 간주된다.

쉬베땀바라 전통에서는 일반적으로 5개 그룹으로 텍스트들을 나누는데 가장 중요한 것은 바로 주요 '부분(ańga)'에 속하는 것들과 '부차적인 부분(upāńga)'에 속하는 것들이다. 이렇게 텍스트를 나누는 원칙은 베다(Veda) 전통을 차용한 것인데, 주요 부분에 속하는 12개 텍스트들 중에서 첫 번째가 행적(Ācāra-)을 다루는 부분(-ańga)이다. 이 행적(Ācāra, Āyāra)에서는 지바(jīva)와 까르마(karma)에 대한 기본적인 설명들이 제시되고 거기에 마하비라의 일대기와 출가공동체 내부의 규율에 관한 서술도 포함되어 있다. 이제 자이나 전승의 가장 오래된 텍스트라고 할 수 있는 『아짜랑가』에 나타나는 마하비라의 해탈 장면에 대한 서술을 살펴보도록 하자.

> '잠비야가마(Jambhiyagama)'라는 도시 밖에 웃주발리야(Ujjuvaliya)강의 북쪽 강변에서 (재가자인) 가장 싸마가(Samaga)의 땅에, 베야받타(Veyavattha) 사원의 북동쪽 위치에, 쌀라(Sala) 나무에서 멀지 않은 곳에 자리를 잡고, (우유를 짜는 사람의 자세

> 로) 쪼그려 앉은 자세로 무릎이 머리 높이에 오는 자세를 취한 채 여섯 번째 식사까지 단식하며 물도 마시지 않고 올바른 명상(jhana, 댜나)의 경지에 들어가서, 청정한 명상의 안에서 머물고 완전한 니르바나(nivvane)에 이르러 완성하여, 장애가 없고 무한하며 가장 높은 절대 경지(kevala)의 앎(nana)과 봄을 이루었다.•

마하비라가 해탈을 얻은 장면을 보면 붓다가 해탈을 얻었다는 장면과 너무나 대조적이다. 우선 붓다는 나무 아래 뿌리가 옆으로 자라 땅 위로 드러난 곳, 다시 말해서 앉아 있기 편안한 곳에 편하게 앉아 해탈을 얻는다. 하지만 마하비라는 근처에 나무가 있는 자리였지만 나무 아래로 가지 않고 뙤약볕 아래 자리를 잡고, 앉지도 않고 일부러 가장 불편한 자세인 쪼그려 앉는 자세를 취한다. 자이나 전승에서도 깨달음과 연관된

• Jambhiyagamassa nagarassa bahiya, naie Ujjuvaliyae uttare kule, Samagassa gahavaissa kattha-karanamsi, Veyavattassa ceiyassa uttara-puratthime disi-bhae sala-rukkhassa adura-samante uekuduyassa, go-dohiyae ayavanae ayavemanassa, chatthenam bhattenam apanaenam uddham-janu-aho-sirassa, dhamma-jjhano kotthovagayassa, sukkha-jjhan' antariyae vattamanassa, nivvane kasine padipunne avvahae niravarane anante aunttare kevala-vara nana-damsane samuppanne.

마하비라가 해탈을 얻는 장면

상징으로서의 나무가 등장하는 것이나 여타 서술의 내용이 불교 전승과 유사하다는 사실은 따로 언급할 필요조차 없을 것이다. 다만 이 서술에서 독자들은 붓다의 깨달음에 대한 서술이 불교에만 있었던 내용을 담은 서술이 아니라는 정도는 어렵지 않게 알아차릴 수 있을 것이다.

마하비라는 앉는 자세를 취하면서도 그 자세가 극단적으로 힘든 자세가 되도록 무릎을 머리 높이까지 올라오게 쪼그려 앉아 단식을 하면서 물도 마시지 않은 채로 명상에 들어간다. 이런 자세의 유지 자체가 쉽지 않은 게 당연한데 물도 마시지 않는 금식 상태에서 명상에 들어 니르바나(nivvane)에 도달했다고 서술되어 있다. 마하비라는 고행의 극단적인 실천 안에서 니르바나를 얻은 것인데, 붓다는 이렇게 고행을 하는 것 자체가 해탈로 가는 바른 길이 아니라는 발상의 전환을 했던 것이고 그래서 붓다는 불교적인 혁신, 즉 중간길을 택해서 해탈에 이르는 과정을 겪게 되는 것이다.

붓다의 탄생, 깨달음

붓다가 깨달은 내용은 무엇인지, 구체적으로 어떤 방식으로 그 깨달음에 도달했는지 따지는 일은 실제로 불교 역사 전체를 따져보는 일과 직결된다. 이제 붓다의 깨달음에 관한 추적 가능한 가장 원초적인 서술의 형태를 근거로 붓다가 자신의 해탈을 어떻게 설명했는지 따져보고자 한다.

붓다가 제시한 자신의 해탈에 관한 서술은 불교 전승의 핵심을 담은 내용이어서 반복적이고 고정된 패턴으로 불교 전승 안에 등장한다. 물론 이러한 고정된 패턴들도 여럿이 있고 서로 차이가 있는 것은 물론, 각 서술의 패턴마다 발전의 역사가 있다. 현재 인도 고전학 내지는 불교 고전학을 전공하는 학자들의 검토에 따라 설득력 있는 가장 원초적인 형태의 서술을 제시하고, 이에 근거해서 붓다가 제시한 자신의 해탈 체험에 관한 설명을 이해해 보고자 한다. 문헌학자들 사이에서 '정형화된 해탈의 길 서술'이라고 불리는 정형구가 바로 이러한 전승 내용인데 그 내용을 분석하겠다는 말이다. 앞서 전승의 시점을 나누어 보던 기준으로 보자면, T4에 나타난 T3의 서술을 추적한 학자들의 연구 결과에 의거해서 붓다가 실제로 해탈 체험을 했던 T2의 경험을 재구성해 보겠다는 말이다.

정형화된 해탈의 길 서술은 쉬미타우젠(L. Schmithausen)의 연구에 따라 그 뼈대를 추려 보자면 대략 "evaṃ passaṃ ... ariyasāvako ... nibbindati, nibbindaṃ virajjati, virāgā vimuccati, vimuttasmiṃ vimuttam iti ñāṇaṃ hoti, 'khīṇā jāti ... 'ti pajānāti"의 형식을 갖는다. 정형화된 해탈의 길 서술의 대표적인 예로 『두려움과 공포에 대한 쑤뜨라(Bhayabheravasutta)』에 나타난 구절을 살펴보자.

> 이렇게 집중되어 있는 마음이 정화되고 맑고 티 없으며 흠이 사라지고 활동할 준비가 되고 쓸 수 있으며 견실하고 부동의 상태에 있을 때 나는 마음을 더럼의 소멸에 대한 인식(āsavānaṃ khayañāṇa)으로 돌렸다. '이것이 고생이다'라고

> 있는 그대로 바로 알았다. '이것이 고생의 근원이다'라고 있는 그대로 바로 알았다. '이것이 고생의 소멸이다'라고 있는 그대로 바로 알았다. '이것이 고생의 소멸로 이끄는 길이다'라고 바로 알았다. '이것들이 더럼들이다'라고 있는 그대로 바로 알았다. '이것이 더럼의 근원(samudaya)이다'라고 있는 그대로 바로 알았다. '이것이 더럼의 소멸(nirodha)이다'라고 있는 그대로 바로 알았다. '이것이 더럼의 소멸로 이끄는 길이다'라고 있는 그대로 바로 알았다. 바로 [내가] 이렇게 알고 이렇게 보면서 내 마음이 욕망의 더럼으로부터 해방되었다. 또한 마음이 실존의 더럼으로부터 해방되었다. 또한 마음이 본디 모름의 더럼으로부터 해방되었다. 이렇게 해방되었을 때 [마음이] 해방되었다는 앎이 생겨났다. '태어남은 소진되었고, 청정한 품행이 완성되었고, 해야 할 일은 했고, 이 현재의 삶에 더 남은 것은 없다'고 바로 알았다.•

해탈에 이르기 위해서는 우선 수행자가 댜나의 네 번째 단계에 이른 다음, 마음이 정화된 상태에 이르고 또 마음이 흔들리지 않는 안정된 상태가 되어야 한다. 그리고 수행자의 마음이 해탈을 향해 이어지는 정신적인 활동을 위한 준비가 되어 있어야 한다. 이 상태에서 수행자는 자신의 마음을 더럼의 소멸에 대한 인식(āsavānaṃ khayañāṇa)으로 향하도록 돌리는데, 이렇게 하고 나서야 해탈 혹은 꿰뚫어 알아차림(prajñā, 般若)이 일어나게 된다.

여기에서 수행자가 마음을 그 쪽으로 돌린다는 '더럼의 소멸에 대한 인식(āsavānaṃ khayañāṇa)'이라는 것은 '더럼들이 사라졌다는 사실에 대한 앎'을 의미한다. 이렇게 마음(citta)이 더럼으로부터 해방되고 나서 마음이 더럼에서 해방되었다는 앎이 생겨나게 되는데, 이러한 앎을 근거로 붓다는 해탈에 이르렀다는 확신을 얻는다. 진정한 해탈은 기존의 쌓여 있는 까르마가 지배하는 육체를 벗어난 이후에, 다시 말해서 죽고 나서

• so evaṃ samāhite citte parisuddhe pariyodāte anaṅgaṇe vigatūpakkilese mudubhūte kammaniye ṭhite ānejjappatte āsavānaṃ khayañāṇāya cittaṃ abhininnāmesiṃ. so idaṃ dukkhan ti yathābhūtaṃ abbhaññāsiṃ, ayaṃ dukkhasamudayo ti yathābhūtaṃ abbhaññāsiṃ, ayaṃ dukkhanirodho ti yathābhūtaṃ abbhaññāsiṃ, ayaṃ dukkhanirodhagāminī paṭipadā ti yathābhūtaṃ abbhaññāsiṃ. ime āsavā ti yathābhūtaṃ abbhaññāsiṃ, ayaṃ āsavasamudayo ti yathābhūtaṃ abbhaññāsiṃ, ayaṃ āsavanirodho ti yathābhūtaṃ abbhaññāsiṃ, ayaṃ āsavanirodhagāminī paṭipadā ti yathābhūtaṃ abbhaññāsiṃ. tassa me evaṃ jānato evaṃ passato kāmāsavā pi cittaṃ vimuccittha. bhavāsavā pi cittaṃ vimuccittha. avijjāsavā pi cittaṃ vimuccittha. vimuttasmiṃ vimuttam iti ñāṇaṃ ahosi. khīṇā jāti, vusitaṃ brahmacariyaṃ, kataṃ karaṇīyaṃ, nāparaṃ itthattāyā ti abbhaññāsiṃ. (MN I 21ff.)

야 비로소 가능한 것이니 여기에서 해탈에 이르렀다는 확신은 정확하게는 이제 (앞으로) 죽고 나면 다시 또 태어나는 윤회에서 벗어나게 될 것이라는 확신을 얻었다는 말이다.

여기에서는 '더럼(āsrava, āsava, 漏)'이라는 개념을 우선 따져보지 않을 수 없다. 앞서 자이나의 지바와 까르마를 설명하면서 물질적인 입자로 이해된 까르마들이 지바로 와서 달라붙는다고 설명했다. 자이나교의 틀에 따르면 바로 이 까르마들이 흘러 들어와서 달라붙는 것을 '더럼'이라고 할 수 있다.

'더럼'을 뜻하는 인도의 원어 'āsrava, āsava'는 '흘러들다'라는 의미이다. 영어로 이 용어를 번역하는 경우에는 상당수 번역자들이 인도 원어의 의미를 담아 'inflow', 'influx', 'influence' 등의 번역어를 택하기도 한다. 한문 번역은 다르다. '漏(루)'라는 번역어가 제시하는 '새어나오다'의 의미는 '흘러들다'와는 정반대의 흐름을 가리킨다. 한문 번역자는 '漏'라는 번역을 통해 불교에서는 흐름의 방향을 거꾸로 생각하고 있다는 점을 분명하게 밝히고 있는 셈이다. 쉬라마나 전통에서 이 용어의 일반적인 의미를 담자면 'inflow', 'influx', 'influence'가 타당한 번역이지만, 불교적인 세계관을 반영한 번역은 '漏(영어로 funnel, leak, let out, divulge)'라고 할 수 있다. 그래서 인도 고전학자들은 영어 번역으로 'canker'를 선택하는 경우가 많다.

그렇다면 붓다는 '더럼'을 무엇이라고 이해하고 있었

을까? 위의 정형화된 해탈의 길 서술에 나타나는 더럼들을 보면 알 수 있다. 세 가지 더럼이 제시되고 있는데 '욕망의 더럼(kāmāsava)', '실존의 더럼 (bhavāsava)', '본디 모름의 더럼(avijjāsava)'이 그 내용이다. 나중에 더럼의 목록에 네 번째 더럼, 즉 (잘못된) '견해의 더럼(diṭṭhāsava)'이 첨가되어 나타나기도 하지만, 현재의 맥락에서는 무시하기로 하자. 여기서 세 더럼이 뜻하는 것들은 감각적 즐거움(kāma)을 향한 갈구, 실존(bhava) 다시 말해서 윤회에 남아 존재하면서 생명 현상을 이어가는 것을 향한 갈구, 그리고 본디 모름(avidyā)이 된다.

실존을 향한 갈구는 윤회 안에 남아 다시 태어나서 살고 싶다는 갈구를 뜻한다. 즉 대부분의 인간들은 죽고 나서도 어떤 형태로든 삶을 이어가고 싶어 하는 근본적인 갈구가 있다는 말이다. 실제로 붓다는 윤회를 벗어나서 우리가 아는 모든 형태의 삶을 벗어나는 상태를 설명할 때, 사람들이 긍정적인 반응을 하기 보다는 공포심을 느낀다는 것을 경험했다. 이런 맥락에서 대중들이 있는 자리에서 붓다는 모든 것이 사라지는 경지에 들어가는 것에 대해 직접적인 언급을 피했다. 이런 사실을 악용해서 붓다가 추구하는 니르바나가 모든 것이 사라진 상태가 아닌지 여부를 붓다에게 집요하게 묻는 사람들도 있었다. 붓다는 이런 종류의 공격적인 질문들에 대해 대답을 거부했다.

이 대목에서 더럼과 갈구(tṛṣṇā)의 관계가 무엇인지, 그리고 이것들이 해탈로 이르는 길에서 어떤 위치를 차지하는 것으로 설명되는지에 대해 따질 수 있겠지만, 이 둘이 같은 것은 아니더라도 종종 같은 것인 양 사용되는 맥락도 이해가 된다. 이 문제는 따로 설명하겠지만, 해탈을 더럼에 관한 이론으로 설명하든 아니면 갈구에 대한 이론으로 설명하든, 핵심은 다르지 않다. 결국 갈구를 제거하여 다시 태어남을 없애는 게 해탈로 가는 길이라는 것이 붓다가 이해하고 설명한 내용의 핵심이란 사실에는 변함이 없다.

그래서 붓다의 해탈을 재현하고자 하는 제자들이 택하는 해탈의 길에서도 갈구를 제거하여 윤회에서 벗어나는 일이 당연히 핵심이 된다. 붓다가 가르친 해탈에 이르는 길에서는 바로 윤회의 원인인 갈구를 제거하면 윤회를 하지 않게 된다는 사실에 집중한다. 따라서 현재 얼마나 많은 부정적인 까르마가 누적되어 있는지는 부차적인 질문이 되고 만다. 윤회를 벗어나는 상황이 된다면 (자이나 방식으로 표현할 때 지바에 흡착되어 있는) 까르마의 양은 전혀 의미가 없게 되기 때문이다.

다시 말해 붓다가 제시한 해탈의 길에서 나쁜 까르마를 제거하기 위해 고통을 일부러 감내하는 일은 부차적인 일이 되고 마는 것이고, 고통은 해탈에 이르는 바른 수단도 아니고 전제 조건도 아닌 게 된다. 따라서 고통과 쾌락, 이 두 극단 모두를 배제한 붓다의 해답이 중간길이 되고, 붓다가 제시한 방식의 댜나가 바로 이 중간길인 것이다. 그래서 붓다가 깨달음에 이른 장면들을 서술하는 전승들을 보면, 댜나를 위해 일부러 고통을 참는 모습을 취하거나 고통을 이겨내면서 댜나를 행하지 않는다. 이 모습이 앞서 말한 고통을 참고 댜나를 수행하는 자이나의 마하비라와 대조되는 점이다.

이 맥락을 현대적인 상황에서 설명하면 마이너스통장은 좋은 비유가 된다. 다만 까르마 이론에서는 + 잔고(좋은 까르마)를 통해 – 잔고(나쁜 까르마)가 상쇄되지 않는다는 점이 근본적인 차이라고 하는 지적은 명심해야 한다. 한 인간이 모은 좋은 까르마만큼의 즐거움이 주어지고, 나쁜 까르마만큼의 고통을 받아야 나쁜 까르마가 지워진다. 이런 상황에서 인간이 산다고 생각하면, 충실하게 모든 부채 잔고를 지워야 한다는 원칙론적 입장이 자이나교의 입장이라고 할 수 있다. 자이나 전통에 따르면 까르마는 미세입자이고 각 까르마가 불러와야 하는 결과가 구현된 이후, 해당 까르마의 입자는 마치 다 익은 과일처럼 (지바로부터) 떨어지게(nirjarā) 된다고 간주된다. 이렇게 효력을 잃은 까르마는 그 작용력을 상실한 중성적인 성격을 갖는 떠도는 까르마 물질의 일부로 돌아가는 것으로 본다.

그런데 붓다는 어마어마한 액수의 부채 잔고의 크기가 있다고 할지라도, 그에 얽매이지 않고 각자가 개인파산 제도를 활용해서 구좌를 폐쇄시킬 수 있는 길을 가르치는 셈이다. 이것이 붓다가 고대 인도 종교의 지형 안에 불러온 혁신, 즉 해탈은 고통을 전제로 하지 않고 이루어진다는 전환이 낳은 논리적 귀결의 핵심이다. 따라서 붓다의 길을 따르고자 하는 이들에게 현재 나쁜 까르마가 얼마나 많이 (자이나교에 따르면) 지바 혹은 (불교에 따르면) 의식입자(vijñāna)에 흡착되어 있는지는 중요하지 않다. 핵심적인 사안은 바로 윤회의 원인을 제거하는 것이고, 이를 통해 까르마의 작용이 불가능하게 하는 것이다.

그렇다면 다시 태어나서 윤회에 남게 되는 원인은 무엇인가? 그것은 윤회에 남아 있겠다고 하는 갈구(tṛṣṇā, taṃhā, 渴愛)이다. 따라서 갈구 자체를 없애는 것이 해탈에 이르는 길이고 수행의 핵심이다. 이를 위해 일부러 고통을 만드는 일은 어리석은 헛수고에 불과하다. 이러한 붓다의 입장을 자이나교도들은 진정성이 없는 혹세무민의 세계관이라고 간주했고, 불교도들은 자이나교도들이 무의미한 고행에 집착하는 행태를 보여 문제 해결의 본질에 다가가지 못하고 있다고 생각했다. 그래서 두 전통은 적대적인 긴장 관계를 가진 채로 지내게 되었다. 다만 자이나교 전통이 보다 보수적이고 원칙적이며 전통적인 면모들을 더 많이 간직하고 있는 전통이어서 역사적으로 불교적인 세계관과 붓다의 생각을 이해하는 데에 중요한 실마리가 된다.

이런 면에서 살펴볼 만한 불교 전승에서 전해지는 유명한 이야기가 바로 '앙굴리말라(Aṅgulimāla, 사람 손가락을 잘라 엮어서 화환처럼 목에 두르고 다닌 자)'라는 인물과 관련한 일화이다. 엄청난 살인과 범죄를 저지른 앙굴리말라가 붓다의 제자가 되어 수행자가 되고 나서 붓다로부터 수행자로서의 성취를 인정받았을 때, 상당수의 다른 제자들이 이의를 제기하고 나선다. 이는 자이나 전통의 입장이나 상식으로 보건대 너무나 많은 최악의 까르마를 모은 주체가 해탈에 이른다는 사실에 대한 저항감을 표시한 것으로 보인다. 하지만 붓다의 입장은 아예 다른 것이었다.

가장 최악의 나쁜 까르마라고 해야 하는 생명을 해치는 일을 엄청나게 저지른 것과 무관하게 해탈에 이를 수 있다는 세계관은 심지어 붓다의 추종자들 안에서도 받아들여지기 어려운 일이었다. 불교의 출가수행자 공동체 안에도 붓다 자신보다 더 강하게 보수적인 세계관을 가진 사람들이 있었는데, 이들을 대표하는 인물이 바로 데바닫따(Devadatta)인 셈이다. 이들은 붓다의 권위에 도전하는 일을 통해서라도 자신들의 전통적인 입장을 관철시키고자 했다. 그래서 후대의 서사 전통은 데바닫따를 악한이자 붓다를 해코지하려 한 악인의 대표적인 인물로 그리고 있다. 이 앙굴리말라에 연관된 일화는 붓다가 구상한 해탈에 이르는 길이 갖는 차별성을 잘 드러내 주고 있다.

또 다르게 고려할 만한 붓다의 입장은 바로 육식에 대한 것이었다. 자이나의 입장에서 '해치지 않음(ahiṃsā, 不殺生)'은 출가자가 반드시 지켜야 할 규범이었고, 따라서 육식은 그 어떤 형태로든 출가자에게 용납될 수 없었다. 하지만 붓다에게 출가를 하고 출가자로서 걸식하면서 사는 일은 궁극적으로 갈구를 없애서 해탈에 가고자 하는 노력이었다. 그래서 육식을 하는지 아닌지의 형식적인 규범은 핵심적인 사안이 아니었다.

붓다에게 훨씬 더 중요한 것은 수행자로서 불교의 출가자들이 걸식의 과정에서 주어지는 음식에 대해 호오(好惡, 좋음과 싫음)를 담아 정서적인 반응을 하는지 여부에 관한 태도의 문제였다. 걸식그릇에 담긴 음식이 맛있는 것이거나 꺼려하는 혹은 싫어하는 음식인 상황에서 출가자가 그 음식을 받는 일에 좋고 싫음의 반응을 하는 게 붓다가 보기엔 최악의 태도였다. 출가자가 걸식으로 연명을 하는 취지는, 식생활을 해결하기 위한 시간과 에너지마저 아껴서 전력을 수행에 집중하고자 하는 것인데 걸식에서 얻는 음식에 대한 집착을 드러내는 태도를 보인다는 것은 궁극적으로 갈구를 없애서 해탈로 가겠다는 노력을 하는 수행자의 태도일 수가 없기 때문이다.

따라서 불교 출가자에게 요구되는 태도는 걸식그릇에 주어지는 음식이 고기든 아니면 그 어떤 것이든 건강을 유지하는 수단으로 간주하고 개인적인 선호와 무관하게 받아들이는 자세였다. 심지어 붓다 자신도 상한 고기를 대접받아 식중독으로 고생하고 등창까지 겪게 되면서 등을 바닥에 대고 바로 눕지 못한 자세로 생물학적인 의미의 죽음을 맞았다. 상좌불교 전통이 강한 나라들에 널리 퍼져 있는 붓다의 마지막 순간을 보여주는 누워있는 불상이 모두 옆으로 누운 이유가 여기 있다. 물론 붓다 자신이 육식에 제한을 아예 두지 않았던 것은 아니다. 불교 출가자가 스스로 먹기 위해 산 동물을 죽인다거나, 혹은 출가자 자신에게 대접하려고 일부러 죽인 동물을 요리한 것임을 알고도 그 고기를 받아먹는 것은 금지하였다. 이 두 경우라면 직간접적으로 출가자의 욕구를 충족시키기 위한 태도가 함께 섞여 있기 때문이었다고 할 수 있다.

세계의 모든 것은 고생(duḥkha)이라는
사실에 입각해 그 원인을 근원까지
추적해 보면 바로 '갈구'가 자리잡고 있다.

4장

붓다의 생각을 묻다: 가르침

가르침을 담은 틀

앞서 정형화된 해탈의 길 서술에서 깨달음의 길에 들어 댜나를 행하고 네 번째 단계에 이른 후에 자기가 다시는 태어나지 않는다는 사실을 안다는 게 깨달음의 내용으로 나타나고 있다. 다시 말해서 나중에 마지막 죽음을 맞고 나면 '해탈에 이르러 윤회를 벗어나게 될 것이라는 사실'을 안다는 것이 깨달음의 핵심적인 내용으로 제시되고 있다. 이 맥락을 설명하기 위해서는 '고귀한 (이의) 네 진리(catvāri-āryasatyāni, cattāri ariya-saccāni, 四聖諦)'를 이해할 필요가 있다. 우선 붓다가 자신의 깨달음을 설명하던 틀의 문제를 살펴보고자 한다.

붓다는 깨달음을 얻은 이후 긴 시간 동안 수많은 사람들을 만나 자신의 성취한 바를 설명했고, 댜나를 가르치면서 지도했으며, 자신을 따르는 출가자들을 받아들여 '불교 교단'이라고 할 수 있는 출가수행자 공동체(saṅgha)를 조직하여 운영하였다. 이 과정에서 붓다는 첫 제자들을 만나 설득하고 설명하며 지도하는 과정에서부터 사람들은 각자 성향과 관심, 자질이 다르다는 것을 절감했다. 첫 제자들에게 댜나를 지도했을 때도 5명 중 3명이 먼저 목표에 도달하고 나머지는 더 긴 시간이 필요했다. 이로 인해 실질적인 집단 운영 면에서도 일괄적인 방식이 관철되지 않는다는 사실을 잘 알고 있었다.

붓다는 자신의 깨달음을 설명하는 과정에서 수많은 시행착오를 겪어야 했다. 「가르침의 바퀴를 처음 돌림(Dharmacakrapravartana, 初轉法輪)」은 붓다가 해탈을 얻은 이후 처음으로 자신의 가르침을 펴는 장면들에 대한 내용을 담았다. 이 텍스트의 제목은 붓다가 불교의 가르침(dharma)을 제시하기 시작한 사건을 베다의 짜끄라에 비유해서 만들어진 표현이다. 불교 전통에서 가장 중요한 텍스트로 꼽힐 만한 텍스트인데, 여러 판본들이 있지만 그 내용은 붓다가 깨달은 이후의 첫 활동을 기록한 것이다. 다시 말해서 붓다의 출발을 담은 텍스트여서 중요하고 붓다의 깨달음이 무엇인지를 처음으로 설명하는 내용을 담고 있어서 중요한 텍스트인 셈이다.

「가르침의 바퀴를 처음 돌림」에서 전하는 붓다의 해탈 이후의 활동 중에서 붓다가 다른 사람들과 관계를 맺는 내용은 이렇게 시작된다. 해탈을 얻은 이후 자신이 성취한 바를 가르치기에 적합한 사람이 누구일지 붓다가 고민하는 대목이 상당히 자세한 서술로 나타난다. 그리고 자신이 예전에 고행할 때 함께 했던 다섯 고행자들을 떠올리고 그들에게 자신이 성취한 바를 가르치기로 결심한다.

그들을 만나기 위해 우루벨라(Uruvelā)에서 출발한 붓다는 바라나씨(Bārāṇasī) 근처의 이씨빠따나(Isipatana)로 이동하기 시작했다. 이동하던 중간에 아지비까(Ājīvika)에 속하는 출가수행자 우빠까(Upaka)를 길에서 만나게 된다. 우빠까는 붓다의 밝은 표정에 긍정적인 인상을 받아 붓다에게 말을 걸고 이유를 묻는다. 그러자 붓다는 자신이 성취한 경지를 이야기하는데, 이때 자신이 성취한 경지를 '죽음 없음(amṛta, amata, 不死)'이라고 표현한다. 이 대답을 듣고 우빠까는 자신이 도달한 경지를 열심히 설명하는 붓다가 정상이 아니라고 생각한다. 그래서 우빠까는 붓다를 향해 "그럴 수도 있겠지요(hupeyya)"라면서 머리를 저으며 자기 갈 길을 가고 만다. 우빠까는 붓다가 하고 있는 주장이 황당하고, 제정신이 아니라고 받아들였던 것이다. 그래서 후대의 불교 전승은 이 우빠까가 붓다를 경멸한 악인으로 받아들이고, 우빠까가 곧바로 영원히 빠져나오지 못하는 지옥에 떨어졌다는 등의 악담을 퍼붓는다.

무어라 평가하든 붓다 개인에게는 무척이나 심한 좌절

감을 안겨준 경험이라는 점은 확실해 보인다. 붓다가 해탈을 얻었지만, 자신이 도달한 경지를 타인들에게 인정받는 과정은 결코 쉽거나 순탄한 것이 아니었음을 보여주는 대목이다. 붓다의 주장이 누구에게나 쉽게 받아들여지는 상황이 결코 아니었으며, 붓다의 출현 자체가 사람들이 저항이나 회의를 품지 못하게 만드는 기적이라거나 초자연적인 현상이 동반되는 상황이 아니었음을 잘 보여주는 서술들이다. 이 맥락이 바로 붓다가 먼 길을 걸어서까지 예전에 함께 수행하던 동료들에게 찾아가게 된 핵심적인 이유인 것은 분명하다.

성취했던 경지에 긍정적인 반응을 보이고 설명을 들어줄 만한 사람을 찾는 일은 붓다로서 세상에서 처음 활동을 시작한 상황에서는 결코 쉬운 일이 아니었다. 실제로 붓다가 첫 제자들을 얻기까지, 예전에 함께 고행했던 동료들을 설득하는 과정도 무척이나 길고 힘든 것이었다. 이러한 경험을 통해 붓다는 붓다로서 활동한 긴 기간 동안, 자신이 도달한 경지를 설명하기 위해 어떤 방식을 취해야 할지 많은 고민과 시도와 수정 그리고 경험을 쌓아갔던 것으로 보인다.

그런데 붓다가 자신의 성취를 설명하는 가장 적확한 틀로 최종 선택한 것은 바로 '고귀한 (이의) 네 진리'이다. 수많은 경험과 반성과 수정을 토대로 붓다는 이 틀이야말로 자신의 성취를 설명하는 가장 적확한 틀이라고 확신했던 것으로 보인다. 그래서 지금도 불교도들은 이 고귀한 이의 네 진리를 불교의 핵심이라고 간주한다. 한국에서 '사성제(四聖諦)'로 부르고 '네 고귀한 진리'라고 이해하는 방식은 붓다 자신의 상황에서 해석하자면 적확하지 않은 것이어서, 필자는 '고귀한 (이의) 네 진리'라는 번역을 사용하고자 한다. 여기에는 진리 자체가 고귀하다는 의미로 이해하지 않는 것이 타당하다는 고려가 반영되어 있다. 물론 '고귀한(ārya) 이의 진리'가 '고귀한 이가 가르친 진리'라는 뜻인지 아니면 '고귀한 이들을 위한 진리'라는 뜻인지 해석의 문제가 남게 되는데, 이 두 가지 가능성을 모두 담은 해석을 채택한 번역어이기도 하다.

붓다가 자신이 도달한 경지를 설명하고, 자신이 가르치고자 하는 것을 담는 틀로 택한 게 바로 고귀한 (이의) 네 진리라고 한다면, 후대의 불교도들에게 이 내용은 붓다가 이룬 깨달음의 내용으로 받아들여져야 하는 게 당연하다. 물론 붓다 자신이 스스로 깨달음에 이른 과정을 설명할 때, 깨달음의 내용으로 이 고귀한 (이의) 네 진리를 깨달았다고 설명을 했을지 여부와 관련해서는 논쟁이 있을 수 있다. 하지만 분명한 것은 이 고귀한 (이의) 네 진리는 붓다 스스로 수차례 강조하고 반복했다. 그래서 후대의 제자들이 불교 전승에서 지우고 없앨 수 있는 내용이 아닌 확고한 붓다의 가르침의 핵심이 된 것은 확실하다.

이러한 사정을 드러내는 정황은 바로 빠알리 전승에서 우리에게 전해진 고귀한 (이의) 네 진리는 문법에도 전혀 맞지 않는 표현들이기 때문이다. 빠알리 전승을 정리하고 편집 혹은 다듬던 사람들이 이해되지도 못하는 형태 혹은 말들로 표현했지만, 이 내용이 지우거나 제거할 수 없는 붓다의 핵심 가르침이었다는 증거가 되는 셈이다. 붓다의 핵심 가르침은 자신들이 아는 문법에 맞지 않는다고 해도 손댈 수 없는 영역이라는 말이다. 사정이 그렇게 된 것은 이 고귀한 (이의) 네 진리를 붓다는 자신이 사용하던 지역 언어-쌍쓰끄리땀의 입장에서 보자면 사투리-로 표현했기 때문이다. 이 맥락은 뒤에서 설명하도록 하겠다. 붓다가 가르친 것으로 전해지는 고귀한 (이의) 네 진리는 아래와 같은 내용이라고 상식적인 선에서 알려져 있다.

(1) dukkha 苦 고생
(2) dukkhasamudaya 集 고생의 근원(tṛṣṇā, taṇhā)
(3) dukkhanirodha 滅 고생의 소멸(nirvāṇa, nibbāna)
(4) dukkhanirodhagāminī paṭipadā 道
고생의 소멸로 이끄는 길

(1) 우리가 사는 세계는 모든 것이 고생이고, (2) 이러한 고

생들이 생겨나는 원인이 있으며, (3) 고생의 소멸도 또한 있는데, (4) 고생의 소멸로 이끄는 길도 있다. 이 네 가지 제목 아래 붓다는 자신이 가르치고자 하는 바를 정리해서 가르쳤다. 여기에서 첫 번째 진리는 우리가 경험하는 세계의 모든 것은 고생(duḥkha)이라는 사실이고 두 번째 진리는 이러한 고생이 생기는 원인이 있다는 것이다. 이 원인을 근원까지 추적해 보면 바로 '갈구(tṛṣṇā, taṃhā, 渴愛)'임을 붓다는 알게 되었다. 그리고 나서 이 고생이 극복될 수 있는 가능성이 있다는 점을 확인하였고, 나아가 고생을 없앨 수 있는 방법을 자기 자신이 찾았다고 설명한다. 즉 근본적인 설명의 맥락을 따지자면 '갈구' 때문에 모든 고생이 생긴다는 것이고, 갈구를 없애면 사람은 삶과 죽음의 연속된 흐름에서 벗어나 해탈에 갈 수 있다는 것이다. 그리고 붓다는 분명하게 갈구를 삶과 죽음의 연속된 흐름 속에 사람이 갇히게 되는 유일한 이유라고 제시했다. 따라서 해탈에 이르고자 한다면, 결국 인간이 이 갈구에 어떻게 얽매이게 되는지 알고 또 어떻게 갈구를 극복할 수 있는지 알아야 한다는 것은 당연하다.

고귀한 (이의) 네 진리의 내용을 「가르침의 바퀴를 처음 돌림」에 나타난 대로 제시하자면 아래와 같다.•

(1) dukkhaṁ ariyasaccam

고생이라는 고귀한 진리

(2) dukkhasamudayaṁ ariyasaccam

고생의 근원이라는 고귀한 진리

(3) dukkhanirodhaṁ ariyasaccam

고생의 소멸이라는 고귀한 진리

(4) dukkhanirodhagāmanī paṭipadā ariyasaccam

고생의 소멸로 이끄는 길이라는 고귀한 진리

이때 고생의 근원(dukkhasamudaya)을 갈구라고 설명하면서 그 종류를 세 가지로 제시한다. 즉 쾌락의 갈구(kāmataṃhā), 실존의 갈구(bhavataṃhā), 소멸의 갈구(vibhavataṃhā) 세 가지이다. 감각적인 즐거움(kāma)을 구하는 갈구가 쾌락의 갈구이고, 실존의 갈구는 존재하면서 생명 현상을 유지하고자 하는 갈구이며 이는 결국 윤회에 남아 있겠다는 갈구를 뜻한다. 소멸의 갈구는 말 그대로 사라지고 싶은 마음 같은 게 아니다. 자신이 사라진 상태가 되어 우주의 근원 혹은 우주에 편재하는 상태의 어떤 것과 합일되는 경지를 구하는 갈구를 의미한다. 이는 우빠니샫에서도 나타나는 개인적 주체(ātman)가 우주의 원리(Brahman)와 일치되는 상태가 구현될 수 있다는 세계관에 뿌

• Mahāvagga 1.6.19~22, Vin. I 10, 26~38.

리를 두고 있으며 현재의 제한된 인간 존재를 벗어나서 초월적인 상태로 들어가겠다는 갈구를 말한다. 당시 고행하던 수많은 수행자들의 지향을 갈구의 내용으로 상정하여 비판적으로 설명한 맥락이 있었던 것으로 보인다. 후대에는 이 갈구를 자기파괴의 욕망으로 단순화시켜 자살충동 정도로 해석하는 일들이 잦아진다. 이러한 해석은 후대의 '제아님(anātman, 無我)' 논의가 지배적인 불교의 교리로 자리잡게 되는 흐름과 연관된 것으로 보인다. 이런 갈구를 없애는 게 고귀한 (이의) 네 진리 중 세 번째로 제시되고, 네 번째인 고생의 소멸로 이끄는 길로는 바로 여덟 단계 고귀한 길(ariyo aṭṭhaṅgiko maggo, 八正道)이 제시된다.•

고귀한 (이의) 네 진리라는 설명의 틀은 고정되고 고립된 게 아니다. 긴 시간에 걸쳐 전반적인 설명과 설득 그리고 증명의 역할을 동시에 수행해야 하는 맥락 안에서 고안된 것이다. 고귀한 (이의) 네 진리의 틀은 여덟 단계 고귀한 길 등의 내용과 맞물려 이루어진 것이다. 따라서 기존의 인도 종교 전통들에 알려져 있던 용어들이 차용되거나 혹은 의미상의 변용을 통해 사용되고 또 이것들이 다양한 형태의 편차와 변용을 가

• 이 대목(Mahāvagga 1.6.22)에서는 여덟 단계 고귀한 길의 각각의 내용 설명은 없고 이름만 언급되고 끝을 맺는다.

진 채로 사용되었을 것으로 보인다. 이렇게 붓다가 깨달음의 시간이 한참 지난 후에 구성해 낸 설명의 틀을 이해하고자 한다면, 전통 교리체계의 몰역사적인 이해에 빠진 채로 억지스러운 재정리를 시도하지 말아야 한다. 해탈 체험에 도달하는 과정에서 인지된 진리에 대해 붓다가 제시한 서술이 곧바로 다른 맥락에서 제시된 개념들의 혼란스러운 모자이크로 보이게 될 여지가 있는데, 이 문제는 사소한 것일 수 있다. 하지만 몰역사적인 이해를 전제하고 붓다의 설명 체계를 읽어 내면 모순에 빠지고 만다는 문제가 생긴다.

고귀한 (이의) 네 진리의 틀을 가장 큰 설명의 구조로 설정한 이후 여덟 단계 고귀한 길이 구체적인 해탈에 이르는 방법으로 제시되고 있다. 고귀한 (이의) 네 진리에서 '(4) 고생의 소멸로 이끄는 길'의 내용이 바로 여덟 단계 고귀한 길이라는 말이다. 여덟 단계 고귀한 길은 붓다가 해탈에 이르는 프로그램을 여덟 단계로 정리해서 제시한 것을 말한다. 이때 붓다가 깨달음을 얻는 과정에서 고귀한 (이의) 네 진리를 깨달아야 최종적인 해탈에 이르는 경지에 간다고 설명된다. 그 말은 고귀한 (이의) 네 진리 안에 포함된 네 번째 단계의 내용, 즉 여덟 단계 고귀한 길에 관한 깨달음을 얻을 때 비로소 그 내용을 알게 되었다는 뜻이다.

이 대목에서 역사적인 맥락을 이해하고 보면 선후 관계

에 문제가 생긴다. 여덟 단계 고귀한 길을 통해(야만) 깨달음에 이르고 해탈에 도달할 수 있다는 교리에 따르자면, 붓다는 이것을 모르는 상태에서 깨달음을 얻었는데, 깨달음을 얻을 때에는 아직 모르고 있으면서도 여덟 단계 고귀한 길을 실천했다는 말이 되고 만다. 그렇다면 몰랐지만 이미 아는 것과 마찬가지로 실천을 해서 그 단계에 이르렀다는 것인데, 그 단계에서 깨달아야 하는 내용이 바로 이미 실천을 마친 내용이라는 앞뒤가 안 맞는 설명이 되고 만다.

물론 붓다가 다른 사람들에게 설명하는 것이 그렇고, 붓다 자신에게는 적용되지 않는다고 답을 할지 모른다. 하지만 이 답은 이미 붓다의 활동이 갖는 시간적 전개를 전제하고 있다는 점에 주목해야 한다. 몰역사적 설명이 가지는 한계가 바로 이것이다. 붓다가 나중에 발전시키고 채택한 설명의 틀인 고귀한 (이의) 네 진리를 붓다가 깨달음을 얻을 당시에도 떠올리거나 인지하거나 해서 깨달은 내용이라고 설명하게 되면서 설명이 꼬이게 되는 상황이 벌어지는 것이다. 이런 면에서 붓다가 자신이 도달한 경지를 설명하기 위한 틀로 고안한 고귀한 (이의) 네 진리를, 붓다가 깨달음을 얻던 순간에 알게 된 내용이라고 설명하는 몰역사적 접근의 한계를 인지할 필요가 있다.

또 한 가지 질문은, 붓다는 과연 이 고귀한 (이의) 네 진리라는 네 단계로 구성된 틀을 어디에서 착안했을까 하는 것이다. '붓다 스스로 어디에선가 사전에 보았거나 알게 된 설명의 틀을 활용해서 이 네 단계로 구성된 설명이 만들어지지 않았을까'하는 추측은 상당히 설득력이 있다. 그리고 많은 사람들은 고대부터 '이 틀이 인도 전통의학(Āyurveda)의 틀을 차용한 게 아닌가'하는 추측을 했다. 붓다가 사람들의 병을 고치는 의사로 비유되는 예가 너무나 많은 것은 물론 고귀한 (이의) 네 진리는 정확하게 의사가 병을 진단하고 치료하는 단계적 접근의 틀을 보여주고 있기 때문이다.

즉 첫째 병이 있고, 둘째 그 병이 생겨난 맥락 혹은 원인이 있으며, 셋째 그 병은 치료가 가능한 것으로 판정이 되고 나면, 넷째 의사가 치료의 길을 제시한다는 틀이 붓다가 제시한 고귀한 (이의) 네 진리에 반영되어 있다는 설명이다. 그리고 실제로 인도 의학 텍스트의 일부에는 바로 이런 틀이 고귀한 (이의) 네 진리 틀에 상응하게 제시되는 예들도 있다.

그러나 이와 관련된 현대 학자들의 결론은 반대 방향을 가리킨다. 다시 말해서 네 단계로 이런 설명의 틀을 구성하고 제시한 것은 인도의 의학 전통이 아니라 붓다가 먼저라는 말이다. 붓다가 만들어낸 이 틀이 나중에 인도의 의학 전통에 차용되었다는 게 현재 연구의 결과이고 필자도 이 판단에 동의하고 있다.

붓다가 제시한 길

「가르침의 바퀴를 처음 돌림」에서 전해지는 붓다가 가르친 내용에 따르면, 붓다가 가르침을 펴면서 처음으로 제시하는 게 쏠림 없는 중간 길이다. 출가수행자가 빠지지 말아야 할 두 가지 극단이 있다고 붓다는 말한다. 그것은 바로 감각적 만족을 주는 대상을 갈망하는 저급한 태도와 자기 자신을 괴롭히는 고행 자체를 목적으로 삼는 의미 없는 태도이다. 이 두 가지를 피해야 하는데 붓다 자신이 이 두 가지를 피하는 길, 즉 쏠림 없는 중간 길을 깨달았다고 말한다. 그리고 이 쏠림 없는 중간 길이 바로 지혜와 깨달음과 니르바나(nirvāṇa, nibbāna, 涅槃)로 이끈다고 설명한다.

> 그리 간 이는 이 [쏠림 없는] 중간 길을 깨달았는데, [이 쏠림 없는 중간 길은] 통찰을 주고 알게 만들며 가라앉힘과 지혜와 깨달음과 니르바나로 이끈다.•

그러고 나서 무엇이 이 쏠림 없는 중간 길인지를 설명하는데, 그것은 바로 여덟 단계 고귀한 길이라고 말한다. 그리고 그 여덟 단계 고귀한 길의 내용으로 제시되는 것들은 다음과 같다.

1. sammā-diṭṭhi	바른 판단(正見)
2. sammā-saṅkappo	바른 결정(正思)
3. sammā-vācā	바른 말(正語)
4. sammā-kammanto	바른 행위(正業)
5. sammā-ājivo	바른 생계(正命)
6. sammā-vāyāmo	바른 노력(正精進)
7. sammā-sati	바른 알아차림(正念)
8. sammā-samādhi	바른 몰입(正定)

• majjhimā paṭipadā tathāgatena abhisambuddhā cakkhukaraṇ ñāṇakaraṇī upasamāya abhiññāya sambodhāya nibbānāya saṃvattati. (Mahāvagga 1,6,17, Vin I,10,15~17)

여덟 단계 고귀한 길의 내용을 보자면 결국은 여덟 번째인 바른 몰입(sammā-samādhi)을 향한 준비 단계로서 앞의 일곱 단계가 제시되고 있다. 각 단계가 구현되면 그 구현된 상태가 다음 단계의 구현을 위한 전제 조건으로 작용하고 있는 구조다. 결국 붓다가 깨닫고 나서 가르친 중도의 내용이란 바로 댜나(dhyāna)인데, 이 댜나에 이르는 길을 일곱 단계의 사전 준비 단계를 거쳐서 이르게 되는 프로그램으로 제시한 것이 여덟 단계 고귀한 길이라고 할 수 있다.

그런데 붓다 자신은 이러한 단계를 거쳐서 깨달음에 이른 게 아니다. 그는 어린 시절에 경험한 바 있는 감각적이지 않은 즐거움의 가능성에 관한 체험을 계기로 댜나에 들었고 해탈을 얻었다. 따라서 여덟 단계 고귀한 길은 그의 해탈 체험에 관한 서술이 아니라 그의 해탈 체험을 재현하기 위해 필요한 과정, 즉 이론적으로 보자면 감각적이지 않은 즐거움의 가능성을 체험하고 구현하기 위한-붓다가 아닌 다른 사람들이 거쳐야 할-준비의 과정이라고 할 수 있을 것이다.

여덟 단계 고귀한 길에 따르자면 댜나에 들어가기 위해서는 무척이나 길고도 복잡한 그리고 인생의 전부를 몰입시키는 정도의 준비 과정이 필요하다. 여덟 단계 고귀한 길의 목표는 결국 여덟 번째 단계인 몰입 상태(samādhi, 三昧)에 들어가는 것이고, 그것이 댜나의 구현이라고 할 수 있겠다. 이 대목에서 문제가 될 수 있는 부분은 바로 여덟 단계 고귀한 길에 나타나는 'samādhi(몰입 상태)'가 '댜나(dhyāna)'와 같은 의미인가 하는 것이다. 용어에는 분명하게 차이가 있지만 같은 의미일 수 있고, 또 다르게는 대략 비슷한 말이지만 두 용어의 의미 중 일부가 구분될 수도 있다.

아마도 두 말이 같은 의미로 사용되었을 것으로 보이는데, 여기에서 고려할 만한 사실은 바로 불교 전문 용어들의 유동성이다. 붓다 자신이 활동하던 시기의 불교 전문 용어들은 전문 용어로서 확실하게 고정되기보다는, 유동성을 지닌 채로 서로 다른 용어들이 중복되거나 교차되면서 사용되었다고 보는 게 타당하다. 다시 말하지만, 붓다는 불교를 만들어서 처음으로 설명을 하고 여러 개념들을 동원해서 가르쳤던 인물이지, 불교 전승을 이어받아 이론을 만들고 주어진 개념들을 구분해서 정리하던 인물이 아니다.

이 여덟 단계 고귀한 길의 내용은 출가수행자의 삶을 전제하고 있으며 단계적으로 지켜야 할 규율과 노력들로 채워져 있다. 이러한 내용들이 내면화될 만큼의 준비 과정을 통해 댜나에 들어갈 수 있다는 게 붓다가 가르친 해탈로 가는 길의 주된 내용이었다고 할 수 있을 것이다. 이것이 시사하는 바는 무엇인가? 바로 댜나 상태의 구현이란 누구에게나 쉽게 이루어질 수 있지만, 누구나 자의적으로 구현 가능한 상태가 아니었다는 말이다. 그리고 이러한 사실은 「가르침의 바퀴를 처음 돌림」의 내용 중에서도 확인되는데, 여러 사람들이 붓다의 지도 아래 다나를 시도하지만 그것을 구현하는 개인들의 능력 혹은 소질에는 상당한 차이가 있었다. 결국 이렇게 다른 자질을 가진 사람들을 지도하는 과정에서 개인들의 차이를 고려한 수행 지도 프로그램이 필요했고, 이에 맞추어 제시한 붓다의 구체적인 프로그램이 바로 여덟 단계 고귀한 길이라고 우리는 판단할 수 있을 것이다.

하지만 여덟 단계 고귀한 길이라는 체계화된 틀로 제시된 해탈로 가는 길은 아마도 고귀한 (이의) 네 진리의 경우와 마찬가지로, 붓다가 긴 시간에 걸쳐 제자들을 지도하고 신자들을 가르치면서 정형화하고 정리한 결과라고 받아들여야 할 것이다. 이것이 고귀한 (이의) 네 진리의 틀 안에 자리매김되고, 네 번째인 고생의 소멸로 이끄는 길에 해당하는 내용으로 정리된 것과 맞물려 형식화와 정형화의 완성을 이룬 것으로 생각된다. 이유를 따져보자면 우선 고귀한 (이의) 네 진리에서 보더라도 붓다가 강조하는 것은 바로 끊임없는 다시 태어남의 상황이 고생(duḥkha)이라는 판단이다. 다시 말해서 붓다의 생존 당시 사람들이 일반적으로 당연하게 이 다시 태어남의 상황이 고생이라는 것에 동의했거나 공감했던 것은 아니라고 보이며, 동의하거나 공감했더라도 붓다가 요구하는 만큼 아주 절실하고 긴박한 문제로 느끼지는 않았던 것으로 보이기 때문이다. 이러한 사정은 여덟 단계 고귀한 길의 시작이 붓다의 판단을 정확하게 공유하고 공감하는 바른 판단(sammā-diṭṭhi)이라는 맥락에서 잘 드러난다. 모든 이들이 공감하고 동의했다면 붓다가 굳이 주장하고 밝혀야 할 필요는 물론 설명하고 납득시킬 필요가 아예 없었으리라는 합리적 추론이 가능하다. 따라서 우리는 다시 물어야 할 필요가 있다. 다시 태어남은 왜 고생이고 벗어나야 하는 상황으로 간주되었을지 말이다.

인간이 끊임없이 다시 태어나게 된다는 사실을 다행스럽다거나 행복한 일이라고 느끼지 않게 되는 맥락에 관한 설명이 필요하다. 제사의식에서 제례적인 행위는 인간의 일반적인 행위가 피할 수 없는 효력을 갖는다고 여겨진다. 이 방식으로 확장되는 까르마의 관념과 다시 태어남의 관념이 결합되는 순간, 다시 태어남의 상황은 피할 수 없는 과거 행위에 대한 응보를 받는 것을 의미한다. 물론 이 상황을 이해하기 위해서는 앞서 말한 것처럼 까르마의 관념이 다시 태어남의 관념과 논리·역사적으로 별개의 관념이었다는 점을 고려해야 한다. 종종 후대의 텍스트에 나타나듯이 까르마의 법칙성을 강조하기 위해 다시 태어남이 전제되는 방식의 해석은 이 두 관념이 서로 결합된 후에 가능한 사고방식인 것이다.

쏠림 없는 '중간 길'이라는 것은 고행과 쾌락의 중간이라는 의미에서 시작됐다. 하지만 붓다 자신이 제시한 해탈로 가는 길의 차별성을 지칭하는 표현으로 사용되었고, 보편적으로 누구나 가진 잠재 능력으로 도달할 수 있는 해탈의 길을 의미했던 것으로 보인다. 이 길을 가게 된 일은 결국 이전에 그 누구도 가 본 적이 없는 길을 가는 것을 의미했고, 이것을 붓다는 다른 사람들에게 가르치려고 했다. 이러한 면이 고스란히 반영된 것이 「가르침의 바퀴를 처음 돌림」에 나타나는 여덟 단계 고귀한 길이라고 보인다.

그런데 붓다가 체험한 댜나의 상태를 다른 사람들도 구현할 수 있도록 고안한 여덟 단계 고귀한 길이, 과연 붓다 자신의 체험과 똑같은 첫 단계의 댜나로 다른 사람들도 이끌 수 있는지에 관한 질문이 남는다. 물론 이 맥락에서 여덟 단계 고귀한 길이 염두에 두고 구현하고자 했던 상태가 붓다 자신이 겪었던 과정을 정확하게 재현하는 것이었는지에 대한 의문도 남는다. 그리고 이 의문에 대해서는 붓다 자신도 단 한 가지의 해결책, 다시 말해서 자신의 체험과 똑같은 것으로 간주되는 상태의 무조건적인 재현을 고집하지는 않았던 것으로 보인다.

다만 고려할 만한 점이 두 가지가 있다. 하나는 댜나 수행에 관한 자세한 서술들이 나타나는 자료들에서 보면 실제로 댜나 상태의 출발점으로 감각적이지 않은 즐거움을 상정하고 있는데, 이 감각적이지 않은 즐거움이 여덟 단계 고귀한 길을 통해서만 구현이 가능하다는 서술을 보여주고 있다는 점이다. 또 다른 하나는 여덟 단계 고귀한 길이 수행자의 삶을 충실하게 사는 과정을 요구하는 것이라는 사실에는 이견이 없지만, 이것의 맥락은 감각적이지 않은 즐거움의 구현 내지는 체험과 연관시킬 수 있다는 것이다.

여덟 단계 고귀한 길에 따르자면, 우선 인생의 모든 것이 고생이라는 사실에 관한 판단에 동의하고 절실하게 공감하는 (1) 바른 판단(sammā-diṭṭhi)이 이루어져야 한다. 그리고 나면 당연히 이 심각한 문제 상황에서 벗어날 길을 찾게 되는데, 일상적인 사회생활을 영위하는 한 까르마를 만들어 내는 일을 피할 길이 없다는 것을 이해하고 출가수행자의 길을 택할 수밖에 없다. 그래서 붓다의 진단에 동의하고 공감하는 사람은 출가자가 되어 살겠다는 (2) 바른 결정(sammā-saṅkappo)을 내리게 된다. 출가수행자로서의 삶을 살기로 한 이후 수행자가 되면 그는 수행자로서 당연하게 (3) 바른 말(sammā-vācā)과 (4) 바른 행위(sammā-kammanto)를 해야 한다. 그리고 수행자로서의 삶을 산다는 것은 모든 에너지를 수행에 쏟고 일상생활을 영위하지 않는 것을 의미한다.

불교 전통에서의 출가수행자를 '빅슈(bhikṣu, 比丘)'라고 부르는데, 이것은 문법적으로만 옮기자면 '먹고 싶어 하는 자'

라는 뜻이고 '구걸하는 사람'을 의미한다. 다시 말해서 불교의 출가수행자는 자신이 먹을 음식을 마련하기 위한 노동을 하지 말아야 한다는 것을 의미하고, 남들이 먹고 남은 음식을 걸식해서 먹는 방식으로 생계를 해결해야 한다는 뜻이다. 이에 따라 여덟 단계 고귀한 길에 따르면 출가자는 (5) 바른 생계(sammā-ājīvo), 즉 걸식하면서 먹고 사는 삶의 방식을 지켜야 한다.

이 맥락이 기존의 고행주의 전통과는 다르게 이해될 수 있다는 점이 지적된다. 즉 붓다 이전에도 고행자 내지는 수행자로서의 삶을 살았던 전통들이 인도에 있었고, 이들이 지키던 수행자로서의 규범 안에는 여덟 단계 고귀한 길에서 요구하는 내용들이 들어 있었고 경우에 따라서는 더욱 엄격한 규범들까지 요구되었다. 하지만 이 규범들의 맥락이 다르다는 점이 중요하다. 즉 붓다 이전의 고행 전통에서 잘못된 작위를 피하는 이유는 바로 나쁜 까르마를 피하기 위한 것이었다. 이것은 고행과 연관되어 있었기 때문에 감각적이든 아니든 간에 즐거움과 연관될 수 있는 게 아니었고, 즐거움과 연관되어서도 안 되는 것이었다.

그런데 여덟 단계 고귀한 길 안에서의 수행자적 규율이란 결국 (6) 바른 노력(sammā-vāyāmo)과 (7) 바른 알아차림(sammā-sati)을 가능하게 하는 것이었으며, 이 바른 노력과 바른 알아차림은 곧바로 직접 바른 몰입을 구현하는 기술적인 준비 단계에 해당되는 것으로 간주될 수 있다. 따라서 여덟 단계 고귀한 길 안에서의 수행자의 규율이란 (8) 바른 몰입(sammā-samādhi), 즉 내용상 댜나의 구현을 향하고 있고, 그 맥락은 바로 감각적이지 않은 즐거움을 구현하여 댜나에 들어가는 일에 연관되어 있다. 여덟 단계 고귀한 길의 맥락 어디에도 불편함 혹은 고통 자체가 궁극적인 해탈로 이끌어 준다는 생각은 찾아볼 수 없다.

지금의 관점에서 보자면 여덟 단계 고귀한 길이란 결국 일반 신도들에게 해당될 수 없는 규정들인 셈이고, 순차적으로 지켜나가는 단계를 거쳐 마지막 목표인 바른 몰입으로 나아가는 과정을 보여준 것이라고 할 수 있다. 이런 면에서 이것이 붓다가 해탈을 향해 나가는 길로서 제시한 프로그램이라고 말할 수 있다.

하지만 이렇게 설명되는 해탈로 나아가는 길은 일반 신도들에게는 불만스러웠을 것이고, 또 불교가 세계종교로 확장되면서 현실적으로 출가수행자가 걸식으로 생존이 불가능한 사회적 환경 안으로 불교가 유입되기도 한다. 이런 사정으로 후대에는 종종 여덟 단계 고귀한 길이 단계적인 게 아니고 출자수행자의 지위를 전제한 것도 아니라는 해석이 등장하고, 일반 신도들까지도 그 내용을 노력해 충족시켜야 하는 모든 불교도들의 미덕처럼 해석되기도 한다.

중국의 불교도들 사이에서는 출가자가 노동을 통해 자신이 필요한 것을 자급하면서 수행해야 한다는 출가자 공동체의 규율이 만들어지기도 한다. 백장회해(百丈 懷海)가 만들었다고 전해지는 『백장청규(百丈淸規)』가 그런 내용인데, 여기서는 "하루 일하지 않으면 하루 먹지 않는다(一日不作 一日不食)"라는 구절로 알려진 전통이 만들어지기도 한다. 하지만 고대 인도의 사회적 맥락 안에서 출가자의 지위를 생각한다면 이는 온전하게 중국을 배경으로 만들어진 중국 전통이라고 할 수 있다.

출가자의 길

결국 그 어떤 맥락과 형태로든 출가를 했다는 것은 평상적 사회 규범을 떠났다는 뜻이다. 다시 말하자면 출가자가 된다는 것은 사회적인 의미에서 사망의 과정을 거친다는 뜻이다. 우리가 아는 불교의 출가자들은 모두 머리를 삭발한다. 붓다 자신도 예외는 아니었는데, 현재의 불상들이 독특한 머리 모양을 갖게 된 것은 그리스의 영향을 받아 나중에 일반화된 현상이다. 출가자가 머리카락을 자르는 것은 흔히 추측하듯 외모에 대한 집착을 없애기 위한 게 아니라, 다시 태어난다는 의미를 담고 있다.

인도 종교 전통에서 일반적으로 관찰되는 행위들 중의 하나는 다시 태어나는 종교의식은 머리카락을 (최소한 일부라도) 자르는 의식을 포함한다는 것이다. 전형적인 것이 바로 베다 전통의 성인식이라고 할 수 있다. 생물학적인 의미에서 인간으로 태어났지만 성인으로서 사회적인 인간으로 인정받는 성인식은 아주 중요한 인생의 단계를 규정하는 제사의식이다. 그리고 한 인간이 사회적 인간으로서의 자격을 인정받는, 다시 태어나는 중요한 의식이다. 사회적 인간의 역할을 하지 못한다는 말은 (예를 들어) 상속의 주체가 되지 못한다는 것을 의미하고 따라서 성인식을 거치지 않은 사람은 상속자가 되어야 할 상황이더라도 그 역할을 수행할 수 없다는 뜻이 된다. 이런 맥락에서 다시 태어난다는 것을 의미하는 성인식에서 머리카락을 자르는 의식은 중요한 부분으로 포함되어 있다. 이것은 원초적으로 신생아가 태어날 때 머리카락이 없이 태어난다는 사실과 연관된 관념에서 비롯된 것이라 보이는데, 자이나 출가자들의 경우에는 고행의 관념과 연관되어 머리카락을 깎기보다는 뽑는 방식을 택한다.

이렇게 살아 있는 인간이 출가를 함으로써 종교적인 의미에서 죽은 자가 된다는 것은 많은 의미를 갖는다. 우선 살아 있는 사람이 당연하게 지니는 사회적인 맥락이 지워진다. 즉 본인의 씨족이나 출신, 소속 집단과 연관된 의무나 권리가 사라진다. 따라서 출가자는 당연하게도 카스트나 출신 성분과 무관한 출가자의 지위를 얻게 된다. 그래서 불교 출가자들 사이의 서열은 출신에 따라 정해지는 게 아니라 출가자로서의 생활을 얼마나 오래 했는지에 따라 정해진다. 이는 출가를 한다는 것의 기본적인 맥락에 따라 당연하다고 할 수 있다. 이는 사회적인 특별한 지향점을 지닌 붓다의 독특한 입장도 아니고 또 사회개혁 의지를 표명했다거나 계급 타파를 주장했다거나 하는 시대착오적인 엉터리 해석들과도 무관한 일이다. 마치 징병된 장병들이 출신과 사회적 배경에 따라 차별받지 않고 단순히 계급으로 구분되는 군대를 평등사회 구현을 위해 고안된 혁명조직이라고 해석하는 것과 같다. 따라서 모든 출가자들은 출신 사회 집단에 따른 구분 대상이 되지 않으며, 이러한 구분에 따른 행동 규범(dharma)을 지켜야 할 의무도 없다. 최소한 명목상으로는 그렇다.

실제로 출가자 공동체 내에서 출신 성분에 따른 구분과 갈등이 있었는지 여부를 따지는 것이 아니다. 이상형(Idealtypus)의 지향점과 원칙을 설명하는 맥락에서 그러하다는 말이다. 이 말은 실제로는 원칙에 따르지 않는 경우도 많았고 지금도 있다는 말이다. 예컨대 현대 인도에서도 특정한 자띠(jāti)나 바르나(varṇa) 출신이 아니면 새로운 가입자를 인정하지 않는 사두(Sādhu, 힌두교 성자) 집단도 있다. 이것은 남인도의 기독교도들 사이에서 명목상으로는 없는 카스트의 구별이 있어서 성당 안에서 자리를 구분해서 앉는 것과도 별로 다르지 않은 관습이다. 인도의 무슬림 집단 안에서도 바르나에 상응하는 구분들이 있는 것도 사실이다. 고대 불교도들이 살았던 현실이 얼마나 '평상적' 내지는 '원칙적' 규범을 벗어나는지에 대해서는 우리의 상상이 아니라 역사적 자료를 두고 판단할 일이다. 그런데 군 장성의 아들이 입대했을 때 특별 대우를 받는 일이 종종 발생한다고 해서 군대 내 계급 질서가 와해됐다고 말할 수 없는 것처럼, 특정한 현상을 과대 해석하는 것도 주의해야 한다.

그런데도 붓다가 계급 제도 정확하게는 바르나(varṇa) 제도를 반대했노라고 억지스러운 과대 포장을 하는 사람들이 있어서 '혁명가 붓다'와 같은 황당한 제목을 단 책들도 꾸준히 출간되고 있다. 붓다는 한번도 바르나 제도를 반대해 본 적이 없다. 바르나 제도란 명목상의 제도일 뿐이어서 비판의 대상이 되지도 못했을 것이다. 출생에 따라 구분된 공동체가 직업을 공유하면서 공통의 사회적 지위를 유지하는 단위라는 뜻의 자띠(jāti)도 제도라기보다 그 시대 사람들에게는 인간 사회에서는 당연한 직업과 출신 성분이 얽혀서 구분되는 사회 조직의 형태로 받아들여졌을 것이다. 그리고 붓다의 생존 당시 북인도 사회는 우리가 현재 '카스트'라고 부르는 바르나와 자띠의 구분에 따른 형식으로 조직되어 있지도 않았던 것 같다. 우리가 '계급'이라고 부르는 게 당시 사람들에게는 존재하지 않았다는 말이 아니다. 그러한 구분이 계급으로 인식되지 않았다는 사실에 주목해야 한다는 뜻이다.

더욱 중요한 것은 이런 일에 관심을 기울이는 일 자체가 수행자에게 해악이라고 가르쳤던 사람이 붓다라는 사실이다. 즉 이런 일에 집착하는 것 자체가 갈구의 표현일 뿐이었다. 인간 사회의 일에 얽매이면 수행에 걸림돌이 될 수밖에 없기에 출가한 사람이 인간 사회에 거리를 유지하는 것은 당연하다. 따라서 붓다가 출가자들 사이에서는 바르나 구분이 무의미함을 공식화했던 것은 출가자의 상식이라고 보아야 한다. 이런 태도를 계급 타파나 사회개혁의 맥락에 끼워 넣는 것은 세계적 식량 배분의 불공정으로 굶어 죽는 사람들을 훌륭한 고행자라고 간주하는 것만큼 어처구니없는 일이다.

그렇다고 출가자가 일반사회와 완전히 등지고 있었던 것은 아니다. 일상의 다르마를 떠난 출가자들에게 그들의 다르마가 있는데, 주된 항목이 모두 일반인의 다르마를 다 뒤집는 게 결코 아니었다. 실제로 출가자들의 다르마는 정치적 역학 관계와 이해 관계가 지배하는 현실 사회의 다르마와 종교적 지향점 사이에서 줄타기를 계속하던 출가자들의 모습을 반영한다. 물론 그 외줄의 한쪽 끝인 현실 사회로부터 얼마나 떨어져 줄타기를 했는지의 차이가 있었지만 말이다. 구체적으로 출가자들의 공동체를 이끌던 붓다의 예를 들어보자. 그는 전쟁에 끌려가고 싶지 않은 젊은이들이 집단적으로 출가해서 병역 기피를 시도했을 때 이를 허가하지 않을 만큼 현실적 정치 감각을 가진 인물이었다. 만약 불교의 출가자 공동체가 병역 기피의 수단으로 활용됐다면 그 어떤 국가 권력도 불교 집단을 용인하지 않았을 것이다. 이 말은 불교의 출가공동체가 유지되기 위한 사회적이고 정치적인 전제 조건을 냉철하게 고려할 줄 아는 균형 잡힌 시각과 현실 감각을 가진 인물이 붓다였다는 말이다. 그의 이러한 판단력 때문에 불교는 살아남은 종교 전통이 될 수 있었고 지금의 세계종교가 될 수 있었던 셈이다.

다른 예로, 전염병이 돌자 사람들이 단체로 불교의 출가수행자가 되겠다고 나서는 상황이 벌어졌다. 출가수행자에게 주어진 특혜로서의 의료 혜택을 받기 위해 집단 출가 현상이 벌어진 것이다. 이 상황에서도 붓다는 그들의 출가를 받아들이지 않았다. 인도주의에 입각해서 혹은 요즘 불교의 핵심이라고 일반인들에게 전파되는 '자비'를 베풀어서 이들을 수용해야 했다고 생각한다면 붓다를 오해하고 있다. 불교의 출가공동체가 수행자들의 공동체로 유지되기 위해 수많은 의사결정들을 내려야 했던 붓다의 입장에서 현실적이고 균형 잡힌 판단이 필요했던 일들은 무척이나 많았다. 그때마다 붓다의 의사 결정의 방향은 결국 갈구를 없애고 해탈에 이르는 길을 구현하는 데 있어 도움이 되는 쪽을 향했다. 이를 기준으로 붓다는 매 순간 구체적인 문제가 닥칠 때마다 의사 결정을 내렸다. 실제로 동성애자의 출가를 허용할지, 출가자가 된 이후에야 중범죄자였다는 사실이 밝혀졌을 때 어떻게 대응할지 등등의 곤란하고 실질적인 문제들을 마주한 붓다는 의사 결정을 내려야만 했다.

이러한 의사 결정이 쌓이고 쌓여서 불교의 출가공동체가 운영되는 규칙들이 만들어졌고, 이것들의 기록이 바로 『출가공동체 규율(vinaya, 律藏)』이다. 출가공동체의 규율을 기록한 자료라고 하면 출가자들에게 적용되는 금지 사항들을 나열한 법령집과 같은 문건이라고 생각하겠지만, 사실은 전혀 그렇지 않다. 출가공동체의 규율을 모아 정리한 텍스트는 붓다가 어떤 일을 계기로 어떤 규율을 만들었는지에 대한 이야기들이 함께 적혀 있다. 그래서 당시 불교도들이 어떤 문제를 겪었고, 어떤 고민을 했는지를 잘 보여주는 텍스트이다. 간단하게 말하자면, 실제 붓다의 생각을 이해할 수 있는 이야기들로 가득한 무척 재미있는 텍스트라는 말이다. 하지만 『출가공동체 규율』 안에 적혀 있는 내용이 모두 붓다가 실제로 겪은 일들의 기록이라는 착각은 하지 말아야 한다. 후대의 불교도들이 생각하기에 이상적인 출가자와 출가공동체가 어떠해야 하는지에 관한 생각과 지향점이 반영되어 누적된 텍스트이기 때문이다.

출가자는 '걸식하는 수행자(bhikṣu)'였다. 다시 말해 먹어야 한다는 기본적 자기 보존의 문제에 얽매이지 않기 위해 남들이 먹고 남은 것을 걸식해서 먹었다. 즉 불교적인 출가자는 인간 사회의 중심에 서 있지 않으려고 했지만, 이상의 구현을 위해 언제나 인간 사회의 주변부를 맴돌 수밖에 없었다. 생존을 위해서는 걸식이 가능한 장소에서 멀리 떨어지지 않은 곳에서 지내야 했기 때문이다. 이는 베다 시기의 사제가 종교적인 의미에서의 청정함을 유지하면서 살아야 하지만, 동시에 제사를 지내면서 제사 주최자의 죄를 넘겨받는 위치에 가야 한다는 모순적인 상황과 마찬가지다.

이는 긴장 관계에 남아서 살아가는 사람이라는 사실과 상통한다. 즉 사회적으로 이미 사망한 사람이어서 살아 있는 사람에게 터부시되는 일들을 행할 수 있는 자격을 얻은 사람인 동시에, 사회를 완벽하게 떠날 수는 없는 입장에 남아 역할을 수행하는 사람이어야 하기 때문이다. 이 맥락이 다시금 "불교의 출가수행자야말로 진정한 사제이다"라는 주장의 의미를 드러내 준다.

의지하여 생겨남

불교 전승에서 붓다가 주어진 문제 상황을 진단하고 설명하는 핵심적인 방법으로 자주 드러나는 것은 인과 관계에 기반한 설명이다. 이것은 인간이 경험하는 사건들이 인과적인 관계 안에서 주어졌다는 사실을 밝히는 것이기도 하고, 특정한 경험의 이유를 이해하고 그러한 경험을 제거하거나 만들어낼 수 있는 가능성과 방법을 밝히는 일이기도 하다.

이렇게 인과적인 틀 안에서 사태를 이해하고 설명하는 것을 '의지하여 생겨남(pratītyasamutpāda, paṭiccasamuppāda, 緣起)'이라고 부른다. 이 표현은 표준적인 쌍쓰끄리땀 문법에 맞는 표현은 아니지만, 붓다의 시기부터 사용되던 표현에서 기원하는 것으로 보인다. 인과적인 방식으로 주어진 경험을 분석하면, 원인에 따라 결과가 나타나는 방식으로 설명이 이루어질 수도 있고 주어진 경험을 제거하기 위해 무엇을 제거해야 하는지에 관한 분석이 주어질 수도 있다. 그래서 의지하여 생겨남의 전형적인 형태는 "이것이 있으니, 저것이 있다. 이것이 생겨나서, 저것이 생겨난다. 이것이 있지 않으면, 저것은 있지 않다. 이것이 없어지면, 저것이 없어진다"라는 표현이다. 이러한 단순한 표현이 나타내는 인과적인 분석이 어떤 사태 혹은 사건에 적용되는지에 따라 다양한 형식들이 나타나는데, 후대 대승불교 전통에서는 '의지하여 생겨남'을 인과적인 틀 자체를 가리키는 말로 이해한다. 반면 상좌불교 전통에서는 12(마디) 원인들(dvādaśanidānāni)을 가리키는 말로 이해된다. 이 12마디 틀은 다양하게 제시되던 의지하여 생겨남의 패턴들 중에서 특정한 형태가 상좌불교 전통 안에서 표준으로 받아들여지면서 고정된 것이다.

역사적으로 의지하여 생겨남에 관한 다양한 구체화 시도들이 있었고, 의지하여 생겨남 자체에 관한 이해의 변천사도 복잡다단하게 전개되어 왔다. 일반적인 상식에서도 문제 상황에 대한 접근으로 쉽게 받아들일 수 있는 문제의 원인과 결과의 연관 관계에 관한 고민은 굳이 붓다가 고안했다고 할 만한 것이 결코 아니다. 10마디 혹은 12마디로 정형화된 형태가 아닌 다양한 형태의 의지하여 생겨남의 틀이 여러 텍스트에서 발견되는데, 이것은 붓다 자신이 대화의 맥락과 상황에 따라 특정한 면이나 특정한 인과 관계를 강조하여 표현한 데에서 비롯된 것으로 보인다. 이제 불교 전승에서 대표적인 인과 관계 분석의 틀로 사용되는 12마디 의지하여 생겨남의 내용을 살펴보도록 하겠다.

1. 본디 모름(avidyā, avijjā, 無明)

'지식'을 뜻하는 수많은 표현들 중에서 'vidyā'라는 표현은 종종 특정한 기적을 일으키는 힘을 가진 지식을 가리키는 말로 사용되기도 한다. 베다 전통에서 다섯 불에 대한 앎(pañcāgnividyā)처럼, 뭔가 초월적인 힘을 발휘할 수 있는 지식을 가리키는 표현으로 쓰이는 경우들이 종종 있다. 단지 어떤 정보를 안다는 표현 이상의 뉘앙스를 담는 경우가 드물지 않은 표현이다.

12마디 의지하여 생겨남의 맥락에서 '본디 모름(avidyā)'이 무엇을 모른다는 뜻인지에 대해 후대의 불교 교학체계들은 각자가 생각하는 모든 불교의 핵심 내용을 다 연관시킨다. 고귀한 (이의) 네 진리를 모르는 것을 말한다고 해석하기도 하고, 근원적인 심취(kleśa, kilesa, 煩惱)를 알지 못하는 것을 의미한다고 하기도 하고, 의지하여 생겨남을 모르는 것이라고 하기도 하고, 심지어는 본디 모름 자체가 착각(moha)을 의미한다고 해석하기도 한다.

이런 사정은 본디 모름이 초기불교 단계에서 이미 생겨난 체계화를 위한 정형화 혹은 교리 정립을 위한 최초기의 시도를 반영하고 있기 때문이라고 판단된다. 다시 말해서 붓다가 직접 제시하거나 설명해서 핵심적인 맥락이 정해진 게 아니고 나중의 해석을 통해서 추가된 항목이다 보니 각자의 이해에 따라 이 본디 모름의 내용으로 투사한 바가 서로 다른 상황이 벌어졌다는 말이다. 어쨌거나 이 용어는 단지 지식이 없다는 것이 아니다. 뭔가 심각한 근본적인 이해의 결여 상태를 나타내고 이것 때문에 불교에서 생각하는 모든 고생이 불가피한 현실 상황이 초래된다는 그런 결여를 나타내는 말이다.

2. 성향(saṃskāra, saṅkhārā, 行)

성향이라고 번역한 'saṃskāra'는 앞서 베다의 제사의식을 설명하면서 짧게 언급한 것과 마찬가지로 제사의식을 수행하는 행위를 통해 만들어지는 특정한 효과(saṃskāra)를 의미한다. 이 효과는 당장 눈에 보이지는 않지만 제사를 지내고 나면 어떤 형태로건 만들어지는 것이고, 이것이 시간이 지나면서 그 결과를 만들어 낼 때 제사의 결과가 현실로 돌아오는 것이다. 비가 오도록 제사를 지낸지 3일 후에 비가 내렸다고 한다면, 그

3일간 보이지 않는 형태로 제사의 효과(saṃskāra)가 존재하고 있었던 셈이다.

제사의식의 결과를 불러오는 어떤 보이지 않는 효과만이 아니라 그러한 효과가 불러오는 결과도 'saṃskāra'라 불리기도 한다. 어떤 사람이 술을 자주 마신다고 한다면 그 경험이 쌓이면서 그 사람이 술을 찾게 되고 술에 의지하는 성향을 갖게 될 확률이 높아질 것이다. 이렇게 자신의 경향성을 만들어가는 힘, 즉 이전의 어떤 행동들 때문에 생겨난 현재의 경향성과 지금의 행동들이 만들어 가는 미래에 작용할 힘 모두가 'saṃskāra'가 되는 셈이다. 지금 술을 많이 마시는 일은 앞으로 술에 의존하게 될 경향성을 강화시키겠지만, 현재 술을 자주 찾게 되는 것은 이미 과거에 있었던 행동들이 만든 경향성의 결과일 확률이 높다. 그런데 과거의 경험들이 전생의 경험들로 확장되고, 미래의 경향성이 내생의 성격과 행동 패턴으로까지 확장된다면 이 개념은 인간을 이해하고 설명하는 핵심적인 요소가 될 수 있을 것이다.

이 용어를 한문에서는 '行(행)'이라고 번역한다. 중국 전통의 오행(五行)에서의 역동성이나 변화를 나타내는 '행' 개념을 반영해서 이러한 번역이 만들어진 것으로 보이는데, 불교의 맥락에서 한문 번역을 통한 이 용어의 의미 유추는 불가능하다. 'saṃskāra'는 결국 '미래에 어떤 작용을 하도록 준비되거나 만들어진 상태들 혹은 그러한 작용을 통해 만들어진 대상들'을 의미한다. 따라서 이 12마디 의지하여 생겨남의 맥락에서 'saṃskāra'는 본디 모름의 결과로 초래되는 까르마가 작용되도록 하는 힘이나 경향성 혹은 그 효과로 생겨나는 현세에서 드러나는 결과로서의 대상들을 의미한다고 할 수 있다. 그래서 여기에서의 내용은 '대상들에 대한 욕구와 혐오와 착각(rāga-dveṣa-mohā viṣayeṣu)'이라고 설명될 수 있겠다.

물론 이 용어가 인간 실존을 이루는 근본적인 다섯 요소들(pañca-skandha, 五蘊)의 맥락 안에 그대로 나타날 때에도 근본적인 의미는 일치하지만, 그때의 의미는 '경향성들'이라는 의미가 더 강하다. 어쨌거나 우리가 주목해야 하는 사실은 바로 이 'saṃskāra'만 단수가 아닌 복수로 사용된다는 사실이다. 이 용어가 갖는 의미로 '준비된 것, 정제된 것'이라는 의미에서 파생된 언어의 이름 '쌍쓰끄리땀'은 앞서 살펴보았다. 이 용례도 지금의 맥락에서 제시된 의미들과 멀게는 연관되어 있다고 할 수 있다.

3. 의식입자 (vijñāna, viññāṇa, 識)

까르마를 끌어안은 채로 윤회하게 되는 인간의 존재를 자이나교도들이 어떻게 이해했는지를 앞서 설명했다. 그 설명에서 지바 혹은 아뜨만(ātman)에 해당하는 역할을 하는 것이 바로 이 의식입자(vijñāna)이다. 붓다는 인간이 죽으면 인간이 가진 가장 근본적인 내용들만을 최소한의 형태로 담고 있는 의식입자가 새로운 몸을 찾아 떠난다고 이해했다. 이러한 붓다의 생각을 드러내 주는 전거들이 불교 전승에는 드물지 않게 있는데, 붓다가 죽고 난 이후 불교에서 한 인간의 정체성의 근간을 이루는 것으로 간주되는 아뜨만에 대한 비판론이 강력하게 제기되었다. 그러한 비판론이 불교의 표준 교리로 자리를 잡게 되면서 아뜨만으로 오해될 소지가 있다고 간주된 의식입자의 의미는 탈색되고, 재해석되고, 제거된다. 하지만 후대의 불교 전통 중 하나인 '오직 마음뿐(vijñānamātra, 唯識)'을 주장하는 전통에서 'ālaya-vijñāna(기저의식)'을 이야기할 때에도 이러한 의식입자의 어감은 살아있다고 보인다.

어쨌거나 붓다 자신은 분명하게 의식입자를 윤회를 담지하는 담지체로 생각하고 있었고, 이 담지체를 자이나 전통에서 보이듯 미세한 입자의 형태로 이해하고 있었던 것으로 보인다. 이 미세한 입자로서의 의식은 그 안에 담을 수 있는 정보의 양이 제한되어 있다고 하는 생각이 자연스러운 상식으로 자리잡고 있었다. 그래서 한 인간의 죽고 나서 다음 생이 어떤 형태로 전개될 것인지 결정하는 아주 중요한 요소는 현재의 육체를 떠나는 마지막 순간에 의식입자(vijñāna)에 저장되는 생각 혹은 감정 혹은 지향성이라는 관념이 있었다.

다시 말해서 인간이 죽음을 맞는 마지막 순간의 인지적 상태가 다음 생의 형태를 결정하는 핵심적인 요소라고 생각했다는 말이다. 비유하자면 낡은 컴퓨터의 모든 파일들을 삭제하고 최소한의 필요한 내용들만을 담아 부팅 디스크를 만들어 새로운 컴퓨터에 설치할 때, 부팅 디스크의 내용으로 무엇을 담을지가 새로운 컴퓨터의 기능과 담긴 내용을 결정하게 된다는 생각이다.

이 뜻은 죽어가는 인간의 의식입자(vijñāna)가 육체를 떠날 때, 이 인간이 윤회의 세계에 남아있을지 여부를 결정하는 것도 바로 마지막 순간의 의식이 결정한다는 사고와 이어진다. 그래서 지금도 우리에게 익숙한 동북아시아의 불교 전통에서 선 수행을 하는 수행자들의 마지막 순간에 관한 이야기들이 생겨난다. 죽음의 순간에(도) 흐트러짐 없이 선 수행을 하는 자세로 죽음을 맞는 것이 그 수행자가 진정한 해탈의 세계로 들어갔는지 판단할 수 있는 핵심적인 정황이라고 간주하는 전통이 만들어진 것이다. 이것이 우리에게 '좌탈입망(坐脫立亡)'이라는 표현으로 알려진 전통의 뿌리가 되는 관념이라고 할 수 있다. 앉아서 좌선하는 자세나 혹은 서서 수행하는 자세로 죽음을 맞는 수행자가 진정한 수행자라는 생각이다. 죽고 사는 일이나 해탈에 들어갈지 여부를 스스로 완벽하게 통제할 수 있는 위치에 이른 수행자는 삶의 마지막 순간에도

의식(vijñāna)을 제어하는 자세를 보이리라고 여긴 것이다.

4. 이름과 형태(nāma-rūpa, 名色)

이 표현은 베다 시기부터 사용되던 표현이다. 'rūpa'는 '색깔'을 의미하는 말이지만 부피가 있어서 색깔을 가질 수 있는 것, 다시 말해서 부피가 있어서 외연과 외형을 갖는 물리적인 대상을 의미한다. 이런 대상은 아니지만 그래도 있다고 할 수 있는 것들, 즉 생각, 감정 이런 것들은 부피가 있는 물리적인 대상은 아니지만 이름을 붙일 수 있는 것들이다. 이렇게 물리적 존재는 아니지만 있다고 할 수 있는 것들을 'nāma'라고 한다.

이 두 표현을 연결시킨 'nāma-rūpa(이름과 형태)'라는 표현은 물리적 외연을 갖는 것과 그렇지는 않지만 이름을 붙일 수 있는 것을 가리키는 표현이 된다. 흔히 한국에서 불교의 세계관을 대표하는 것처럼 알려져 있는 표현 '색즉시공(色卽是空)'에서의 '색(色)'이라는 표현도 이 맥락에서 이해하면 되는 표현이다. 그렇다면 물리적인 대상과 추상적이기는 하지만 있다고 할 수 있는 것들을 묶어서 '이름과 형태'라고 표현하는 것은 무엇을 가리키는가? 그것은 바로 인간이라는 존재를 가리킨다. 인간은 물리적인 형태로 몸을 지니고 있으면서도, 물리적이지 않은 수많은 인지 작용과 정서적 작용을 지니고 있는 존재이기 때문이다.

5. 여섯 감각 기관(ṣaḍāyatana, saḷāyatana, 六入)

6. 접촉(sparśa, phassa, 觸)

7. 느낌(vedanā, 受)

8. 갈구(tṛṣṇā, taṇhā, 渴愛)

수행자가 집중하고 다루는 세계는 바로 한 인간이 경험하는 세계이다. 이 경험을 촉발하는 것은 감각 기관이 전해주는 외부 혹은 내부의 경험 대상에 관한 정보이다. 그래서 붓다는 인간이 경험하는 세계를 설명하는 데에 여섯 가지 감각 기관들이 개입되어 지각 혹은 인지 작용을 일으키는 일을 중요하게 설명했다. 인간의 근본적인 문제는 바로 갈구에서 비롯되는데, 이것을 불러일으키는 인지 작용에 여섯 감각 기관이 개입되기 때문이다.

일반적으로 꼽히는 다섯 가지 감각 기관과 내적인 감각 기관을 보태어 6개의 감각 기관이 이루어진다. 귀를 이루는 감각 기관과 귀로 인지되는 소리가 함께 만나서 소리에 해당하는 인식(viññāṇa)이 생겨난다. 이것들을 모두 계산하면 대상과 감각 기관, 그 대상에 대한 인식이라는 셋으로 이루어지는 삼항 구조-이것들은 6×3=18로 계산되어 '18 dhātu, 十八界'라고 함-가 만들어진다. 이 셋이 결합되면 이들 간의 접촉(phassa)이 이루어지는 셈이다. 이 접촉은 단지 대상에 관한 정보만을 생산하는 게 아니다. 동시에 대상을 좋다거나 혹은 싫다거나 혹은 아무 쪽도 아니라거나 하는 느낌 혹은 감정(vedanā)도 불러일으킨다. 그리고 바로 이 느낌에서 갈구가 생겨난다.

따라서 갈구를 해결하기 위해서는 이것이 생겨나게 되는 구조를 명확하게 이해할 필요가 있다 보니 붓다는 이 항목들을 반복적으로 설명했던 것이다. 이 설명을 보자면 12마디 의지하여 생겨남의 틀에서 5부터 8항까지만의 인과적인 고리를 설명하는 것도 가능하다는 것이 잘 드러난다. 혹은 그 앞에 4항을 보태어 인간이 육체적이고 정신적인 존재로 살아가다 보니 인간은 외적인 그리고 내적인 감각 기관들을 갖게 되고, 대상과의 접촉에서 느낌을 얻게 되어 갈구를 만들게 된다는 설명도 잘 드러난다.

이 예가 보여주듯 12마디로 정리한 의지하여 생겨남의 틀은 반드시 12마디여야 할 필요가 전혀 없는 설명의 틀이었다. 실제로 붓다는 필요한 맥락에 따라 8마디 혹은 6마디 등 필요한 내용만 설명했을 뿐, 12마디를 표준으로 삼는다거나 최종적인 완성형으로 간주하여 설명을 제시하거나 교리 체계로 정립한 것은 아니었다고 보인다. 결국 갈구를 없애자면 감각 기관을 제어해야 하고, 감각 기관이 각각의 해당 대상에서 만들어 내는 느낌(vedanā)을 통제할 수 있어야 한다는 것이 분명해진다.

바로 이 점이 일상생활 안에서 인간이 해탈에 이른다는 것이 불가능함을 잘 보여준다. 그리고 왜 붓다가 수행자들에게 항상 인간의 주거지를 떠나서-이것이 '숲(vana)'이라고 베다 전통에서 부르는 영역이다-조용한 곳에서 댜나 수행을 해야 한다고 가르쳤는지 분명해진다. 외부에서 주어지는 감각적 자극이 강한 곳에서 댜나 수행이 제대로 이루어지기 힘들다는 게 상식이었던 것이다. 그래서 불교의 출가자들에게는 번화한 곳에 가서 걸식을 하는 게 금지되었던 것이다. 걸식을 하는 과정에서 경험하는 자극적인 인상들이 남아서 수행자의 집중을 방해하는 일상을, 붓다도 제자들을 지도하면서 충분히 겪었을 것이다.

9. 취득(upādāna, 取)

이 표현은 '자기 것으로 간주하고 취한다'라는 내용을 갖는 표현인데, 영어로 'appropriate'으로 번역하기에 적절한 용어이다. 다시 말해서 특정한 경험이나 대상을 자신의 것으로 간주하는 태도를 말한다. 인간 실존을 이루는 근본적인 다섯 요소들을 자기 자신을 이루는 것이라고 하는 태도로 대하게 되면, 이것은 단순한 '다섯 구성 요소'라고 하지 않고 '다섯 취득된 구성 요소(panca upādāna-skandhāh, panc' upādāna-kkhandhā, 五取蘊)'라고 구분해서 부른다.

10. 실존(bhava, 有)

쌍쓰끄리땀에서 영어의 be 동사에 해당하는 동사가 둘이 있다. 하나는 √as이고 다른 하나는 √bhū인데 역사적으로는 영어에서 'He is…'라고 할 때 'is'가 √as에 연관되고 'to be…'라고 할 때는 √bhū에 연관된다. 그런데 이 두 동사가 보통의 계사(copula)로 사용될 때에는 구분되지 않는 게 일반적이지만, 이 두 단어를 구분하여 사용하는 경우라면 √as는 '실제로 있다, 현실에 존재한다'는 의미를 강조하는 표현이고, √bhū는 '되다, 생겨나다'의 의미를 강조하는 표현이다. 이 맥락에서는 '생겨나서 있게 된다'는 의미를 담은 표현이라고 할 수 있겠다.

11. 태어남(jāti, 生)

12. 늙음과 죽음(jarā-maraṇa, 老死)

마지막으로 인간이 태어나서 늙고 다시 죽게 되는 상황에 관한 서술로 12마디 의지하여 생겨남은 끝을 맺는다.

열두 단계로 나뉘어서 제시되는 각 항목이 배열된 순서에 따라 뒤에 오는 것이 앞에 오는 것에 의지해서 생겨나는 관계를 갖는다. 예를 들자면, 11번째의 태어남(jāti)에 의지해서, 즉 원인이 되어서 12번째의 늙음과 죽음(jarā-maraṇam)이 나타나게 되는 상관관계가 있다. 따라서 우리가 누구나 고생으로 인지하고 겪게 되는 늙음과 죽음의 근본 원인을 따지자면, 결국 11번째 항목의 원인이 되는 10번째 항목을 알아야 하고 또 그것의 원인이 되는 9번째 항목을 알아야 한다. 이런 방식으로 계속 추적해 들어가자면, 끝내는 12항목들 중 맨 앞에 놓인 항목, 다시 말해서 뒤따르는 모든 항목들의 근원적인 원인이 되는 항목에 다다르게 될 것이다. 그렇기 때문에 이 맨 첫 자리에 제시된 항목이 중요한데, 그 항목이 바로 본디 모름이다.

그렇다면 논리적으로 우리가 경험하는 인생에서 피할 수 없이 겪게 되는 고생의 근본적인 원인은 바로 본디 모름인 셈이다. 만약 12마디 의지하여 생겨남이 인간이 세상을 살면서 겪게 되는 고생의 현상과 원인을 규명해 주는 설명의 틀이라고 한다면, 인간 존재의 고생을 극복하는 출발점이 되는 것은 본디 모름이 되는 것이 당연하다. 12마디 의지하여 생겨남의 틀에 따르자면, 뒤따라오는 모든 것들을 제거하자면 우선 제거되어야 하는 것은 바로 갈구(tṛṣṇā)가 아니라 본디 모름(avidyā)인 셈이다. 따라서 12마디 의지하여 생겨남의 틀 안에서 8번째 마디에 나타나는 갈구는 인간이 삶과 죽음의 연속된 흐름을 벗어나는 일에서 부차적인 역할만을 하게 된다. 갈구와 본디 모름, 이 두 가지 모두 삶과 죽음의 연속된 흐름을 야기하는 원인인 것은 12마디 의지하여 생겨남의 틀에서도 확인되는 사실이지만, 결국 본디 모름이 제거되면 갈구는 자동으로 제거되는 부수적인 현상에 불과한 것이 되고 만다는 이야기이다.

그렇다면 앞서 고귀한 (이의) 네 진리에서 밝힌 바와 같이 인간 존재의 근본적인 문제는 갈구이고 갈구를 해결하면 문제가 해결된다고 하는 붓다의 생각과 모순되지는 않는다. 하지만 문제는 12마디 의지하여 생겨남에서 제시하는 설명은 뭔가 강조점이 크게 다르다는 것이다. 결국 이 12마디 의지하여 생겨남은 붓다가 종종 사용했던 인과적 연관 관계들을 끌어 모아 정리하면서, 그 당시 정리하던 사람들이 보기에 가장 핵심적이고 중요한 것이라고 보이던 내용을 맨 앞에 배치해서 근원적으로 해결해야 할 가장 중요한 문제를 다른 것으로 제시한 결과이다.

우리는 붓다가 가르쳤다고 전해지는 내용들 중에서 12마디로 정리한 인과적인 연관 관계의 틀이 붓다 자신의 것이 아니라 후대의 전승이 정리한 것임을 염두에 두고 생각해야 한다. 극단적으로 이야기하자면 인간의 삶이 온전하게 고생인데, 이 고생에 묶여 있는 이유가 갈구가 아니라 본디 모름 때문이라고 말을 바꾸고 싶어 하던 혹은 그렇게 말을 바꾸는 것이 붓다의 가르침을 제대로 이해하는 방식이라고 생각하던 사람들이 있었다는 말이다. 이 대목에서 우리는 붓다의 깨달음을 이해하는 근본적인 질문을 맞이하게 되는데, 짧게 말해서 '깨달음'은 무엇이고 '해탈'은 무엇이어서 이것들이 뒤섞여 있는지에 관한 질문이기도 하다.

이 질문에 대해서는 나중에 다루도록 하자. 여기서 우리가 주목할 사실은 바로 붓다가 가르치고자 하는 바를 담는 설명의 틀이 바뀐다면, 붓다가 깨달은 혹은 깨달았다고 전해지는 내용도 바뀌는 게 후대의 불교도들에게는 당연할지도 모른다는 것이다. 이 맥락에서 보자면 붓다가 깨달은 것은 애초부터 고귀한 (이의) 네 진리가 아니라 의지하여 생겨남이라는 내용을 담은 불교 전승도 있어야 할 것이다. 그리고 우리에게는 실제로 그러한 내용을 담은 전승이 주어져 있기도 하다.

예를 들어 후대 대승불교의 경전이라고 할 수 있는 『랄리따비쓰따라(Lalitavistara, 方廣大莊嚴經/普曜経)』와 같은 후대의 텍스트에서는 붓다가 깨달음을 얻는 과정에서 의지하여 생겨남을 깨달아 가는 과정이 서술되고 있다. 무엇이 주어졌을 때 그것을 조건으로 늙음과 죽음이 생겨나는지 묻고 그 원인을 알게 되는 것을 시작으로, 12마디 의지하여 생겨남의 내용이 차례로 인식되면서 마지막에는 본디 모름에까지 그 원인을 추적하여 붓다가 인식하게 되는 과정이 그려지고 있다. 결국 12마디 의지하여 생겨남이 바로 붓다가 얻은 깨달음의 내용으로 설명되고 있는 것이다.

불교는 이렇게 전개되어 왔고, 다양한 불교들이 만들어져 온 것이 불교의 역사이다. 다시 불교가 아니라 붓다를 묻는 우리의 질문으로 돌아가 보자.

인간이 세계를 경험하는 것에서
인지적으로 개념을 개입시킨 판단,
즉 '분간'이 개입하기에 앞서 이미
정서적인 반응이 동반되어 지각 작용이
이루어지는 것에 주목하고 있다.

5장

불교의 출발

누가 듣고자 했는가

12마디 의지하여 생겨남에 관한 설명에서 나타나듯 현재 우리에게 주어진 전승들 중에서 초기불교의 전승이라고 알려진 내용들 안에도 이미 수많은 층위들이 있었다. 그리고 그 안에 이미 다수의 주체들이 체계화시키고 정리한 내용들이 반영되어 있다는 것을 읽어낼 수 있었다. 이 과정에 관한 이야기를 이제 붓다의 출발은 과연 어떠했는지 살펴보는 일을 통해 풀어가 보고자 한다.

고따마가 깨달음을 얻어 붓다가 되고 나서의 상황과 일화들은 상대적으로 잘 보존되어 전해지고 있다. 붓다가 세상에 처음 등장한 이후 붓다에 관한 이야기는 곧 붓다의 가르침에 관한 전승의 배경이 되어 전해지기 때문이다. 이 맥락에서 가장 중요한 텍스트는 당연하게 「가르침의 바퀴를 처음 돌림」이다. 우선 밝혀 두어야 할 사실이 있다. 「가르침의 바퀴를 처음 돌림」이 붓다가 자신의 첫 제자들에게 설명하고 가르쳤던 내용을 그대로 담고 있는 역사적 기록이라는 예상은 헛된 기대에 불과하다는 것이다. 우선 이 텍스트가 현재 전해지는 형태로 구성되고 고정되어 전승되기 시작한 것은 제 아무리 이르다고 해도, 붓다 사후 100년 뒤에나 이루어진 일이라고 보이기 때문이다.

그럼에도 불구하고 이 텍스트를 대할 때 우리가 항상 염두에 두어야 할 맥락이 있다. 이 텍스트는 붓다의 깨달음과 해탈이 있은 이후에 붓다가 최초로 자신의 체험을 남에게 설명하게 된 경위와 붓다가 설명했던 내용을 담은 텍스트이다. 이는 곧 불교 전승에서는 붓다가 자신의 깨달음과 해탈을 최초로 설명한 실제 기록으로 간주되는 텍스트라는 뜻이다. 따라서 그 어떤 불교 전통이나 불교 사상가라고 하더라도 자신이 생각하고 믿는 신념 체계가 붓다 자신이 원래 제시했던 불교의 원초적인 신념 체계에 상응한다고 주장하고자 한다면, 해당하는 신념 체계는 바로 이 텍스트의 내용과 일치하거나 혹은 연관성을 가진 것이어야 한다. 그래서 이 텍스트를 전하는 수많은 판본들이 있고, 이 텍스트는 수많은 증보를 거치면서 확장되어 온 결과물이라는 사실을 염두에 두어야 한다.

우선 필자는 빠알리(Pāli) 전승에서 전해지는 판본을 택하고자 한다. 「가르침의 바퀴를 처음 돌림」은 빠알리 전승에서 『출가공동체 규율(Vinaya)』 모음집 안의 『마하박가(Mahāvagga I 10ff.)』에 포함되어 전해지기도 하고, 중국의 한문 번역 전승에서 『잡아함경(雜阿含經)』에 해당하는 『모음집 전승(Saṃyuttanikāya V 420~430)』에도 전해진다. 그런데 후자는 전자의 텍스트를 그대로 가져온 것이다. 따라서 필자는 빠알리 전승의 『출가공동체 규율』 안에 포함된 판본을 중심으로 이야기를 풀어 가고자 한다. 「가르침의 바퀴를 처음 돌림」에는 붓다가 가르쳤다고 전해지는 내용들만 포함되어 있는 게 아니다. 우선 붓다가 첫 제자가 될 사람들과 만나고 그들을 설득하는 과정 그리고 그들을 설득해서 제자로 받아들이게 되는 과정을 서술하는 내용들이 포함되어 있다. 이 내용들을 이해하는 일도 붓다가 제시한 자신의 깨달음과 해탈에 관한 설명을 이해하는 데 매우 중요한 일인지라, 그 내용과 맥락을 우선 밝히고 나서 붓다가 자신의 가르침을 폈다고 전해지는 내용들을 다루어 보고자 한다.

『가르침의 바퀴를 처음 돌림』에서 전하는 붓다의 깨달음 이후의 활동 중에서 붓다가 직접 다른 사람들과의 관계를 맺는 내용은 이렇게 시작된다. 붓다는 깨달음을 얻고 나서 자신이 얻은 것을 누구에게 가르칠 것인지 고민했다. 자신이 성취한 바를 가르치기에 적합한 사람이 누구일지 붓다가 고민하는 대목이 상당히 자세한 서술로 나타난다. 그리고 자신이 예전에 고행을 할 때 함께 했던 다섯 고행자들을 떠올리고 그들에게 자신이 성취한 바를 가르치기로 했다. 그들을 만나기 위해 우루벨라(Uruvelā)에서 출발하여 바라나씨(Bārāṇasī) 근처의 이씨빠따나(Isipatana)로 이동하기 시작했다. 이동하던 중간에 숙명론과 고행을 주장하는 것으로 흔히 알려져 있는 아지비까(Ājīvika)에 속하는 출가수행자 우빠까(Upaka)를 만나 자신이 해탈을 얻은 것을 이야기했다. 붓다가 주고 있는 외적인 밝은 인상에 긍정적으로 반응하던 우빠까에게 자신이 도달한 경지를 열심히 설명하는 붓다를 향해 우빠까는 "그럴 수도 있겠지요(hupeyya)"라고 하고서 고개를 저으며 자기 갈 길을 가고 만다.

붓다 개인에게는 무척이나 심한 좌절감을 안겨준 경험이었을 것은 당연하다. 붓다가 깨달음을 얻었지만, 자신이 도달한 경지를 타인들에게 인정받는 과정은 결코 쉽거나 순탄한 일이 아니었음을 보여주는 대목이다. 붓다의 주장이 누구에게나 쉽게 받아들여지는 상황이 결코 아니었으며, 붓다의 출현에 대해 사람들이 저항하거나 회의를 품지 못하게 만드는 기적이라거나 초자연적인 현상이 동반되는 상황이 아니었음을 잘 보여주는 서술들이다.

이 맥락이 바로 붓다가 먼 길을 걸어서라도 예전에 함께 수행하던 동료들에게 찾아가게 된 핵심적인 이유인 것은 분명하다. 붓다가 성취했던 경지에 긍정적인 반응을 보이고 설명을 들어 줄 만한 사람을 찾는 일은 세상에서 처음 붓다로서 활동을 시작한 상황에서는 결코 쉬운 일이 아니었다. 그리고 실제로 붓다가 첫 제자들을 얻기까지 예전에 고행을 함께 했던 동료들을 설득하는 과정도 무척이나 길고 힘든 것이었다. 이 대목의 내용을 구체적으로 보자면 이렇다.

붓다가 이씨빠따나의 사슴공원(migadāya, 鹿野苑)에 이르렀을 때, 멀리서 붓다가 다가오는 모습을 본 다섯 수행자들은 반감을 가지고 있었다. 붓다가 풍족함 속에 살기 위해 고행자로서의 노력을 그만두었고, 이제는 풍족함 속에 살고 있다고 생각하고 있었기 때문이다. 여기에서 말하는 '풍족함(bāhullika)'이란 우리가 일상적으로 생각하는 풍요로움이라기보다는, 고행자로서의 절제를 하지 않는 삶의 형태를 말하는 것이다. 즉 일부러 만들어 내는 고통을 고행자의 핵심 요소라고 생각하는 선입견이 반영된 반응을 보인 것이다. 그래서 붓다가 앉고 싶어 한다면 자신들 옆에 앉을 수 있게 자리를 깔아 주기는 하더라도, 붓다에게 인사하거나 일어서거나 붓다의 걸식그릇과 수행 복장을 받아 주지 않기로 그들은 서로 약속한다.

하지만 붓다가 다가오면 다가올수록 이 다섯 수행자들은 자신들의 약속을 지키지 않게 되고, 모든 예의를 차리고 발을 씻을 수 있도록 준비까지 해 주었다. 베다 전통에서부터 이어지는 손님을 극진하게 맞이하는 방법이 바로 발 씻는 물을 제공하거나 심지어는 발을 씻어주는 일이다. 한국에서도 여전히 발을 씻어주는 의식(洗足式) 전통이 남아 있다.

그 다섯은 붓다를 부를 때 그의 이름 'Gotama'에 'āvuso(<*āyuṣmaḥ)'라는 호칭을 붙여 부른다. 이 'āvuso'라는 호칭은 일반적인 용례로 볼 때, 동등한 지위에 있는 사람을 부를 때 사용하거나 적당한 정도의 거리를 두고 형식적인 예의를 차리는 정도의 표현이다. 구체적으로는 출가자들의 출가공동체 안에서 출가자들끼리 서로를 부르는 용어로 사용하거나, 혹은 출가자가 재가 신도를 부를 때 사용한다. 따라서 재가 신도가 출가자에게 'bhante(여성의 경우 ayye)'라는 용어를 사용하는 것과는 대조되는 호칭이라고 생각할 수 있다. 그리고 이 용어는 우리가 "~씨!"하고 부르듯이 상대방을 가리키는 이름이나 직위 이름과 결합하여 쓰이는 것도 일반적이다. 이러한 호칭을 사용해서 "āvuso Gotamo(고따마 씨!)"라는 말로 다섯 수행자가 붓다를 부르는 것에 대한 붓다의 반응은 직접적이고 단호했다고 텍스트에 나타난다.

붓다는 이렇게 말한다. "비구들이여, 그리 간 이(tathāgata)에게 이름을 부르면서 '씨'라는 호칭으로 말을 걸지 말아라!(mā bhikkhave tathāgataṃ nāmena ca āvusovādena ca samudācaratha)" 즉

'āvuso Gotamo(고따마 씨!)'라는 투로 부르지 말라는 것이니, 분명하게 다섯 수행자들과의 기 싸움이 팽팽했던 상황을 보여주고 있는 셈이다. 이렇게 다섯 수행자들이 붓다를 별다른 존칭 없이 부르게 된 사정도 텍스트에 나온다. 앞서 멀리서 붓다가 다가오는 것을 보고서 자기들끼리 했던 말의 시작 부분에 "[저기] 저 출가수행자 고따마 씨가 … 온다(ayaṃ āvuso samaṇo Gotamo āgacchati)"라는 언급에서 드러난다. 붓다가 수행자로서 인정받거나 예우받을 인물이 결코 아니라고 간주하는 태도를 보이는 것이다. 또한 붓다를 만나서 엉겁결에 최소한의 예의를 차리기는 했지만, 다섯 수행자들이 붓다에게 갖는 부정적인 태도에는 근본적인 변화가 없었다는 것을 잘 보여준다. 이런 방식으로 자신에게 말하는 태도를 단호하게 거부한 이후, 곧바로 붓다는 다섯 수행자가 자기를 그렇게 대해서는 안 되는 이유를 밝힌다. 그 이유를 밝히고 있는 붓다의 표현은 이러하다.

> 비구들이여, 그리 간 이는 아라한이고 온전하게 깨달은 자이다. 귀기울이라 비구들이여. 죽음 없음이 성취되었다. 내가 지도할 것이다. 내가 가르침(dhamma)을 펼치겠다. 가르쳐진 대로 따라서 하는 [경우라면] 오래지 않아 그대들은 이 더 할 바가 없는 수행자의 삶의 최종 목적을-바

> 로 이것을 얻기 위해 (좋은) 가문(kula)의 아들들이 집을 떠나 정처 없는 삶으로 들어가 (출가를 하는데)-지금 바로 이 세상에서 (다시 말해 이 삶에서) 직접 실감하여 알고, (다시 말해서) 자신의 눈으로 확인하고 얻어서 (거기에) 머무르게 될 것이다.•

이 서술의 내용을 정확하게 이해하기 위해 많은 것들이 추가로 설명되어야 하겠지만, 일부는 이미 설명되었다. 여기서는 남은 내용 중에서 현재 우리가 이 붓다의 선언을 이해하기 위해 중요한 것들을 골라 그 의미와 함축을 알아보도록 하자.

역사적인 붓다를 부르는 호칭이나 별칭은 불교 전통 안에서 다양하다. 그리고 그 각각 나름대로의 의미와 맥락을 가지고 있어서 붓다를 숭배하거나 혹은 붓다를 받아들이는 입장들마다 각각 붓다와의 관계 설정을 어떻게 하는지를 나타내는 용어가 되기도 한다. 그 중에서도 특히나 자주 쓰이는 별칭이 바로 'tathāgata'라는 별칭인데, '그렇게(tathā) 간 사람(gata)'

• arahaṃ bhikkhave tathāgato sammāsambuddho. odahatha bhikkhave sotam. amatam adhigatam. aham anusāsāmi, ahaṃ dhammaṃ desemi. yathānusiṭṭhaṃ tathā paṭipajjamānā na cirass' eva, yass' atthāya kulaputtā sammad eva agārasmā anagāriyaṃ pabbajanti, tad anuttaraṃ brahmacariyapariyosānaṃ diṭṭheva dhamme sayaṃ abhiññā sacchikatvā upasampajja viharissathā 'ti.

이라는 뜻이다. 이 말의 의미는 붓다가 해탈에 이르는 길을 자기 나름대로 개척해서 처음으로 해탈에 이른 사람이라는 뜻이다. 따라서 그가 도달한 곳에 이르고자 하는 사람은 그 길을 개척한 붓다를 따라서 가야 한다. 또 같은 맥락에서 붓다는 이렇게 이르른 경지의 최초 발견자이자 개척자로서 지배권을 갖게 된다는 함축이 함께 주어진다.

최초로 해탈에 도달하는 길을 간 사람[如去]이 갖는 지위와 연관해서, 최초로 새로운 목축지를 개척한 사람 혹은 발견하고 차지한 사람이 그 목축지에 대한 우선권을 갖는 관습이 반영된 흔적을 『리베다』에서도 볼 수 있다. 예로 베다 전통 안에서 죽은 자들의 세계를 다스리는 신으로 등장하는 야마(Yama)의-우리는 이 이름을 한자로 음차한 '염라(閻羅)'라는 용어에 '대왕(大王)'이라는 호칭을 붙여서 사용하는 데에 익숙하다-경우를 보더라도, 그가 신들 중에서는 최초로 죽음을 택한 신이기 때문에 죽은 자들의 세상을 다스리는 신이 되었다는 것을 알 수 있다. 베다의 세계관에서 하늘나라에 갈 수 있는 이유는 땅에서 하늘나라로 이어진 길이 있기 때문이다. 그리고 이 길을 관장하는 것은 야마이다. 야마는 최초로 죽은 자로서 이 길을 처음 발견했고, 이후부터 모든 죽은 자들이 이 길을 따라가게 되었다. 즉 땅에서 하늘로 가는 길을 처음 개척한 자이고, 그 개척 이후에 자신이 개척한 세계를 다스리는 왕이

야마인 것이다. 그리고 초기 베다에서는 야마가 다스리는 세상이 이상적인 낙원으로 그려진다.

이 틀 안에서 붓다가 해탈로 가는 길을 최초로 개척한 사람이라는 사실을 이해한다면, '그리 간 이(tathāgata)'라는 표현의 함축을 이해할 수 있을 것이다. 후대에는 이 겹낱말의 분석을 tathā-ā-gata로 상정하고 '그렇게(tathā) 온 사람(āgata)'이라고[如來] 이해하는 방식이 일반화되었는데, 여기에는 사정이 있다. 붓다가 깨달음을 얻었지만 다른 사람들을 가르치기 위해, 혹은 구제하기 위해 온전한 해탈의 세계로 들어간다거나 -생물학적으로는 죽는다는 의미가 함축되어 있다-혹은 해탈의 상태에 혼자만 남아있지는 않을 것이라는 생각과 기대를 반영하려고 단어의 뜻을 일부러 왜곡한 것이라고 할 수 있다.

'tathāgata'라는 말을 '그렇게 온 사람'이라고 해석하는 것은 문법적으로는 가능하다. 하지만 화용론적으로 볼 때 자연언어에서는 그러한 애매함을 피하는 정도의 제한은 상식적으로 주어진다. 따라서 이러한 의도된 왜곡은 실제로는 잘못된 해석이다. 예를 들어 "Nice to meet you!"가 한국어로 "너 잘 만났다!"로 번역되지 못한다는 문법적 근거는 과연 있는지 고민해 보기 바란다. 의도적인 왜곡 혹은 변형된 해석에는 말 그대로 어떤 의도나 기대가 숨어 있다. '그렇게 온 사람'이라는 해석에는 생물학적 죽음 이후에 완전한 해방에 이른다는 게 보장된, 해탈의 자격을 갖춘 자가 홀로 머무르지 않고 다른 사람들을 구제하기 위해 이 세상으로 (돌아)왔다는 측면을 강조하기 위한 의도가 깃들어 있다.

여기에서 등장하는 '아라한(arhat, arahant, 阿羅漢)'이라는 말은 동사말뿌리 √arh '~할 만하다, ~할 가치가 있다, ~의 자격이 있다'에서 유래된 표현인데, 출가수행 전통 전반에 걸쳐서 사용되며 궁극적인 수행의 목표에 도달했거나 혹은 목표에 가까이 간 사람에 대한 존칭으로 사용되는 용어이다. '온전하게 깨달은 자(samyak-sambuddha, sammāsambuddha, 三藐三佛陀)'라는 표현은 후대에는 붓다를 해탈에 이른 다른 사람들과 구분하기 위해 특별하게 사용하는 호칭으로 이해하는 게 일반적이다. 하지만 최초기불교의 맥락 안에서는 이러한 구분을 나타내려고 차용된 용어는 아니며, 붓다의 깨달음 자체가 온전한 혹은 대단한 경지임을 강조하기 위한 표현 방식이라고 보는 게 맞다. 이 표현들이 해탈 체험을 한 붓다를 처음 만나는 다섯 수행자들에게 붓다가 사용했던 표현이라고 보기에는 무리가 있다. 나중에는 자연스럽게 관용화되어 붓다를 가리키는 표현으로 사용된 게 사실이지만, 붓다 스스로 자신이 처음 해탈을 얻은 자라는 것을 표현하기 위해 사용한 표현이었을지는 의심스럽다. 반면 이 개념들은 모두 불교 전승에서 자주 사용되는 중요한 개념들이 된다.

그런데 주목을 끄는 표현이 바로 뒤따라 나타난다. 붓다는 다섯 수행자들에게 "죽음 없음이 성취되었다!(amatam adhigatam)"고 선언한다. 붓다 스스로 도달한 경지, 훗날 우리가 '니르바나'라고 표현하는 그 경지를 가리키는 데 처음으로 사용된 표현이 바로 '죽음 없음(amṛta, amata, 不死)'이라고 제시되고 있다. 재미있게도 이 개념은 불교 역사 안에서 거의 사라진 개념이 되고 만다. 하지만 주목해야 할 사실은 붓다 자신이 '성취한' 어떤 상태에 관한 지칭으로는 '죽음 없음'이 사용되고 있다는 점이다. 역사적으로 불교 전통 안에서 일반적으로 사용되지 않았던 개념이 이 대목에 자리잡고 있다는 사실 자체가, 이 표현이 붓다 자신에게서 비롯된 것이라는 역사성을 받아들이기에 상당한 힘을 실어주고 있다. 불교 전승의 많은 부분들에서 우리는 후대의 전승자들이 개입하거나 변형하기를 꺼려하는 고정성이 강한 것들을 종종 보게 되는데, 이러한 경우들은 붓다 자신의 언급이나 표현으로 추정되는 경우들이 많다.

붓다는 자신이 이르게 된 경지를 남에게 설명하려고 시도하는 입장이었다. 그 일이 결코 쉬운 일이 아니라는 사실을 이미 우빠까와의 만남에서 경험했고, 그래서 자신을 이해해 주고 자신이 말하고자 하는 바를 경청해 줄 만한 사람들을 찾아 먼 길을 온 상황이었다. 그렇다면 붓다는 이 다섯 수행자들에게 자신이 도달한 경지를 무엇이라고 불렀어야 할까? 최소한 듣는 다섯 수행자들이 이해할 수 있는 표현이었어야 하며, 또 이들이 얻고자 노력하는 바를 나타내는 표현이었어야 한다. 거기에 더해 이 표현이 다섯 수행자들의 마음을 움직일 만큼 강하게 끌리는 내용을 담은 것이라면 더욱 좋았을 것이다. 바로 이 맥락에서 붓다가 선택한 단어가 바로 '죽음 없음'이었다. '죽음 없음'이 중국 도가 전통에서 이해되는 방식의 죽지 않는 영원한 삶이나 신선이 된다거나 하는 일을 가리키는 것이 아니다. 이 개념의 사용을 따져보자면, 당연히 죽음 혹은 태어남 그리고 죽음 뒤에 이어질 다시 태어남의 관념과 연관시켜 이해해야 할 것이다.

이 대목에서 붓다가 살았던 시대의 전통을 살피는 게 도움이 된다. 붓다가 제시한 '죽음 없음'이 뜻하는 것은 베다 전통의 그것과는 결이 달랐다. 베타 전통에서 모든 제사들이 성취하는 것의 작은 국면, 즉 작은 순환 주기에서의 전환점을 극복한다는 의미에서의 '죽음 없음'이 아니다. 죽음을 넘어서는 지평에서의 죽음 극복을 의미하는 것이었고, 이것은 우빠니샫 말기에는 이미 정형화되어 표현되는 지향점으로서의 종교적 성취를 의미하는 것이었다고 보인다. 그것은 시간적 전개 안에 놓인 모든 것들이 구조적으로 피하지 못하는 주기적인 죽음과 그 안에서의 개별적인 죽음의 사건을 극복하는, 그리고 일시적인 죽음 없음의 반복을 넘어서는 것을 의미한다고 보아야 한다.

이 '죽음 없음'의 이해를 위해 베다의 제사의식을 더 들여다 볼 필요가 있다. 베다의 제사의식은 춘분, 추분, 한 해의 시작과 끝, 보름 등 주기적인 전환점에서 새로운 한 주기의 성공적인 출발을 만들어 내기 위한 목적으로 수행됐다. 특히 주기의 전환이 이뤄지지 못할 때 맞게 되는 죽음을 넘어서는 수단이었다. 즉 주기적인 제사의식의 성공이 바로 그 주기에서 맞을 수도 있었던 죽음을 극복한 '죽음 없음'이었다는 말이다. 이러한 주기적인 죽음의 극복은 베다 전통에서 제사의식을 통해 이루어지는 주기적인 활동이었는데, 붓다의 의도는 한 주기의 위기를 넘기는 게 아니라 이러한 위기가 반복되는 차원을 넘어선다는 뜻을 담았던 것으로 보인다. 이러한 '죽음 없음'은 우리가 경험하는 세계, 즉 시간과 변화가 지배하는 세계 안에서는 이루어질 수 있는 성질의 것이 아니라는 게 분명하다. 그런데 붓다는 이것을 얻었다고 주장하는 것이다.

이 맥락에 주의를 기울일 필요가 있다. 베다 시기 말기에는 이미 강화되어 정형화된 까르마 그리고 삶과 죽음의 연속된 흐름의 관념에서 볼 때, 붓다가 제시하고자 하는 바는 이 모든 보편적 법칙성이 지배하는 체계에서 이탈하는 경지가 구현되었다는 것을 표현했다고 보는 게 타당하다. 붓다가 말하는 'amata(amṛta)'는 죽음(mṛtyu)을 극복한 경지이고 그 경지에 가기 위한 조건들을 충족시켰다는 주장인 셈이다. 따라서 '죽음 없음(amṛta)'을 고대 그리스나 중국 도교 전통에서의 맥락처럼 '불사(不死)'라고 이해하는 것은 적절하지 못하다. 그렇다고 해서 불교 전통이 제시한 일반적인 해석에 갇히는 것도 완전하게 맥락에 맞지는 않아 보인다. 즉 후대의 불교도들은 불교 전통 안에서 붓다가 사용한 이 개념을 자신들이 공유하는 불교적인 이론 체계 혹은 세계관 안에서 이해하려고 했을 것이다. 그렇다고 한다면 이 개념은 곧바로 '삶[과 죽음]의 연속[된 흐름] 안에서 반복적으로 다시 죽는 일이 없는 경지'라고 해석되는 것 이외에 의미 있는 해석을 얻기가 어려워진다. 하지만 이러한 해석은 이 개념을 처음 사용하던 붓다의 맥락, 그리고 그가 처해 있던 당시 인도 정신사의 맥락과는 거리가 있는 해석이 되고 만다. 결국 붓다가 이 '죽음 없음'이라는 말로 자신이 도달한 경지를 언급할 때에는 개인적인 영생을 의미한 게 결코 아니었을 것이다. 동시에 자신이 도달한 경지가 단지 모든 게 사라지고 마는 소멸의 경지가 아니라는 점도 표현하고 싶었을 것이라는 해석에 필자는 동의한다.

우빠니샤 텍스트들에서 보이는 자아(ātman)가 브라흐만(brahman)과 일치되는 경지는 외견상으로 보기에 사라진다거나 물리적으로 이 세상에서 분리된다는 함의가 강하지는 않다. 그렇지만 동시에 이 세상의 근본적인 틀, 즉 시간과 변화의 틀에서 벗어나는 경지로 제시된다. 이 경지가 무엇인지 혹은 어떻게 구현되는지를 따질 수 있는 것은 아니다. 하지만 분명한 것은 이 경지가 실제로 구현된다고 했을 때에는 우리가 사는 세계의 근본적인 존재 방식, 즉 시간과 변화의 틀에서 벗어난다는 점이다.

혹자는 이 경지가 실제로 없어지거나 소멸하는 경지라고 이야기할 수도 있을 것이다. 즉 우리가 경험하는 세계의 구조 안에서 구현될 수가 없는 것이라는 의미에서는 '소멸'이라고 말할 수 있겠다. 그렇지만 더 큰 차원에서 본다면, 이 경지는 우리의 경험 세계의 틀 안에서 이루어지는 서술이 적용될 수 있는 영역이 아니라고 하는 게 논리적으로 적절하다. 실제 텍스트에 나타나는 서술의 내용에도 일치한다. 비유하건대 우주가 태초의 빅뱅에서 탄생되었다고 한다면, 시간과 공간이 그 순간에 만들어진 것이므로 우리가 빅뱅 이전에 무엇이 있었는지를 묻는 것은 사실 범주의 오류에 해당한다. 다시 말해서 우리가 말하는 존재한다는 것, 혹은 사건이나 사물이라는 것은 모두 빅뱅에서 생겨난 시간과 공간의 틀 안에서 주어지는 서술이기 때문에 이 서술의 범위 밖에 있다고 이미 상정된 빅뱅 이전의 상태를 이렇게 질문하는 것은 논리적으로 불가능하고 무의미하다.

똑같은 구조로 인간의 경험 세계의 경계를 분명하게 그

은 경우를 칸트의 인식론에서도 볼 수 있다. 시간과 공간이 인간의 인식을 가능하게 하는 (시간적으로가 아닌 논리적으로 규명된) 틀이라고 가정한다면, 이 시간과 공간이 개입되지 않는 상태에 대해서 시간과 공간의 틀을 전제하고 이루어지는 인간의 인식을 왈가왈부하는 것은 부적절하다. 따라서 칸트의 체계 안에서 물자체(Dinge an sich)를 묻는 것은 무의미하다.

이러한 상식적인 구조를 받아들인다고 하면 붓다가 '죽음 없음'을 얻었다고 하는 주장의 맥락과 그 무게를 공감할 수는 있겠지만, 그렇게 인간의 경험 세계를 벗어나는 것을 붓다는 어떻게 구현했는가 하는 문제가 곧바로 뒤따라오게 될 것이다. 또 다른 문제는 이러한 경지 자체를 정의하거나 서술하려 들지 않는다고 하더라도 이 경지를 구현하는 방법에 관한 서술에 대해서 어떻게 그 유용성 여부를 판단할 수 있느냐는 것이다. 이 문제는 결국 불교 철학의 핵심 쟁점과 닿아 있고, 이에 대한 고민과 해결을 시도하는 역사가 불교 철학사라고 해도 과언이 아닐 것이다.

쏠림 없는 중간 길

붓다가 자신이 '죽음 없음'에 이르렀고 '그리 간 이'이며 '아라한'이라고 선언한 후에도, 다섯 수행자들은 또 다시 붓다가 하지 말라던 방식으로 말을 한다. 즉 붓다를 'āvuso gotama'라고 부르면서 붓다가 이르렀다는 경지에 회의적인 반응을 보인다. 그 내용이란 이런 것이다.

지금까지의 고행을 통해서 당신이 (즉, 붓다가) 그러한 경지, 즉 인간의 영역을 넘어서는 (초월적인) 경지(uttarimanussadhammaṃ)와 온전하게 고귀한 인식과 체험(alamariyañāṇadassanavisesaṃ, 인식 체험)의 탁월함을 얻지(ajjhagā) 못했는데, 풍족함 속에 살기(bāhullika) 위해 고행자로서의 노력을 그만두고 나서 이제는 풍족함 속에 살고 있는 당신이 어떻게 그러한 경지에 도달할 수 있었겠는가?

이에 대한 대답으로 붓다는 자기 자신을 "그리 간 이(tathāgata)"라고 언급하면서 그리 간 이는 풍족함 속에 살기 위해 고행자로서의 노력을 그만두지 않았고, 지금 풍족함 속에 살고 있지도 않다고 이야기한다. 그러고 나서 앞서 인용한 것과 똑같은 말을 다시 반복한다. 그러자 또 다시 다섯 비구들은 똑같은 말로 회의를 나타내고, 붓다 역시 똑같은 말로 자신의 주장을 다시 반복한다. 그럼에도 불구하고 다섯 비구는 세 번째로 다시 똑같은 회의를 표시하고 같은 말로 붓다에게 대꾸하는 것으로 「가르침의 바퀴를 처음 돌림」은 서술하고 있다.

붓다가 자신의 성취를 이해해 줄 사람들이라고 생각해서 찾아간 옛 동료 수행자들을 처음 만나서 나누던 대화가 실제 이렇게 전개되었을지는 의구심을 가질 수 있다. 이 모든 것들이 실제로 붓다가 옛 동료 수행자들과 만나 나눈 대화 그대로를 기록했다고 생각하는 것은 너무나 단순한 태도이다. 그러나 「가르침의 바퀴를 처음 돌림」에 분명하게 나타나는 것은 바로 다섯 수행자들이 쉽게 붓다의 말을 믿으려 하지 않았다는 사실이다. 그들이 결코 쉽게 붓다의 말을 믿으려 하지 않았던 데에는 바로 자신들이 가지고 있던 수행 전통의 전제들이 자리잡고 있었다. 즉 고행을 통해 얻고자 했던 바를 고행을 포기한 자가 얻을 수 없다는 것이었다. 여기에서 주목할 만한 사실은 바로 붓다 자신이 다섯 수행자들에게서 받고 있던 경멸의 근거, 즉 자신이 '풍족함 속에 살기 위해 고행자로서의 노력을 그만두었고 이제는 풍족함 속에 살고 있는' 그런 사람이 아니라는 것을 납득시키고자 무척이나 애를 쓰고 있다는 것이다. 다섯 수행자들의 회의적인 반응에 붓다는 또다시 대답을 하는데 세 번째 붓다의 대답은 대답의 첫 부분을 약간 다르게 표현하고 있다.

> "abhijānātha me no tumhe bhikkhave ito pubbe evarūpaṃ bhāsitaṃ etan" ti. "no h' etaṃ bhante" 'ti. "arahaṃ bhikkhave tathāgato sammāsambuddho odahatha … viharissathā" 'ti
>
> (Mahāvagga 1.6.16.)

여기에서 붓다는 "비구들이여, 그대들은 내가 예전에 이와 같은 것을 그대들에게 말한 적이 없다는 것을 알고 있지 (않은가)?" 라고 묻는다. 그리고 이에 대해 다섯 수행자들이 "선생(bhante), 전혀 그렇게 [말씀하신 적이] 없습니다"라고 대답한다. 그러자 붓다는 다시 자기가 '그리 간 이(tathāgata)'이며 '온전하게 깨달은 자(sammāsambuddha)'이며 '죽음 없음(amata)'을 얻었다며 앞서 했던 말을 또다시 반복한다. 두 번이나 같은 말을 하고도 다섯 수행자들이 인정하려 들지 않으니, 결국 세 번째 같은 말을 하면서부터는 설득의 방식을 바꾸어 그들을 설득하고 있다.

이때 보다 강한 설득의 방법으로 붓다가 동원하고 있는 것은 개인적인 신뢰 관계이다. 즉 자신이 예전에 이렇게 해탈을 얻었음을 주장한 적이 있는지 물음으로써 예전에 자신이 다섯 수행자들과 함께 했던 경험들을 근거로 하여 과거의 개인적인 신뢰 관계를 근거로 삼아 다시 설득하고 있다. 붓다가 자신이 고행자로서 다섯 수행자들과 함께 할 때 가지고 있던 모습의 진정성을 근거로 설득하자 비로소 다섯 수행자들의 반응이 달라지기 시작했다. 그 태도의 전환은 바로 붓다를 부르는 호칭이 갑자기 'bhante'라는 경칭을 사용하는 데에서 극적으로 드러나고 있다. 붓다는 이렇게 해서야 다섯 비구들을 납득시킬 수 있었고(asakkhi … saññāpetuṃ), 다섯 수행자들은 그제야 붓다의 말을 듣고 싶어 했으며, 귀를 기울여 지혜(aññā)에 마음을 집중했다. 이렇게 긴 실랑이가 지나가고 나서야 붓다의 옛 동료들이었던 다섯 수행자들은 붓다의 가르침에 귀를 기울이기 시작했다.

붓다의 첫 가르침이 어떻게 이루어지게 되었는지에 관한 배경 설명이 이와 같이 주어진 이후에 비로소 「가르침의 바퀴를 처음 돌림」에서 그 가르침의 내용이 소개된다. 따라서 이제부터가 본격적으로 「가르침의 바퀴를 처음 돌림」에서 전해지는 붓다가 가르친 내용이라고 보아야 할 것이다.

그런데 붓다가 제자들에게 처음으로 가르쳤다는 내용들을 「가르침의 바퀴를 처음 돌림」에서 읽어 가다 보면 현대의 독자들에게는 무척 이상하게 보이는 설명의 양상이 보인다. 붓다가 같은 말을 반복해서 가르친 것처럼 보이기도 하고 또는 아예 다른 내용을 가르친 것처럼 보이기도 하는데, 그것들이 제대로 앞뒤를 맞추지 않은 채 나열되어 있다는 사실이다. 그래서 붓다가 가르침을 편 내용이라고 전해지는 내용이 세 번 서로 다르게 기록되어 있다. 이 각각의 내용들이 모두 다른데 설명을 가능하게 하기 위해 이 세 대목을 나누고 맨 앞에 나타난 대목을 '첫째 대목[Mahāvagga 1.6.17~18. (Vin I, 10, 10~25)]'이라고 부르고 살펴보도록 하겠다. 뒤따르는 '둘째 대목'과 '셋째 대목'에 제시된 내용과 구분해서 보아야 하기 때문이다.

붓다가 가르침을 펴면서 처음으로 제시하는 게 쏠림 없는 중간 길이다. 출가수행자가 빠지지 말아야 할 두 가지 극단이 있다고 붓다는 말한다. 그것은 바로 감각적 만족을 주는 대상을 갈망하는 저급한 태도와 자기 자신을 괴롭히는 고행 자체를 목적으로 삼는 의미 없는 태도이다. 이 두 가지를 피해야 하는데 붓다 자신이 이 두 가지를 피하는 길, 즉 쏠림 없는 중간 길을 깨달았다고 말한다. 그리고 이 쏠림 없는 중간 길이 지혜와 깨달음과 니르바나로 이끈다고 설명한다. 그러고 나서 무엇이 이 쏠림 없는 중간 길인지를 설명하는데, 그것은 바로 여덟 단계 고귀한 길이라고 하면서 그 여덟 단계 고귀한 길의 내용이 제시된다. 이 여덟 단계로 제시된 각 항목들은 4장의 '붓다가 제시한 길'에서 설명한 바와 같이 쾌락을 지향하는 일반인의 삶을 벗어나 출가자가 되고 붓다가 가르친 방식으로 수행을 진행시켜 바른 몰입(sammā-samādhi)에 이르는 단계들을 가리킨다. 그런데 이 수행의 길은 고행을 지향하는 쏠린 길이 아니었고, 대상이 없는 즐거움에서 착안한 붓다가 믿는 댜나의 방식을 구체화한 것이었다.

여러 가르침들?

그런데 「가르침의 바퀴를 처음 돌림」에서는 '첫째 대목'에서 여덟 단계 고귀한 길이 제시된 이후에 아무런 서술상의 도입이나 맥락 제시가 없다. 그러다가 갑자기 '고생'이라는 고귀한 진리, 다시 말해서 고귀한 (이의) 네 진리에서의 첫 번째 항목이 제시된다. 이렇게 새로운 내용이 제시되는 대목을 '둘째 대목(Mahāvagga 1.6.19~22, Vin. I, 10, 26~38)'이라고 부르도록 하겠다.

이 '둘째 대목' 안에서 고생이라는 고귀한 (이의) 네 진리 항목을 제시하면서 이것이 고귀한 (이의) 네 진리의 한 항목이라거나 혹은 왜 이 맥락에서 이것이 제시되는지에 관한 설명은 없다. 그리고 고귀한 (이의) 네 진리의 나머지 세 항목들이 잇따라 제시되고 설명된다. 이 네 진리는 다음과 같은 네 항목으로 구성되어 제시된다.

1. dukkhaṁ ariyasaccam
   고생이라는 고귀한 진리
2. dukkhasamudayaṁ ariyasaccam
   고생의 근원이라는 고귀한 진리
3. dukkhanirodhaṁ ariyasaccam
   고생의 소멸이라는 고귀한 진리
4. dukkhanirodhagāmanī paṭipadā ariyasaccam
   고생의 소멸로 이끄는 길이라는 고귀한 진리

이때 고생의 근원(dukkhasamudaya)인 갈구(tṛṣṇā, taṃhā, 渴愛)를 설명하면서 그 세 가지 종류를 제시한다. 즉 쾌락의 갈구(kāmataṃhā), 실존의 갈구 (bhavataṃhā), 소멸의 갈구(vibhavataṃhā) 세 가지이다. 그러고 나서 이 갈구를 없애는 게 고귀한 (이의) 네 진리의 세 번째 진리로 제시되고 뒤이어 다음의 네 번째 진리, 즉 고생의 소멸로 이끄는 길로는 바로 여덟 단계 고귀한 길이 제시된다. 「가르침의 바퀴를 처음 돌림」의 이 대목에서 여덟 단계 고귀한 길은 각각의 내용에 대한 설명은 없이 이름만 언급되고 끝을 맺는다.

그러고 나서 뒤이은 '셋째 대목(Mahāvagga 1.6.23~29, Vin. I, 11,

1~36)'에서 또다시 고귀한 (이의) 네 진리가 제시된다. 이 '셋째 대목'의 시작 부분에는 앞선 '둘째 대목'과의 내용상 혹은 형식상의 연결을 암시하는 어떠한 표현이나 서사 구조상의 틀이나 장치가 없다. 여기에서는 고귀한 (이의) 네 진리가 하나씩 개별적으로 제시되고 설명된다. 그런데 '셋째 대목'에서 제시되는 네 진리에 관련한 설명들은 '둘째 대목'에 있는 설명들과 비교할 때 큰 차이를 보여준다. '셋째 대목'에서는 고귀한 (이의) 네 진리들이 '둘째 대목'처럼 단지 제시만 되는 게 아니라 붓다가 어떤 맥락 안에서 이 진리들을 깨달았다고 생각하고 또 확신했는지 서술하고 있다.

예를 들어 첫째 진리에 대해서는 고생이라는 고귀한 진리가 우선 제시된다. 그러고 나서 그것을 '파악하는 눈(cakkhu)'이 자기에게서 생겨났으며, 그것에 대한 '인식(ñāṇa)'이 생겨났고, 그것에 대한 '꿰뚫어 알아차림(paññā)'이 생겨났고, '지혜(vidyā, vijjā, avidyā의 반대)'가 생겨났고, '통찰(āloka)'이 생겨났다고, 붓다 자신이 제시하는 첫째 진리를 터득한 자기 체험을 스스로 서술하고 있다. 이어서 이 고생이라는 고귀한 진리가 '온전히 파악되어야만 한다(pariññeyya)'는 이전에 알려진 바가 없는 진리를 파악하는 눈이 자기에서 생겨났으며, 그것에 대한 인식이 생겨났고, 그것에 대한 꿰뚫어 알아차림이 생겨났고 지혜가 생겨났고, 통찰이 생겨났다고 회상한다. 다른 말로 설명하자면, 고생이라는 고귀한 진리에 대한 인식과 통찰과 지혜가 생겨났다는 것만이 아니다. 고생이라는 고귀한 진리를 온전히 파악해야만 한다는 인식과 통찰과 지혜가 있었고, 나중에 붓다 자신이 고생이라는 고귀한 진리를 온전히 파악했다는 인식과 통찰과 지혜가 생겨났다는 서술을 하고 있다. 어떤 대상을 제대로 알아야 한다는 문제 의식이 먼저 있었고, 이 문제 의식을 해결했다는 스스로의 확인이 있었다는 말이다.

이와 똑같은 방식의 설명이 나머지 세 고귀한 진리에 대해서도 똑같은 형식으로 반복된다. 고귀한 (이의) 네 진리 중 둘째와 셋째, 넷째에서는 그 핵심적인 내용에 따라 중요한 단어 하나씩만 교체하면서 첫째 진리와 같은 표현을 반복하고 있다. 네 고귀한 진리인 첫째 진리, 고생은 '온전히 파악되어야(parinneyya)' 하지만 두 번째 진리인 고생의 근원은 '버려져야(prahātavya)' 하고, 세 번째 진리인 고생의 소멸은 '구현되어야(sākṣātkartavya)' 하고, 네 번째 진리인 고생의 소멸로 이끄는 길은 '실행되어야(bhāvayitavya)' 한다. 중요한 점은 여기에서 고귀한 (이의) 네 진리의 각 항목들이 항목 자체로 제시되는 것에 그치는 것이 아니고, 붓다 자신이 그것들 각각을 어떻게 해야 하는지 인식하였을 뿐만 아니라, 그것들을 어떻게 해야만 하는지 알고 난 이후에 그에 따라 실제로 그 내용을 이행해서 스스로 성취해 냈으며, 이 과정을 자기 스스로 확인하는 과정까지도 깨달음의 과정 안에서 붓다 스스로 체험한 것으로 서술되고 있다는 사실이다.

'셋째 대목'은 '둘째 대목'과 다르게 붓다 자신에 의한 체득 과정을 서술하는 형식을 빌어 고귀한 (이의) 네 진리를 서술하고 있다. 그리고 이 서술은 네 가지 진리를 각각 세 단계로 설명하면서 붓다의 깨달음이 진전되었다는 것을 말하고 있다. 그런데 '셋째 대목'에 나타나는 고귀한 (이의) 네 진리에 관한 서술이 앞선 '둘째 대목'에 주어진 서술과 크게 다른 점이 또 한 가지 눈에 들어온다. 그것은 바로 각각의 고귀한 (이의) 네 진리에 관한 세 단계의 인식들이 총 12단계로 이루어져야 한다는 추가적인 인식을 붓다 스스로가 하고 있다고 말한다는 사실이다.

뒤이은 설명(Mahāvagga 1.6.27)에서 고귀한 (이의) 네 진리가 모두 개별적으로 각각 세 단계(tiparivaṭṭa)에 걸쳐서 인식되어 총 열두 겹(dvādasākāra)으로 명확하게(suvisuddha) 인식되지 않는 한 온전한 깨달음(sammāsambodhi)을 얻은 것이 아니라는 사실을 알고 있었노라(paccaññāsim)고 붓다가 이야기하고 있다. 이어지는 설명(Mahāvagga 1.6.28)에서 각 네 진리가 모두 개별적으로 각각 세 단계(tiparivaṭṭa)에 걸쳐서 인식되어 총 열두 겹(dvādasākāra)으로 명확하게(suvisuddha) 인식되면 온전한 깨달음(sammāsambodhi)을 얻은 것이라는 사실을 알고 있었노라(paccaññāsim)고 붓다가 이야기하고 있다. 뒤따르는 대목(Mahāvagga 1.6.29)에서 붓다는 자신에게 마음의 해방이 흔들리지 않는 것이며, 자신에게 지금의 태어남이 마지막 태어남이며, 다시 태어남이 없을 것이라는 사실에 관한 앎(ñāna)과 파악(dassna)이 붓다 자신에게 생겼다고 이야기한다. 그리고 가르침의 결과로 다섯 수행자들 중의 한 명인 꼰단냐(Koṇḍañña)는 '티끌 없는 진리의 눈(dhammacakkhu)'을 얻었다고 기술되고 있다. 이렇게 해서 '셋째 대목'이 끝나는 것은 물론 붓다의 「가르침의 바퀴를 처음 돌림」의 실제 내용은 끝을 맺는다.

「가르침의 바퀴를 처음 돌림」의 내용이란 불교도들이 생각하고 믿는 불교 교리의 핵심을 담는 것이어야 한다. 그것은 바로 공식적인 형식상 「가르침의 바퀴를 처음 돌림」이 붓다가 깨달음을 얻은 직후 가장 생생하게 자기가 깨달은 내용을 처음으로 설명하는 것으로 간주되기 때문이다. 따라서 여기 이 '첫째 대목'부터 '셋째 대목'까지의 나열이 분명하게 보여주듯이 「가르침의 바퀴를 처음 돌림」은 붓다가 처음 가르침을 편 내용에 관한 역사적인 기록과는 거리가 먼 편집과 증감을 겪은 결과물이다. 이 맥락에서 우리는 과연 이 '첫째 대목'부터 '셋째 대목'까지의 많은 내용의 중복과 정리되지 않은 나열을 어떻게 이해해야 할 것인가의 질문을 던지게 된다. 같은 내용을 형식을 바꿔 붓다가 세 번 반복해서 가르치고 있는 것으로 우리의 눈 앞에 「가르침의 바퀴를 처음 돌림」이 주어져 있기 때문이다.

'첫째 대목'을 주목해 보자. 붓다가 가르치고자 하는 내용이 가장 단순한 형태로 제시되고, 붓다 자신이 최초로 발견한 해탈의 길이 갖는 차별성에 관한 단언과 분명하게 연결되는 지점이 '첫째 대목'이다. 그래서 '첫째 대목'이 역사적으로 「가르침의 바퀴를 처음 돌림」에서 담고 있던 원래 내용에 상응한다는 견해에 필자도 전적으로 동의한다. 그렇다면 '둘째 대목'과 '셋째 대목'이 차지하는 위치와 의미는 어떻게 이해해야 할 것인가. 둘째와 셋째 대목은 결국 붓다 자신이 가르침을 펴고 또 자신의 세계관을 설명하고 정당화하는 틀로 사용했던 나중의 설명 틀이 반영된 것이라고 보인다.

그런데 왜 '둘째 대목'과 '셋째 대목'이 별도로 제시되어 있는지 또 이 둘의 관계가 무엇인지가 중요한 질문으로 남게 된다. '둘째 대목'은 아마도 여덟 단계 고귀한 길의 내용에 상응한 형태로 제시된 수행의 구체적인 방법에 관한 이론적인 틀로서 제시했다고 판단된다. 즉 고귀한 (이의) 네 진리를 여덟 단계 고귀한 길의 내용과 이론적으로 결합시킨 이후의 이론 체계를 반영하는 셈이다. '셋째 대목'은 '둘째 대목'에 반영된 체계를 기초로 해서 붓다의 깨달음 자체를 정의하는 내용을 담고 있는데, 여기에서 주목할 만한 대목은 바로 붓다가 고귀한 (이의) 네 진리를 발견 내지 인지하는 것을 통해 해탈을 얻었다는 맥락을 구축하고 있다는 사실이다. 결국 '둘째 대목'과 '셋째 대목'은 붓다의 깨달음을 이해하고 설명하는 서로 다른 방식이 반영된 것이다.

이렇게 서로 다른 방식으로 설명이 병렬되어 있는 것은, 후대 전승자들이 「가르침의 바퀴를 처음 돌림」에 포함된 내용을 삭제하지 않고 자신이 이해한 내용을 병렬시켜 삽입한 결과이다. 이 말은 바로 붓다가 성취한 경지에 관한 불교도들의 이해가 초기불교에서부터 얼마나 다양했는지 혹은 어떻게 변형되어 왔는지를 보여준다는 뜻이다. 이 사실을 설명하기 위해 지금까지 '첫째 대목'과는 다른 내용이 담긴 '둘째 대목'과 '셋째 대목'의 내용을 소개한 것이다. 여기에 등장한 서로 다른 설명들은 불교가 역사 속에서 어떤 방향의 이론적 지향을 가진 채로 발전해 나갈지를 보여주는 중요한 이정표가 된다.

여덟 단계 고귀한 길의 내용은 출가수행자의 삶을 전제하고 있으며 단계적으로 지켜야 할 규율과 노력의 내용들로 채워져 있다. 이러한 내용들이 내면화될 만큼의 준비 과정을 통해 다나에 들어갈 수 있다는 게 붓다가 가르친 해탈로 가는 길의 주된 내용이었다고 할 수 있다. 이것이 시사하는 바는 무엇인가? 바로 댜나 상태의 구현이란 누구에게나 쉽게 이루어질 수 있는 게 아니며, 자의적으로 구현 가능한 상태가 아니었다는 말이다. 그리고 이러한 사실은 「가르침의 바퀴를 처음 돌림」의 내용 중에서도 확인되는데, 여러 사람들이 붓다의 지도하에 댜나를 시도하지만 그것을 구현하는 각자의 능력 혹은 소질에는 상당한 차이가 있었다. 결국 붓다는 사람의 능력 혹은 소질의 차이에 따른 구체적이고 차별화된 수행 지도 프로그램을 제시하기도 했지만, 큰 틀에서 가장 일반적인 수행의 프로그램으로 여덟 단계 고귀한 길을 제시했다.

여덟 단계 고귀한 길이라는 체계화된 틀로 제시된 해탈로 가는 길은 아마도 붓다가 고귀한 (이의) 네 진리의 경우처럼 긴 시간에 걸쳐 제자들을 지도하고 신자들을 가르치면서 정형화하고 정리한 결과라고 받아들여야 할 것이다. 이 과정에서 여덟 단계 고귀한 길이 고귀한 (이의) 네 진리의 틀 안에 포섭되어 네 번째인 고생의 소멸로 이끄는 길에 해당하는 프로그램으로 정리됐고, 형식화와 정형화를 거쳐 교리로서의 완성을 이룬 것으로 생각된다.

공동체 그리고 교리

「가르침의 바퀴를 처음 돌림」에서 붓다가 꼰단냐(Koṇḍañña)를 '깨달은 것으로(aññata)' 인정해 주고 그를 출가공동체의 규율을 받아들인 공식적인 불교의 출가자, 즉 비구로 인정(upasampadā, 近具戒/具足戒)한다는 내용이 나온다. 이렇게 해서 붓다에게는 최초의 출가수행자인 제자가 생기게 된 것이고, 이는 바로 불교 출가공동체가 생겨난 일이 된다. 이어서 밥빠(Vappa)와 받디야(Bhaddiya)가 '티끌 없는 진리의 눈(dhammacakkhu)'을 얻어서 두 사람이 추가로 공식적인 비구로 인정을 받게 된다.

이후로 붓다는 이미 공식적인 비구로 인정받은, 다시 말해서 댜나 수행에서 성과를 보인 세 명의 비구들이 구걸하여 가져온 음식을 아직 깨달음은 얻지 못한 수행자 둘과 함께 나누어 먹으면서 그들을 계속 가르쳤다. 결국 나머지 두 사람인 마하나마(Mahānāma)와 앗싸지(Assaji)도 진리의 눈을 얻어 공식적인 비구로 인정을 받았다. 여기에서 우리가 주목해야 할 부분이 있다. 바로 밥빠와 받디야가 공식적인 비구로 인정을 받았다는 서술이 나온 이후에 붓다가 꼰단냐를 포함한 세 명의 비구들이 구걸하여 온 음식을 먹으면서 나머지 수행자들을 지도하였다는 서술이 바로 그것이다. 그 대목은 아래와 같다.

> 그러고 나서 고귀한 이는, (비구계를 받은 세 비구들이) 탁발해서 가져온 음식을 먹으면서, 남은 수행자들에게 다르마를 일러주며 지도했고(ovadi anusāsi)• "세 비구들이 탁발을 하여 가져온 것이 여섯 명 그룹(vaggiya)을 (먹여) 살린다 [혹은, 지낼 수 있게 한다]"라고 말했다.••

이 구절을 꼼꼼하게 들여다보면서 우리가 주목할 점은 과연 붓다가 제자들에게 무엇을 어떻게 가르쳤을까에 관한 단서가

• 문법적으로 접때형(aorist)이 사용되고 있다.

•• atha kho bhagavā tadavasese bhikkhū nīhārabhatto iminā nīhārena dhammiyā kathāya ovadi anusāsi. yaṃ tayo bhikkhū piṇḍāya caritvā āharanti, tena chabbaggo yāpeti. (Mahāvagga 1. 6. 35, Vin. I, 13, 3~5)

여기 있다는 사실이다. 우선 전체 고행자들이 걸식을 하러 가지 않았다는 점이 분명하다. 그리고 다섯 제자들 중에서 이미 공식적으로 비구가 된 세 명이 걸식을 하러 가서 얻어온 음식으로 붓다까지 포함한 여섯 명이 끼니를 채웠다는 서술도 나온다.

이 정황이 말하고자 하는 바는 붓다가 지도하거나 혹은 가르쳤던 것이 상당하게 긴 시간을 요구하고, 또 되도록이면 중간에 끊이지 않는 방식으로 가르치고 배워야 했던 내용이라는 것을 말한다. 따라서 붓다가 제자들에게 가르쳤던 것은 어떤 철학적인 이론이라거나 자신의 세계관에 관한 설명이 아니라, 실제로 댜나(dhyāna)를 어떻게 구현하는 것이며 어떠한 방식으로 댜나에서의 진전을 이루어갈 수 있는 것인지를 지도했다는 뜻이 된다. 다시 말해서 댜나를 실제로 행하는 일을 직접 가르치면서, 긴 시간을 두고 지속적으로 제자들의 수행 과정에 따라 그때그때 필요한 설명을 하고(ava-vadati) 어떻게 댜나를 행하는지에 대해서 제자들의 진전에 맞추어 그 과정을 통제(anu-śāsati)했다는 말이다. 그리고 이와 상응하는 기록은 『중간 길이 전승(Majjhimanikāya)』에서도 확인할 수 있다.

그리고 또 한 가지 주목할 만한 점이 있다. 왜 세 명만 걸식하러 갔을까? 그 세 명이 붓다를 다시 만났을 때 펼쳐진 붓다의 가르침을 통해서 불교적인 진리를 공감하는 인식

(dhammacakkhu, 法眼)을 얻었고, 이를 근거로 붓다의 제자가 되기를 원해서 불교의 출가수행자로서 첫 공식적인 비구로 인정을 받은 자들이기 때문이었다. 그 첫 경우는 꼰단냐였고 나중에 밥빠와 받디야 두 사람이 동시에 불교의 진리를 공감하는 인식을 얻었다고 「가르침의 바퀴를 처음 돌림」에 서술되어 있다. 걸식을 갔던 제자들은 붓다의 깨달음에 관한 설명을 이해하는 데에서 더 나은 능력을 발휘한 자들이었고, 붓다의 가르침을 받아들이는 능력 면에서 보다 빠르게 그 가르침을 수용할 수 있는 자들이었던 셈이다.

이 대목에서부터 우리는 붓다가 자신이 터득한 바를 전달하는 상황이 삶의 구체성을 떠난 진공 상태에서 이루어진 게 아니었다는 것을 분명하게 볼 수 있다. 구체적으로 붓다의 가르침을 수용하려는 의지와 태도에서는 물론이고 그 가르침을 받아들이고 자기 것으로 만들어 내는 능력에서도 개개인들이 상당히 큰 차이를 보이는 것은 어찌 보면 당연했을 것이다. 또한 처음으로 불교적인 맥락에서의 각성을 얻은 세 사람과 그 뒤를 따른 나머지 두 사람의 경우만 대조시켜 보더라도 이들이 각성에 이르기까지 붓다에게서 전달받은 가르침과 지도의 내용은 차이가 있었을 것으로 보인다.

붓다의 첫 제자들 다섯 명이 모두 깨달음을 얻고 불교의 출가수행자가 된 상황이 설명된 이후 「가르침의 바퀴를 처음 돌림」에는 곧바로 새로운 설명이 이어진다. 붓다가 인간을 이루는 다섯 구성 요소(pañca-skandha, pañca-khandha, 五蘊)들 각각에 대해 그것들의 '제 아님(anattā, 無我)'을 가르친다. 인간은 다섯 구성 요소로 이루어져 있는데, 그것은 육체(rūpa, 色), 느낌(vedanā, 受), 분간(saññā, 想), 성향(saṅkhārā, 行), 의식 혹은 의식입자(viññāṇa, 識)를 말한다.

여기에서 눈에 뜨이는 점은 물리적인 육체보다 다른 정신적인 요소들을 훨씬 더 비중 있게 다루고 있다는 사실이다. 이것은 불교가 근본적으로 수행자들을 위한 세계관이고 수행론을 중심으로 이론을 구성하고 있다는 맥락을 생각한다면 자연스럽다. '느낌'이 포함된 부분에서 주목할 만한 점은 인간이 세계를 경험하는 것에서 인지적으로 개념을 개입시킨 판단, 즉 '분간'이 개입하기에 앞서 이미 정서적인 반응이 동반되어 지각 작용이 이루어지는 것에 주목하고 있다는 사실이다. 인간을 이루는 요소에 인간이 대상 세계와의 관계 속에서 얻게 되는 인지적이고 정서적인 요소들을 모두 포함시키고 있는 점도, 수행자로서 경험하는 세계와 경험하는 주체로서의 개인을 다루는 맥락이 분명하게 보인다고 할 수 있다. 그리고 마지막 요소인 '의식(입자)'이 바로 자이나 전통의 지바(jīva)에 상응하는 요소이고, 윤회의 담지자가 된다.

그런데 인간을 이루는 다섯 구성 요소를 모두 따져봐도

한 인간이 '자기 자신(ātman)'이라고 부를 만한 것이 없다. 텍스트의 표현으로는 육체(rūpa)는 자기 자신이 아니고, 느낌(vedanā)은 자기 자신이 아니며, 분간(saññā)과 성향(saṅkhārā)도 자기 자신이 아니고, 인지(viññāṇa)도 자기 자신이 아니라는 붓다의 가르침이 제시된다. 이 대목을 필자는 앞으로의 논의를 편하게 하기 위해 '넷째 대목(Mahāvagga 1. 6. 38~41)'이라 부르고자 한다. 그런데 이렇게 각 다섯 구성 요소가 모두 '제 아님(anattā)'이라고 제시된 이후에 또다시 '제 아님'에 관한 붓다의 설명이 이어진다. 이번에는 다섯 구성 요소들이 모두 '지속되지 못한다(anicca)'라는 것을 확인하고 따라서 이것들이 모두 고생(duḥkha)이라고 단정한 이후에 그것을 근거로 '제 아님'이라는 방식의 설명이 제시된다. 이 대목을 필자는 '다섯째 대목(Mahāvagga 1. 6. 42~43)'으로 부르고자 한다. 그러고 나서 뒤따르는 부분은 약간 다른 방식으로 제시되는 설명을 담고 있는데, '온전한 꿰뚫어 알아차림(sammappaññā)'을 가지고 그 어떤 육체이던 육체는 '제 아님'을 보아야 한다고 붓다가 가르치는데 이어서 다섯 구성 요소의 나머지 네 요소들에 대해서도 똑같은 설명이 주어진다. 이 대목은 필자가 '여섯째 대목(Mahāvagga 1.6.44~45)'으로 부르고자 한다.

다섯 구성 요소가 모두 '제 아님'을 보아야 한다는 내용의 설명 이후에는 바로 이러한 내용을 알거나 체득하게 되었을 때에 나타나는 효과를 서술하는데, 붓다가 제시한 가르침의 결과로 제자들이 해탈을 성취했음을 확인하는 내용이 나타난다. 이 서술은 붓다 자신은 물론 다른 붓다의 제자들이 해탈에 이르렀을 때 해탈에 이르렀다는 사실을 확인하는 내용으로 불교 텍스트에서 고정적으로 반복해서 등장하는 구절들을 담고 있다.

> 이렇게 보면서, 오 비구들이여! 가르침을 받은 자 고귀한 (가르침을 배우는) 제자들은 육체에 대해서도 넌더리 나고, 분간에 대해서도 넌더리 나고, 성향들에 대해서도 넌더리 나고, 의식에 대해서도 넌더리 난다. 넌더리 나면서 (그것들에서) 마음이 멀어지고, 마음이 멀어지면서 해방이 된다. 해방이 되면 "내가 해방되었다"고 하는 앎이 생겨난다. 태어남은 소진되었고, 청정한 품행이 완성되었고, 해야 할 일은 했고, 현재의 삶에 더 남은 것은 없다고 그가 꿰뚫어 알아차린다.•

여기에서 주목할 만한 부분은 마지막 부분이다. 이 마지막 부분은 실제로 아주 많은 경전들에서 '존경받을 만한 자(arhat, arahant, 阿羅漢)'가 되는 것이 무엇인지를 설명하는 정형구로서 반복적으로 사용되는 구절이다. 따라서 붓다의 가르침을 이해한 자들이 하게 되는 체험의 최종적인 결과를 나타내는 구절로 사용되는 이 반복구는 꿰뚫어 알아차림의 효과를 서술하는 구절인 셈이다. 이렇게 꿰뚫어 알아차림의 효과를 설명하는 구절 뒤로는 짧게 앞서 서술한 모든 일들이 일어나고 나서는 이 세상에 붓다를 포함해서 총 여섯 명의 존경받을 만한 자들이 존재한다는 서술이 나오고 「가르침의 바퀴를 처음 돌림」이 포함된 『출가공동체 규율』의 『마하박가』의 첫 장(bhāṇavāra)이 끝을 맺는다.

붓다가 깨달음을 얻고, 첫 제자들이 그의 가르침에 따라 깨달음을 얻고, 붓다를 따르는 출가공동체가 구성되고, 이 공동체에서 공유되는 가르침인 교리가 구체적으로 제시되는 서술이 이렇게 마감된 것이다. 여기에서 우리가 볼 수 있는 것은, 「가르침의 바퀴를 처음 돌림」 안에 이미 고귀한 (이의) 네 진리는 물론 붓다가 깨달은 것이 무엇인지에 관한 서로 다른 설명들이 병렬된 채로 나열되어 있다는 사실이다. 이것은 앞서 확

• evaṃ passaṃ, bhikkhave, sutavā ariyasāvako rūpasmiṃ pi nibbindati, vedanāya pi nibbindati, saññāya pi nibbindati, saṅkhāresu pi nibbindati, viññāṇasmim pi nibbindati, nibbindaṃ virajjati, virāgā vimuccati. vimuttasmiṃ vimutt'amhīti ñāṇaṃ hoti. khīṇā jāti, vusitaṃ brahmacariyaṃ, kataṃ karaṇīyaṃ, nāparaṃ itthattāyā 'ti pajānātīti. (Mahāvagga 1. 6. 46)

립되어 전해진 전승의 내용을 삭제하기보다는 자신들이 포함시키고자 하는 내용을 나중에 보태는 방식으로 이루어진 불교 전승의 확장 방식이 만들어낸 결과라고 할 수 있다. 「가르침의 바퀴를 처음 돌림」에서부터 이미 수많은 서로 다른 불교들이 만나고 있다는 사실은 분명하다. 여기에서 나열된 서로 다른 이해 혹은 관점들이 모두 다 일관되고 통일된 하나의 전체를 형성한다는 전제 하에 끼워 맞추기 작업이 진행되어 온 게 지난 2,500년간의 불교 교리 발전사라고 할 수 있다.

앞서 인용한 「가르침의 바퀴를 처음 돌림」에 보이는 것과 같은 꿰뚫어 알아차림에 관한 서술은 수없이 반복되어 나타난다. 이것들의 공통된 내용을 간추리자면 꿰뚫어 알아차림이란 인간 존재를 이루는 기본적인 요소들(다섯 구성 요소)이 갖는 부정적인 본성을 아는 것 혹은 꿰뚫어 보는 것을 말한다. 여기서 부정적이라고 하는 것의 구체적인 내용은 그것들이 계속되지 못한다는 것, 만족스럽지 못하다는 것, 자기 자신이 아니라는 것을 말한다. 이것을 정형화해서 후대에는 불교 교리의 핵심으로 간주하는데, 이것을 붓다의 가르침을 판단하는 '세 특징(trilakṣaṇa, tilakkhaṇa, 三法印)'이라고 부른다.

이제 우리는 일반적인 불교 전통들이 불교 교리의 핵심이라고 간주하는 내용을 여기에서 만나게 된다. 우리의 인생이 처한 상황을 올바른 이해를 가지고-'온전한 꿰뚫어 알아차림(sammappaññāya)'을 가지고-보게 되면 그 사람은 해탈을 얻는다고 한다. 후대의 불교 전승에는 꿰뚫어 알아차림의 효과로 깨달음을 얻었다는 서술과 존경받을 만한 자(阿羅漢)의 경지에 이르는 것에 관한 서술이 다양하게 섞여서 제시되는 것도 흔한 일이고, 이것을 다시 붓다 자신이 깨달음을 얻은 길이라고 제시하는 경우도 많다. 이제 '정형화된 해탈의 길 서술'이라고 부를 수 있는 구절을 제시하겠다. 가장 자주 반복되어 나타나는 해탈에 가는 길을 서술하는 구절의 대표적인 형태인데, 「두려움과 공포에 대한 쑤뜨라(Bhayabheravasutta)」에 나타난 예를 보자.

> 이렇게 집중되어 있는 마음이 정화되고 맑고 티 없으며 흠이 사라지고 활동할 준비가 되고 쓸 수 있으며 견실하고 부동의 상태에 있을 때 나는 마음을 더럼의 소멸에 대한 인식(āsavānaṃ khayañāṇa)으로 돌렸다. '이것이 고생이다'라고 있는 그대로 바로 알았다. '이것이 고생의 근원이다'라고 있는 그대로 바로 알았다. '이것이 고생의 소멸이다'라고 있는 그대로 바로 알았다. '이것이 고생의 소멸로 이끄는 길이다'라고 바로 알았다. '이것들이 더럼들이다'라고 있는 그대로

> 바로 알았다. '이것이 더럼의 근원(samudaya)이다'라고 있는 그대로 바로 알았다. '이것이 더럼의 소멸(nirodha)이다'라고 있는 그대로 바로 알았다. '이것이 더럼의 소멸로 이끄는 길이다'라고 있는 그대로 바로 알았다. 바로 (내가) 이렇게 알고 이렇게 보면서 내 마음이 욕망의 더럼으로부터 해방되었다. 또한 마음이 실존의 더럼으로부터 해방되었다. 또한 마음이 본디 모름의 더럼으로부터 해방되었다. 이렇게 해방되었을 때 (마음이) 해방되었다는 앎이 생겨났다. '태어남은 소진되었고, 청정한 품행이 완성되었고, 해야 할 일은 했고, 이 현재의 삶에 더 남은 것은 없다'고 바로 알았다.•

해탈에 이르기 위해서는 우선 수행자가 댜나의 네 번째 단계에 이른 다음에 마음이 정화된 상태에 이르고 또 마음이 흔들리지 않는 안정된 상태가 되어야 한다. 나아가 수행자의 마음이 해탈을 향해 뒤따라 이어지는 정신적인 활동을 위한 준비가 되어 있어야 한다. 이 상태에서 수행자는 자신의 마음을 '더럼의 소멸에 대한 인식(āsavānaṃ khayañāṇa)'으로 향하도록 돌리는데, 이렇게 하고 나서야 해탈 혹은 꿰뚫어 알아차림이 일어나게 된다. 여기에서 수행자가 마음을 그 쪽으로 돌린다는 '더럼의 소멸에 대한 인식(āsavānaṃ khayañāṇa)'이라는 것은 '더럼들이 사라졌다는 사실에 대한 앎'을 의미한다. 이렇게 마음(citta)이 더럼으로부터 해방되고 나서 마음이 더럼에서 해방되었다는 앎이 생겨나게 되는데, 이러한 앎을 근거로 붓다는 해탈에 이르렀다는 확신을 얻게 된다.

그런데 주목할 부분은 붓다의 깨달음에 대한 설명을 주는 「두려움과 공포에 대한 쑤뜨라」에 나타나는 내용이다. 특히 위의 인용 마지막 부분에 보이는 "이렇게 해방되었을 때 (마음이) 해방되었다는 앎이 생겨났다"라는 구절은 경전의 다른 곳에서 나타나는 (붓다의 제자들이 얻은) 꿰뚫어 알아차림에 관한 설명과 일치한다. 즉 제자들이 얻은 꿰뚫어 알아차림에

• so evaṃ samāhite citte parisuddhe pariyodāte anaṅgaṇe vigatūpakkilese mudubhūte kammaniye ṭhite ānejjappatte āsavānaṃ khayañāṇāya cittaṃ abhininnāmesiṃ. so idaṃ dukkhan ti yathābhūtaṃ abbhaññāsiṃ, ayaṃ dukkhasamudayo ti yathābhūtaṃ abbhaññāsiṃ, ayaṃ dukkhanirodho ti yathābhūtaṃ abbhaññāsiṃ, ayaṃ dukkhanirodhagāminī paṭipadā ti yathābhūtaṃ abbhaññāsiṃ. ime āsavā ti yathābhūtaṃ abbhaññāsiṃ, ayaṃ āsavasamudayo ti yathābhūtaṃ abbhaññāsiṃ, ayaṃ āsavanirodho ti yathābhūtaṃ abbhaññāsiṃ, ayaṃ āsavanirodhagāminī paṭipadā ti yathābhūtaṃ abbhaññāsiṃ. tassa me evaṃ jānato evaṃ passato kāmāsavā pi cittaṃ vimuccittha. bhavāsavā pi cittaṃ vimuccittha. avijjāsavā pi cittaṃ vimuccittha. vimuttasmiṃ vimuttam iti ñāṇaṃ ahosi. khīṇā jāti, vusitaṃ brahmacariyaṃ, kataṃ karaṇīyaṃ, nāparaṃ itthattāyā ti abbhaññāsiṃ. (MN, I, 23)

관한 정형화되고 굳어진 서술이 붓다 자신의 깨달음을 설명하는 맥락에 사용되고 있는 경우이며, 또 이 대목은 전형적인 해탈의 길 서술의 일부를 이루는 내용이기도 하다.

여기 인용된 구절을 문법적 형태에 따라 정확하게 분석해 보면, 붓다의 깨달음 체험을 서술하는 표현과 그 제자들의 깨달음에 관한 서술을 설명하는 내용이 뒤섞여 있는 것을 발견해 낼 수 있다. 자기 자신이 깨달은 것을 돌이켜 보면서 붓다가 말하는 대목에서는 이에 해당하는 표현이 'abbhaññāsim'(접때형, aorist)이 쓰이고 있는 데에 반해, 제자들이 경험한 해탈의 길을 서술하는 맥락에서는 쌍쓰끄리땀의 '(pra-)jānāti'에 해당하는 'jānāti'가 쓰이고 있다. 그러고 나서 뒤에서 'jānato … passato'라는 방식의 표현으로 이 두 맥락에서 가리키던 내용이 뒤섞여 표현되는 것으로 보인다. 이 세 가지 표현은 모두 다르다. 하지만 내용상 '안다' 혹은 '이해한다'는 인지적인 작용과 '본다'는 직접적인 경험이 함께 결합된 표현이다.

다시 말해서 세 가지 표현 방식은 모두 다르지만, 어떤 직접적인 혹은 일차적이거나 강한 체험을 함축하는 '알게 된다'는 의미를 담는 표현이기에 공통점이 있다는 것이다. 즉 해탈로 이르는 길에서 일어난 체험들에 관한 서술의 맥락에서 이 세 가지 표현들에는 차이가 없는 것으로 보인다. 앎을 얻는다는 것의 의미가 바로 직접적이고 강력한 체험의 측면을 함께 지닌 것임을 나타내고자 하는 표현들이 동원되고 있다는 측면에서 말이다.

현재의 삶 속에 놓인 모든 인간은
불확실성의 영역 안에 놓여 있다.
붓다는 이 구조적인 불확실성을 넘어서서
'바로 당장 눈앞에서' '죽음 없음'의
구현을 확인했다고 주장한다.

6장

우리에게 주어진 붓다
그리고 불교

불교의 전승

우리가 붓다를 이해하고 불교의 내용을 파악하는 일이 쉽지 않은 이유가 있다. 첫 번째로 불교의 전승 상황을 꼽을 수 있다. 지금까지 우리는 붓다 자신의 생각에 다가가기 위해 텍스트 자료를 중심으로 많은 논의들을 진행시켜 왔다. 그런데 항상 염두에 남아 있는 질문은 바로 우리가 붓다 자신의 생각과 말에 다가갈 수 있을까 하는 질문이다.

이 질문에 답을 얻기 위해서는 초기불교의 전승 상황에 관한 이해가 필요한데, 여기에는 붓다 자신이 내린 불교의 전승 언어에 관한 입장이 결정적인 요인이 된다. 불교의 문헌들은 원래 붓다가 활동했던 인도의 북동부 방언으로 전수되었을 것이다. 붓다의 활동 지역이 현재의 네팔과 국경에 가까운 지역임을 생각하면 당연하게 들리겠지만, 그리 간단하기만 한 사실은 아니다. 붓다의 활동 범위는 수백 킬로미터 반경 안이었다. 따라서 붓다가 활동 반경 안에 있던 여러 지역에서 사용되던 방언들을 만나는 사람들에 맞추어서 사용했다고 하더라도, 크게 언어권이 구별되는 정도의 다양한 언어를 사용했다고 하기는 어려울 것이다. 다만 그 활동 범위 안에서도 분명하게 편차가 존재했던 것으로 보인다.

붓다의 활동 당시 쌍쓰끄리땀은 이미 살아있는 구어로서의 활력을 잃고 전수되던 학습 언어로서의 성격을 가지고 있었지만, 문화적 표준어로 자리를 공고히 다지고 있었다. 그런데 쉬라마나 전통들에서는 문화적 표준어인 쌍쓰끄리땀을 사용하지 않는 게 일반적이었고, 붓다 역시 쌍쓰끄리땀을 거부했다. 붓다는 인도 베다 전통에서 신들과의 의사소통에 쓰일 수 있는 언어인 쌍쓰끄리땀의 사용을 베다 전통의 수용으로 보았다. 단지 의사소통을 위한 언어를 넘어서 베다 종교를 담는 매개체였던 쌍쓰끄리땀을 불교의 전승 언어로 채택한다는 것은 베다 전통과 전승이 가진 개념과 방식을 차용하는 일이었다. 더 나아가 베다의 세계관을 차용하고 공유하는 일이라고 간주되었다. 그래서 붓다는 쌍쓰끄리땀을 전승 언어로 채택하는 것을 강하게 거부했다. 붓다는 쌍쓰끄리땀을 베다 전통의 매개체이자 브라흐만 사제의 종교적 권위를 확립하는 수단으로 간주했다.

그래서 불교의 전승 언어에 관한 붓다의 분명한 태도를 밝힌 일화들이 전해져 온다. 전승 언어 결정에 관한 붓다의 입장이 전해지는 상황과 붓다가 그때 사용했던 표현의 의미에 관한 해석에는 이미 초기불교에서부터 수많은 논란이 있다. 『출가공동체 규율』(Vinaya II, 139, 1~16)에 전해지는 바에 따르면 브라흐만 출신으로 베다 전승의 구전 전승 기술을 교육받은 형제이자 불교 출가수행자들의 이야기가 나온다. 이들이 붓다에게 와서 각양각색의 출신 집단에서 출가한 불교 출가수행자들이 자신의 표현으로(sakāya niruttiyā) 붓다의 가르침(buddhavacana)을 망치고 있다고 지적하면서, 베다 전승에서 사용하는 운문으로 텍스트를 고정하는 방식을 동원해서(chandaso) 붓다의 가르침(buddhavacana)을 표준화하자고 제안한다. 그 구체적인 내용은 앞서 베다의 전승전통에 대한 서술에서 이미 설명했다. 이때 붓다는 이런 방법이 불교에 대해 회의적인 사람이나 또는 긍정적인 사람에게 도움이 되지 않는다면서 베다 전승의 운문 형식으로 텍스트를 고정하는 것을 비판하고 금지한다. 그러고 나서 '붓다의 가르침' 혹은 '붓다의 말(buddhavacana)'은 '자신의 표현(sakāya niruttiyā)'으로 전승되어야 한다고 정한다.

여기에서 해석의 쟁점은 바로 '자신의 표현'이 무슨 뜻인지에 관한 것이다. 정확한 해석은 아마도 '붓다 자신의 표현, 즉 설명 방식으로'라고 이해하는 것이라 보인다. 이렇게 해석하더라도 쌍쓰끄리땀이 아닌 지역 언어를 사용한 붓다의 설명 방식을 기준으로 해서 전승의 내용을 전하라는 표현이 되니, 쌍쓰끄리땀의 채용은 거부된 셈이 된다.

하지만 초기부터 불교 전통은 '자신의 표현으로'라는 말을 '배우는 제자들 각자의 언어로'를 뜻한다고 이해하고 해석한다. 이렇게 되면 결국 불교의 전승이 전해지는 모든 지역에서 각자가 사용하는 언어로 붓다의 가르침을 전승하는 게 불교의 공식적인 입장으로 정해진다. 그러면 특정한 언어로 이루어진 전승의 우월성이나 권위를 주장하기는 어렵게 된다. 이런 상황이 불교의 전통적인 입장으로 굳어지면서 나중에는 불교 교단의 필요에 의해 고대 인도의 문화어이자 학술 언어인 쌍쓰끄리땀도 불교 전승의 언어로 차용되는 흐름마저 가능한 선택지가 등장하게 된다. 다양한 언어로 이루어진 전승들이 모두들 각자가 붓다의 말씀을 전하는 것이라는 정당성 주장이 당연한 것이 된다.

그러나 당연히 붓다 자신이 활동하던 마가다(Magadha) 지방의 언어, 즉 마가디(Māgadhī)에 대한 근본적인 존중 혹은 우월감은 널리 인정된 태도가 되고, 여러 인도아리안어 전승들은 자신들의 전승 언어가 바로 마가디 전승을 보존하고 있다고 주장하게 된다.

붓다가 특정 언어를 전승의 표준 언어로 정하는 것을 반대했다는 게 불교 전통의 일반적인 합의다. 그런데 구체적으로 따져보면 그렇게 간단하지 않은 게 당시 사정이다. 출가공동체가 집단생활을 하고 공통의 규율을 지켜야 하는데, 각 지역에 산재하는 공동체마다 그리고 한 공동체를 이루는 출가자들마다 출신 지역에 따라 사용하는 방언이나 언어에 차이가 있어서 의사소통에서 문제가 생기면 곤란하다. 일상생활에서 출가공동체 구성원들 간의 의사소통에서 중요한 물품들, 예를 들어 구걸을 하기 위한 그릇을 부르는 이름이 출가자의 출신지에 따라 달라지는 경우나 특정 지역에서만 사용하는 은어에 가까운 표현에 대비해서, 불필요한 다른 단어들을 사용하지 말도록 금지한 사례도 기록에서 확인된다. 따라서 붓다가 어느 만큼 그리고 어떤 맥락에서 언어를 표준화해야 할 필요를 느꼈는지에 대해서는 검토해야 할 요소들이 너무나 많다.

아주 강력하게 표준 표현을 정해서 관철시킨 예들도 있었는데, 일반 사회에서의 사법 절차에 해당하는 경우들이 그것이다. 형식적 규정에 따른 의례를 통해서 출가공동체의 공식적인 의사 결정이 이루어지는 경우(kammavācā), 모든 형식적 절차를 진행하는 일에서 발음이 잘못되는 것은 『출가공동체 규율』에서 심각한 문제로 금지되어 있다. 출가자로 인정받는 공식 출가 의식의 과정에서 특정한 질병, 특히 전염병에 걸렸는지 물어보고 확인하는 절차가 의무화되어 있는데 만약 각 질병의 이름을 서로 다른 사투리로 묻고 답하면서 오해가 빚어지는 일은 피해야 하는 게 당연하다. 따라서 불교 전통이 그렇게 해석해 왔다고 해서, 불교 전통은 모두가 각자 사용하는 언어로 붓다의 가르침을 전하면 된다는 단순한 사고는 현실과는 거리가 먼 오해이다.

다만 우리에게 중요한 사실은 붓다 자신이 사용했을 것으로 보이거나 혹은 최소한 붓다의 초기 제자들이 붓다의 활동 지역에서 사용했을 것으로 보이는 언어 혹은 표현의 형태가 굳어 있는 파편으로 남아 아직까지 불교 전승에 전해지고 있다는 점이다. 바로 이렇게 구분 가능한 언어의 층위가 있어서 우리가 문헌학적인 작업을 통해 붓다 자신의 목소리에 다가설 수 있는 것이다. 물론 이 방식으로 실제 붓다의 목소리를 얻어낼 수 있는지는 아마도 영원히 답할 수 없는 질문으로 남을 것이지만 말이다. 이제 우리가 과연 붓다 자신이 사용했던 언어에 다가갈 수 있는지, 그리고 그것이 얼마나 가능할지에 대해 빠알리 전승을 예로 삼아 따져보고자 한다.

전승의 한계와 가능성, 빠알리의 예

수많은 불교의 전승들을 모두 다룰 수는 없으니 간략하게 남아시아와 동남아시아에서 초기부터 주류 전승으로 보존되고 있는 빠알리 전승을 예로 삼아 전승의 문제를 다루어 보고자 한다.

불교 경전 전체는 '세 전승 모음집(tripiṭaka, 三藏)'이라는 형태로 편집해서 전해지는 데, 쓰인 언어로는 빠알리, 한문, 티베트어, 몽골어를 꼽을 수 있다. 이중 흔히 '빠알리(Pāli)'라고 불리는 언어는 스리랑카, 미얀마, 태국 등 남방불교 전통에서 전해지는 불교 경전에 사용된 언어이다. 이상의 네 가지 언어 중 초기불교의 살아있는 맥락을 가장 분명하고 쉽게 볼 수 있게 해 주는 자료가 빠알리로 된 기록일 것이다. 이 점은 북인도의 고대 문화가 인도유럽어족에 속하는 쌍쓰끄리땀을 주요 언어로 사용한 아리안족에 의해 이루어졌다는 점만 고려하더라도 이해할 수 있을 것이다. 그리고 빠알리는 붓다 자신이 사용하던 언어와 마찬가지로 베다 시기 이후의 인도아리안들이 지역적으로 사용하던 인도의 중세 지역방언 혹은 지역 언어에 뿌리를 두고 있기 때문이다. 이제 그 언어적인 맥락을 살펴보도록 하자.

베다 시기부터 이미 아리안들은 광범위한 지역에서 생활하고 있었고, 인도아리안 언어 자체 내부에 다양한 방언이 존재하고 있었다. 그런데 아리안들이 인도 북부의 갠지스강 유역까지 진출하면서 인도아리안어는 베다의 언어에서 발전한 다양한 형태의 지역 언어 혹은 방언들로 발전해 갔다. 쌍쓰끄리땀은 빠니니의 문법 서술을 통해 고정되어 표준화된 형태로 서술될 시기에 (이미 거의 모든 사제 집단에 속하는) 인도아리안들에게도 실생활에서 사용되는 것이 아니라 교육을 통해 습득되는 교육 언어이자 제2 언어였다. 베다의 제사의식에서 사용되는 언어를 충실하게 전승하고자 했던 사제들의 언어는 일상생활의 언어로부터 점차 유리되어 갔고, 그 결과 사제들도 일상생활에서는 표준 쌍쓰끄리땀과는 다른 언어를 각 지역에 따라 사용하고 있었다.

인도아리안들이 일상에서 사용하던 언어를 우리는 흔

히 '인도 중세어(Middle Indic)' 혹은 '(인도) 중세 방언'이라고 부르고, 이것을 쌍쓰끄리땀 표현으로 '쁘라끄릳(Prākṛtam)'이라고 불렀다. 이 말은 정제되고, 다듬어졌다는 뜻의 'Saṃskṛtam'과 대조의 의미를 담은 말로 '자연적인' 혹은 '다듬어지지 않은', '원초적인' 언어라는 의미이다. 대략 기원전 3세기부터 기원후 8세기경까지 북인도 각 지역에서 사용되던 언어들을 가리키는 용어이다. 인도 중세어 중에서 가장 오래된 층위에 속하는 언어가 빠알리인지라 '쁘라끄릳'이라는 용어가 사용될 때에는 일반적으로 빠알리와 같은 고층의 중세어는 제외하고 부르는 의미로 사용된다. 빠알리와는 다르게 쌍쓰끄리땀에 중세어의 요소가 혼합된 형태의 언어로, 후대의 불교 문헌에 나타나는 불교 쌍쓰끄리땀을 '불교 혼성 쌍쓰끄리땀(Buddhist Hybrid Sanskrit)'이라 부른다. 우리가 흔히 아는 대승불교의 경전들은 대부분 이 불교 혼성 쌍쓰끄리땀으로 기록되어 있다. 이 불교 혼성 쌍쓰끄리땀은 실제로 사용되던 쌍쓰끄리땀의 방언 형태라고 할 수 있는 성격이 강한 언어이다.

특정 언어를 불교의 표준어로 정하는 것을 반대한 붓다의 입장과 인도의 구전 전통의 특징이 맞물리면서, 우리는 붓다 자신이 사용했던 언어에 도달할 확실한 길을 잃게 되었다고 할 수 있겠다. 공통되면서도 약간씩은 다른 여러 전승의 내용이 입에서 입으로 전수되었고, 그 다양한 전승들 중 일부가 강한 전통으로 남았다. 살아 남은 강한 전통이 나중에 자기들의 전승 내용을 문자로 기록하게 되면서 우리가 초기불교를 연구할 수 있는 자료가 생겨나게 되었다. 덧붙여 우리가 염두에 두어야 할 것은 문자로 기록하는 데 사용되었던 재료들(야자나무 잎 등)의 속성과 인도의 기후 조건 때문에 필사본의 수명이 대개 100년을 넘기기 어렵다는 일반적인 사실이다. 따라서 우리가 현재 읽는 편집본 빠알리 문헌의 근거가 된 필사본들은 아주 드문 경우를 제외하고는 200년도 되지 못한 것들임을 우리는 잊지 말아야 한다.

그렇다고 해서 구전으로 이루어지는 전승이 신뢰성이 부족하다라거나, 오래되지 않은 필사본들의 내용 자체가 최근의 것들이라는 주장을 하려는 것으로 오해하지 말길 바란다. 또한 여러 상이한 전통들이 포함하는 공통부분을 가려내기만 하면 그 결과로 최초기의 불교를 알 수 있다는 단순한 생각이 가진 방법론상의 문제를 여기서 논의하지는 않겠지만, 최근 들어서는 학자들이 '근본경전(Urkanon)'이라는 용어를 더 이상 사용하지 않는다는 점만은 밝혀 두고 싶다. 우리가 가진 자료들의 성격에 맞지 않는 판단을 전제한 표현이기 때문이다.

우리가 현재 접하는 불교 문헌의 전승사를 고려한다면 최초의 불교, 붓다 자신의 불교에 다가가는 일이란 원천 봉쇄되어 있는 셈이다. 더구나 불교가 인도 본토에서 사라지고 티베트어 번역이나 한역이 주로 남아 자료가 되는 상황은 우리의 연구를 더욱 어렵게 하고 있다. 그런데 빠알리는 인도 중세어의 최고층에 속하는 언어이고 현재까지 전승을 이어오고 있으니, 상대적으로나마 확실하게 초기불교 내지는 붓다 자신의 가르침에 다가가는 통로가 되지 않을까 기대할 수 있다. 빠알리는 붓다가 활동했던 동북 인도의 언어가 아닌 서부 인도의 중세어이지만 그 안에 동부어의 요소가 들어있다고 하는 것이 맞다. 이러한 역사적인 판단의 핵심적인 근거가 되는 것은 바로 불교를 국교로 삼는 것으로 쉬라마나의 일부였던 불교라는 수행 전통이 세계종교가 되도록 만들었던 아쇼까왕의 새김글이다.

넓은 지역에 걸쳐 광범위하게 분포하는 아쇼까왕의 새김글은 각 지역의 방언적인 요소를 포함하는 대중들의 일상어(Volkssprache)로 기록되어 있어 인도의 언어사를 연구하는 핵심적인 자료가 된다. 아쇼까왕의 새김글 중 서부의 기르나(Girnar)에서 발견된 자료에 포함된 서부어가 빠알리와의 유사성을 보인다는 게 확인되었기 때문에 빠알리는 인도 서부 지역 방언이라고 이해되고 있는데, 빠알리나 불교 혼성 쌍쓰끄리땀 안에 포함된 동부어적인 요소가 일관되게 발견되고 있다. 이러한 동부어의 요소는 인도 동부에서 발견된 아쇼까의 새김글들 중 유사마가다어(Ardhamāgadhī, 절반 마가다어)로 쓰여진 기록과 유사성을 보여준다. 이 사실들은 서부 방언으로 구술 전통이나 문헌들이 확립되는 과정에서 이전부터 전해진 특정한 동부어로 된 표현들의 의미가 이해되지 못하면서 생겨난 오해들에서도 분명하게 드러난다. 오해에 의해 서부어의 형태에 맞게 잘못 재구성되어 새로 만들어진 지명들이 나타나거나 하는 예에만 국한되는 게 아니라 일부 형태론과 연관되어서도 발견된다. 간단하게 말하자면 동부 방언으로 전해진 내용을 문법에 맞게 정리하면서 서부 방언의 표준 문법에 맞게 일괄적으로 고치는 과정을 거쳤는데, 내용을 이해하지 못해 잘못된 수정이 많이 발생했다. 이를 통해 우리는 나중에 교정되었다는 사실을 추적할 수 있다.

서부 빠알리를 사용하던 사람들이 동부어를 이해하지 못해서 그 형태를 그대로 둔 채 서부어의 문법적인 형태에 끼워 맞추는 '과잉 빠알리화(hyperpālism)'가 나타나는 것은 물론 인도 중세어들을 근거 없이 쌍쓰끄리땀 문법에 끼워 맞춘 '과잉 쌍쓰끄리땀화된 형태들(hypersanskritism)'도 나타난다. 결국 우리에게 빠알리가 무엇인지를 알 수 있게 해 주는 두 가지 단서는 아쇼까왕의 새김글들과 빠알리 문헌에 수정을 가했던 사람들의 실수였다고 말할 수 있다. 대표적인 예로 고귀한 (이의) 네 진리를 나타내는 빠알리 표현을 살펴보자.

(1) idaṃ (kho pana bhikkhave)

dukkhaṃ ariyasaccaṃ. ...

(2) idaṃ (kho pana bhikkhave)

dukkhasamudayaṃ ariyasaccaṃ. ...

(3) idaṃ (kho pana bhikkhave)

dukkhanirodhaṃ ariyasaccaṃ. ...

(4) idaṃ (kho pana bhikkhave)

dukkhanirodhagāminī paṭipadā ariyasaccaṃ ...

여기 (2), (3)에서 'dukkhasamudaya'와 'dukkhanirodha'는 남성 명사이다. 따라서 '-m'으로 끝나는 대상격(accusative)으로 해석되거나 혹은 뒤따르는 중성 명사 'ariyasacca'에 맞추어 중성으로 격이 바뀌었다는 해석을 해야만 하는 상황이다. 앞선 대명사의 중성형 'idam'과 맞지 않는 것도 추가적인 문제이다. 빠알리에서 'samudaya'와 'nirodha'가 중성으로 사용된 예는 없고, 실제 남성으로 정확하게 '-samudayo'와 '-norodho'로 표현된 경우들은 고귀한 (이의) 네 진리의 맥락 안에서도 자주 확인되는 바이다. 결국 붓다가 제시한 가르침의 핵심이라고 해야 할 고귀한 (이의) 네 진리의 표현들마저 빠알리에서는 문법에 맞지 않는 문장들이 제시되고 있는 것이다. 조금은 충격적일지 모르지만, 빠알리 전승이 전하는 고귀한 (이의) 네 진리는 도통 문법조차 맞지 않는 표현들이라는 말이다.

이러한 상황이 벌어진 사정은 아마도 동북부 방언으로 제시된 붓다의 가르침을 서부 지역 언어인 빠알리 형태로 '과잉 정정(hypercorrection)'하면서 벌어진 일이라고 보는 게 타당하다. 결국 가장 합리적인 해석은 붓다가 사용했던 동북부 방언인 유사-마가디에서 남성과 중성의 임자격이 모두 '-e'로 끝나는데, 빠알리 형태로 고치고자 했던 사람들이 남성과 중성을 구분하지 못한 채 기계적으로 모든 '-e'를 '-m'으로 바꾸다 보니 생겨난 문제라는 설명이다. 그러니 원래의 고귀한(이의) 네 진리는 아래와 같은 형태였을 것이라는 추정이 가능하다.

(1) dukkhe aliyaśacce
(2) dukkhaśamudaye aliyaśacce
(3) dukkhanilodhe aliyaśacce
(4) dukkhanilodhagāminī paṭipadā aliyaśacce

이러한 과잉 정정이 언제부터 생겼을 것이며 언제부터 빠알리가 쌍쓰끄리땀의 압력을 받아 이렇게 과잉 정정을 하게 되었는지에 관한 자세한 논의는 생략하겠다. 이미 기원전 1세기에 스리랑카에서 이루어진 기록 작업의 시기에 이러한 변화가 이루어졌던 것으로 보인다. 이 시기에 '빠알리'라는 언어는 이미 불교 경전의 언어로서 인도 대륙을 떠난 상태였고, 인도 대륙에 남아 있던 다른 인도 중세어로 이루어지던 전승들에 비해 쌍쓰끄리땀의 압력을 상대적으로 덜 받았을 것인데, 이러한 변화를 맞은 것도 주목할 만한 일이다.

이런 사정을 고려한다면 빠알리가 원래는 인도 서부지역의 중세어였는데, 불교 전승의 언어로서 표준화 과정을 거치면서 불교 전승에 사용된 빠알리는 모두 인공적으로 수정되고 만들어진 인공 언어였다거나 혹은 인공 언어적인 요소가 강한 언어라는 결론에 도달하게 된다.

특정 지역의 특정한 사람들이 말하고 쓰던 살아 있는 자연 언어가 아니고 특정한 문헌들에 연관되어서 사용되던 문어(literary language)였다는 사실을 이해한다면 "빠알리는 어느 나라, 내지는 어느 지역의 말입니까?"라고 하는 질문 자체가 이미 잘못된 질문이다. 또한 빠알리의 고향을 밝힌다는 시도들이란 그런 의미에서 출발부터가 잘못된 시도라는 것을 알 수 있다. 빠알리의 고향은 웃자이니(Ujjayinī, 현재의 Ujjain)였다던가, 아니면 깔링가(Kalinga, 현재의 Orissa) 혹은 딱실라(Taxila)였다던가 하는 여러 학자들의 주장과 논의는 이제 그 생명을 잃은 지 오래되었다. 이렇게 빠알리가 일정 지역과 연관된 자연 언어가 아닐 수 있다는 예리한 통찰은 이미 1950년대 초 학자들에 의해 제기된 바 있다.

앞서 밝힌 언어의 성격상 빠알리는 불교가 중앙아시아로 번져 나가고 또 한역이 이루어진 근거가 되었던 인도 북서부 간다라 지방의 언어인 '간다리(Gāndhārī)'와는 완전히 다른 모습을 보여준다. 간다리는 특정한 지역에서 쓰이던 살아 있는 언어였으며 그런 의미에서 서북부 인도어로서의 면모를 완전하게 보여주고 또 서북부에서 발견된 아쇼까의 새김글에 나타나는 언어적인 자료들과도 일치한다. 또한 문어로만 살아남은 빠알리나 불교 혼성 쌍쓰끄리땀과는 완연히 다른 모습을 가졌던 사실은 『간다리 다르마빠다(Gāndhārī-Dharmapada)』등과 같은 자료에서도 쉽게 확인된다.

우리가 현재 접하게 되는 빠알리 문헌의 이러한 성격들을 고려하여 빠알리의 원래 중세어적인 모습을 재구성하여 보면, 빠알리와 불교 혼성 쌍쓰끄리땀 간의 거리가 그리 멀어 보이지 않으며 또한 이 두 언어가 어떤 공통된 인도 중세어에 기원을 두고 있는 것이 아닐까 하는 추측을 하게 한다. 즉 동북 인도에서 최초로 불교 전통의 경전들이 전해지기 시작할 때 쓰였던 언어 이후에 불교가 서쪽으로까지 확장·전파되면서 사용되었던 어떤 형태의 언어가 있었고, 이 언어를 모태로 빠알리와 불교 혼성 쌍쓰끄리땀이 나온 것이라는 추측이 가능하다. 이 언어를 폰 힌위버는 '불교 중세 인도어(Buddhist

Middle Indic)'라고 부른다.

이 불교 중세 인도어는 쌍쓰끄리땀화의 과정 이전의 언어를 재구성하는 작업을 통해서만 추적 가능한 가설적 언어가 되겠지만, 아마도 문헌들을 기록하던 시기에는 이미 이 언어의 쌍쓰끄리땀화가 상당히 진전된 상태였을 것이다. 이러한 불교 중세 인도어가 인도의 여러 지방에서 다른 언어 내지는 방언의 영향 하에 해체되고 수용되었을 것이다. 빠알리 전통에서 전하는 바와 같이 빠알리는 인도 서부의 중세어 가운데 하나인 비디샤(Vidiśā)라는 언어의 변종으로 알려져 있고 따라서 서부 인도 중세어의 모습을 많이 보여 준다. 하지만 현대의 연구자들은 빠알리 자체가 이미 다면적인 발전을 안고 있는 언어라는 점에 대부분 동의하는 분위기이다.

불교 중세 인도어가 여러 다른 지방에서 다른 방식으로 해체, 수용되어 기록되는 과정을 상정하는 게 현존하는 빠알리 문헌의 발생에 관한 가장 설득력 있는 설명이 될 것이다. 예로 뎁니모리(Devnimori, Gujarat)와 랕나기리(Ratnagiri, Orissa)에서 발견된 아쇼까의 새김글들은 「연기에 관한 경(Paṭiccasamuppādasutta)」의 내용을 포함하고 있는데, 이 새김글들은 다소 다른 형태의 빠알리를 보여주고 있다. 이러한 자료들은 우리가 현재 접하는 빠알리에 가까운 '인도 대륙의 빠알리(continental pāli)'가 인도 대륙에서 나름대로 발전되고 있었음을 보여 준다. 따라서 빠알리가 서부 중세어라고 해도 분명 틀린 말은 아니다. 하지만 빠알리 자체가 가진 다층성과 후대에 보태어진 인공 언어적인 성격을 보지 못하면 우리는 결코 빠알리를 정확하게 이해할 수가 없다.

그런데 빠알리의 경우뿐만 아니라 다양한 전승전통들에 남아 있는 강한 동북부 방언의 흔적을 우리는 추적할 수 있고, 그 흔적들이 재미있게도 불교 전통의 핵심을 이루는 표현들에 연관된 경우들이 많다는 것도 알 수 있다. 앞서 고귀한 (이의) 네 진리가 동북 인도의 중세어로 어떤 형태였을 것인지 우리가 재구성하고 추적할 수 있다는 사실은-붓다 자신의 표현이었다고 단정할 수는 없지만-붓다 자신의 활동 시기에 가까운 해당 지역의 언어 표현들을 일부 확보할 수 있다는 말이기도 하다. 따라서 우리가 붓다 자신의 육성에 다가가는 확실한 방법을 손에 넣지 못했다는 뜻에서 붓다 자신의 육성을 파악하는 길은 봉쇄되어 있다는 말이 맞다. 하지만 아마도 붓다 자신의 육성에 가까울 것이고 어쩌면 붓다 자신의 육성을 담은 표현들이 담긴 층위의 전승들을 일부 가지고 있다는 것은 사실이다.

다시 말해서 우리가 불교의 다양한 전승들을 근거로 붓다의 육성에 다가설 수 있을지 묻는다면, 완전히 부정적인 답이 확정되었다고 할 수는 없다는 게 우리에게는 아주 부분적으로 반가운 결론이다. 현대의 문헌학적이고 언어학적인 연구를 통해 우리가 붓다에게 얼마나 다가갈 수 있는지 우리 자신의 위치에 관한 이해는 이제 분명해진 것들이 있다.

불교 철학의 쟁점

우리가 붓다를 이해하고 불교의 내용을 파악하는 일이 쉽지 않은 두 번째 이유인 붓다의 깨달음과 해탈 체험의 구조적인 문제에 대해서 살펴보자.

불교 전승의 역사는 전승 내용에 관한 정리와 재해석 그리고 논쟁의 역사이기도 하다. 그 모든 복잡다단한 역사적 논쟁의 근저에 자리잡은 핵심적인 문제는 바로 붓다가 미래의 일에 대해 단언을 했고, 확신을 했다는 사실이다. 붓다는 댜나를 행해서 다시 태어나지 않는 경지(죽음 없음)에 이르렀는데, 이 경지는 실제로는 붓다가 죽음을 맞아 물리적인 육신을 떠난 후에 구현되는 상태이다. 따라서 붓다의 완전한 해탈은 붓다가 죽음을 맞아야만 가능한 것인데, 붓다는 자신의 죽음 이후 상태에 대해 확인했다고 주장했다. 붓다 자신의 표현으로는 그 상태, 즉 니르바나의 상태를 몸으로 겪어 본 내지는 '만져 본(sparśati, phusati)' 것이었는데, 이러한 확신 내지는 본인의 확인이 이루어진 것에 관한 설명을 나타내기 위해 불교 전승들은 '알다'라는 표현뿐 아니라 '보다'의 표현을 결합시켜서 사용하는 게 일반적이었다.

미래의 상태를 스스로 미리 체험한 것을 붓다는 "만져 보았다"라고 했는데, 미래의 상태에 대한 자신의 확신을 다른 사람들에게 정당화해 내기는 쉽지 않은 것이었다. 특히나 붓다가 자신이 육체를 떠나는 상태에 이르면 구현이 확정되어 있다고 말한 미래의 상태는 윤회를 아예 벗어나는 경지였다. 다시 말해서 우리의 상식적인 시공간의 틀 안에 존재하지 않는다는 것인데, 존재하지 않는 상황-나중에 '니르바나(nirvāṇa)'라고 비유적으로 표현된 상태-에 가면 어떤 상태가 될 것인지를 선체험하고 확신했다는 설명을 남들에게 설득시키기는 더욱 쉽지 않았다. 그래서 긴 시간에 걸친 활동의 결과로 붓다는 자신이 얻은 인식을 설명하고, 그 인식에 관한 정당화를 동시에 수행할 수 있는 설명의 틀로 고귀한 (이의) 네 진리를 채택한 것으로 보인다.

그리고 붓다가 실제로 제자들을 지도한 것은 바로 댜나 상태의 구현 방법이었다. 이 댜나 상태의 구현을 위한 일반적인 방법으로 여덟 단계 고귀한 길을 제시했다. 그런데 자신의 해탈 체험 안에서 고귀한 (이의) 네 진리가 깨달음의 내용으로 인지되고 확인되었다는 설명은 인지 작용의 중단을 전제하는 댜나 상태의 설명과는 상충된 면을 가지고 있어서 설명 체계 내에서의 긴장 관계를 만들어내고야 만다. 인지 작용이 중단된 댜나가 진전된 상태에서 고귀한 (이의) 네 진리를 인지했다는 것은 앞뒤가 맞지 않기 때문이다.

다시 말해서 직접 경험 혹은 선체험하게 되는 니르바나의 상태에 관한 확신을 얻게 되는 댜나를 통해 도달하는 어떤 경지와는 별도로, 그 이전에 댜나를 통해서 인지적인 내용으로서 그 어떤 것을 깨닫는 과정이 언급되는 이중 구조로 붓다의 해탈 체험이 이루어져 있다. 깨달음과 해탈 체험의 결합이 만들어내는 긴장 관계도 함께 있다는 말이다. 그래서 지금까지 필자의 설명들에서 어떤 때에는 '깨달음'을 어떤 때에는 '해탈 체험' 혹은 '해탈'을 언급하는 오락가락하는 서술들이 주어졌던 것이다.

댜나 상태에서 혹은 댜나 상태의 구현 이후로 다시 태어남에서 벗어난다는 느낌이나 인식을 얻게 되는 체험이 있다고 붓다는 설명했다. 그렇다면 이러한 느낌이나 인식이 생겨나거나 주어지는 근거가 무엇인지에 관한 질문이 제기되는 것은 당연하다. 붓다 자신이 이러한 느낌이나 인식을 얻었다는 것은 확인이 가능하다. 그런데 붓다가 제시할 수 있는 다른 설득의 근거는 바로 붓다가 제시한 대로 댜나의 길을 따라가는 사람들도 이러한 느낌이나 인식을 똑같이 얻을 수 있다는 것이다. 불교도들에게는 붓다가 이러한 확신 혹은 인식을 얻었다는 사실을 확인시켜 주는 근거로서 붓다가 제시하는 프로그램을 따르는 사람들도 똑같은 결과를 얻게 될 것이라는 (설득으로 사용될) 이론적인 틀이 필요했던 것으로 보인다.

이러한 필요가 바로 고귀한 (이의) 네 진리의 틀을 제안한 핵심적인 이유 중의 하나라고 생각된다. 즉 고생이 있고, 고생의 원인이 있으며, 고생이 완전히 제거될 수 있다는 단정이 주어지고 나서, 그 고생의 제거를 가능하게 하는 길이 주어지게 된다면 (최소한 이 이론적인 틀 안에서는) 당연히 논리적으로 고생, 즉 삶과 죽음의 연속된 흐름을 반복하는 실존의 양태가 극복되게 될 것이다. 그리고 이러한 객관적인 사실을 주관적인 느낌으로 확인하는 과정이 댜나를 통해 주어진다는 것이 고귀한 (이의) 네 진리의 틀에 의해서 (최소한 체계 내적으로는) 확증될 것이기 때문이다.

댜나를 통해 이러한 해탈에 관한 확신을 얻을 것이라는 주장에 대한 의문도 제기될 수 있을 것이다. 그리고 붓다가 제시한 여덟 단계 고귀한 길뿐만이 아니라 붓다 자신의 해탈과 깨달음에 대해서도 똑같은 의문을 던질 수 있다. 즉 다시 태어나지 않는다는 미래의 사실을 붓다가 과연 어떻게 알 수 있으며 그러한 앎이 있다고 한들, 미래의 일에 관한 인식이 타당하다고 어떻게 단정할 수 있느냐 하는 것이다. 이러한 의문과 문제 제기는 실제로 정당하다. 이러한 문제 제기 가능성을 이미 초기의 불교도들도 심각하게 고민을 하고 있었다는 것은 구체적으로 확인이 가능하다. 미래의 사실에 관한 확신에 대해 무엇인가 정당한 근거를 부여해야 한다는 필요는 일찍부터 있었던 것으로 보인다.

이러한 맥락에서 미래의 사실, 삶과 죽음의 연속된 흐름 안에 남아 있지 않을 것이라는 붓다의 확신을 정당화시키기 위한 서사적 도구로 추가적인 초인적인 인식이 삽입되어 있기도 하다. 미래의 사실에 대한 붓다의 확신을 정당화시키기 위해 우선 과거의 일이고 또 자기 자신에게만 연관되는 초인적 인식인 'pūrvanivāsānusmṛtijñāna(자기 자신의 전생들에 대한 기억에 해당하는 인식, 宿命智明)'을 붓다가 얻었다는 서술이 있다. 이후에 보다 확대된 모든 생명체에 해당하고 시간적으로도 과거가 아닌 미래까지도 포함하는 'cyutyupapādajñāna(다른 생명체들이 각자의 까르마에 따라 죽고 다시 태어나는 일을 겪고 있는 상황에 대한 인식, 天眼智明)'을 붓다가 얻었다고 서술되고 있다.

이 초인적인 인식은 서사적으로 고귀한 (이의) 네 진리에 관한 인식 이후에 붓다가 얻게 되었다는 확신이 논리적으로 가능해지도록 만드는 훌륭한 틀의 역할을 하고 있다. 그리고 이렇게 제시된 미래에 다시 태어나지 않을 것이라는 붓다의 확신은 곧바로 그가 이르렀다고 주장한 경지인 '죽음 없음(amṛta)'에서도 직접 표현되고 있다. 따라서 붓다가 자신은 미래에 다시 태어나지 않을 것이라는 느낌 혹은 확신을 얻었다는 것은 여러 층위에서 확증될 수 있는 것으로 서술된다.

초기부터 (아마 붓다 자신을 포함한) 불교도들이 이 문제를 고민한 흔적들은 여러 맥락에서 드러나고 있다. 「가르침의 바퀴를 처음 돌림」에 나오는 구절(Mahāvagga 1. 6. 12) 중 "지금 바로 이 삶에서(diṭṭhe va dhamme)" 자신의 눈으로 확인할 것이라는 점이 명시되었다는 사실에 주목해야 한다. 이에 해당하는 대목이 빠알리 판본에는 "amatam adhigatam(죽음 없음이 성취되었다)"이라고 표현되어 있는 셈이다. 결국 '죽음 없음'은 베다 전통에서부터 이어지는 궁극적인 지향점을 가리키는 바 삶과 죽음의 연속된 흐름을 벗어난 경지를 지칭하는데, 이것이 베다 전통에서 제사의식을 통해 죽고 나서 도달하게 되는 하늘나라처럼 미래에 구현되어야 하는 것이 상식이었다.

하지만 붓다는 이 경지가 지금 당장 현재의 삶 속에서 구현되었음을 주장하고 있다. 구조적으로 미래에 구현되어야 한다는 것은 베다 전통의 제사의식이 가진 구조적인 한계와 상통하는데, 실제로 그 경지가 구현되는지의 여부는 미래에

당해 보지 않고서는 확정이 불가능하다. 현재의 삶 속에 놓인 모든 인간은 불확실성의 영역 안에 놓인 것의 확실성을 담보할 수 없다. 그런데 붓다는 이 구조적인 불확실성을 넘어서서 '바로 당장 눈앞에서' '죽음 없음'의 구현을 확인했다고 주장하는 것이다. 이것이 얼마나 파격적인 주장인지는 다시 설명할 필요가 없다.

지금 당장 구현 가능한 미래의 '죽음 없음'에 대해 실제로 댜나의 과정에서 혹은 댜나 이후에 이것을 체험적으로 확증할 수 있는지 따져볼 필요가 있었던 사람들이 초기불교의 시기에도 있었던 것으로 보인다면, 이러한 고민은 이론적인 것 이상의 함축 내지는 맥락이 있을 수 있다. 구체적으로 댜나 상태의 구현을 실현했던 그리고 실현할 수 있었던 사람들과 그렇지 않은 사람들의 구분은 자로 줄 긋는 것 같은 성질의 것이 아니다. 하지만 댜나 상태의 구현에 어려움을 겪는 사람들은 물론 댜나 상태의 구현에 아직 도달하지 못했던 사람들이 붓다가 활동하던 당시에도 있었다는 것은 어렵지 않게 파악된다.

댜나 상태가 만들어 주는 것은 '평정심과 알아차림이 완벽해지는(upekkhā-sati-pārisuddhi)' 상태이다. 따라서 댜나 상태가 구현된다면 실제로 갈구는 이미 없어진 상태라고 이해하는 게 타당하다. 그렇다면 갈구에서 비롯되는 것으로 이해되는 윤회를 벗어나는 상태가 구현되었다고 받아들이는 것이 타당하다. 이것이 고귀한 (이의) 네 진리를 통해 댜나의 구현이 갖는 효과를 설명하는 이론적인 설득력의 근간이다. 하지만 댜나 상태의 구현을 이루지 못한 사람들에게는 이 문제가 따져볼 만한 문제가 될 것이고, 이 대목이 바로 댜나의 구현을 통해서 얻을 수 있는 경지를 되짚어 보게 되는 또 다른 맥락으로 이어진다. 왜냐하면 댜나의 구현이 아니라 댜나의 구현을 통해 얻어지는 어떤 체험적인 인식을 댜나 수행과는 무관하게 추구하는 방식의 노력이 모색될 수 있기 때문이다.

다시 말해서, 댜나를 특정한 인식을 얻기 위한 과정이자 수단으로만 간주하고 댜나를 제외한 채 그 인식만을 구현할 수 있는 길이 가능하다면, 의미심장한 댜나에 대한 대안이 될 수 있을 것이다. 실제로 초기불교 시기부터 '꿰뚫어 알아차림(prajñā, 般若)'을 통해 해탈에 이르고자 하는 방식을 택한 사람들이 있었다고 한다면, 그들에게는 댜나 상태의 구현을 통해 얻게 되는 인식 혹은 확인의 내용 자체를 따져보는 일이 무척이나 중요했을 것이다. 왜냐하면 바로 그 인식 혹은 확인 자체를 구현하는 다른 길을 모색할 수 있다면, 네 번째 단계의 댜나를 구현하는 과제는 무시해도 될 것이기 때문이다.

왜 이렇게 미래의 '죽음 없음'에 관한 인식적 확인 내지는 구현이 중요할 수 있을지를 생각해 보자. 최초기의 '꿰뚫어 알아차림'은 동일시하지 않음-다시 말해서 다섯 구성 요소가 내 자신이라고 동일시하지 않음-만을 목표로 삼고 있는 것이었고, 이 목표 설정이 방향성으로 주어진 구체적인 해탈론이 된 것은 나중의 일이기 때문이다. 결국 꿰뚫어 알아차림을 해탈의 길로 상정한 전통은 네 단계 댜나를 해탈의 길로 상정한 전통을 전제로 나중에 만들어진 것이고, '꿰뚫어 알아차림'만 그 자체로 해탈로 갈 수 있는 길이 된다는 체계는 나중의 추가적인 확장과 이론화를 통해 구축된 것이라고 판단하는 게 설득력 있다. 따라서 미래의 '죽음 없음'이 현재 구현되었다는 확신의 인지적인 구조와 내용 그리고 그것을 구현하는 방법에 관한 고민은 '꿰뚫어 알아차림'을 확장 발전시켜 해탈의 방법으로 정립하고자 하던 사람들에게는 중요한 고민의 내용이 되었을 것이다.

고귀한 (이의) 네 진리가 담고 있는 내용은 고생의 보편성과 이 고생의 원인은 인간 주체가 자신의 쾌락 혹은 즐거움이 새로운 삶에서도 지속되는 것을 향한 근본적인 바람, 다시 말해서 갈구라는 사실이다. 따라서 갈구가 없어지면 새로운 삶 자체가 없어지고, 이것은 새로운 삶과 필연적으로 연관된 사건들-태어나고 늙고 병들고 죽는 고생-이 사라지는 것을 의미한다. 고귀한 (이의) 네 진리가 담고 있는 내용의 핵심은 결국 갈구를 없애면 삶과 죽음의 연속된 흐름에 들지 않기 때문에, 삶과 죽음의 연속된 흐름에 남아 있는 한 피할 수 없는 고생이 소멸된다는 것이다. 그렇다면 우리는 갈구를 없애는 '꿰뚫어 알아차림'을 얻으면 되는 것이고 수단 혹은 과정으로서의 댜나는 부차적인 것이라고 할 수 있을 것이다.

미래에 이루어질 진정한 해탈을 선체험했고 분명하게 확정된 것으로 확인했다는 의미에서 붓다는 해탈을 이룬 것인지라, 그가 이룬 해탈은 부분적인 해탈일 수밖에 없다. 그런데 그가 이러한 해탈 체험에 이른 과정에서 개입된 확인과 인식의 과정은 깨달음이라는 또 다른 요소를 포함한다. '해탈'을 가능하게 하는 근본적인 요소로서 깨달음이 강조되면, 해탈에 가는 길은 바로 통찰(prajñā, 般若) 혹은 '꿰뚫어 알아차림(prajñā, 般若)'이라는 해석과 이해가 가능하게 된다. 특히 그 통찰의 내용을 인간을 이루는 구성 요소들을 모두 따져보아도 인간의 정체성을 구성하는 요소가 있지 않다는 사실에 관한 인식이라고 받아들인다면, 붓다의 깨달음은 다섯 구성 요소의 '제 아님(anattā, 無我)'에 관한 인식에서 비롯됐다고 간주될 수 있다. 이러한 입장이 강화된다면 나중에는 통찰을 얻는 것이 바로 해탈로 가는 길이며, 통찰이 바로 불교의 핵심 요소가 되는 길이 열린다. 이 입장에서 본다면 심지어 댜나 자체도 본질적이지 않을 수 있는 가능성이 열린다. 즉 통찰을 얻는 방법이 있고 그것이 댜나와 무관하다면 해탈은 댜나와 무관한 게 될 수 있는 것이다.

여기에서 분명하게 드러나는 것은 인지적인 지각 혹은 인식이라고 해야 할 깨달음의 요소가 사회적으로 개인이 관철시켜야 하는 구체적인 긴 준비의 과정을 거친 댜나의 실현과 병렬되어 있었다는 사실이다. 그런데 붓다의 해탈 체험이 포함하고 있었던, 자신이 해방되었다는 확신 혹은 확인은 다시금 인지적인 요소의 중요성을 두드러지게 만들었던 원동력이 된 것으로 보인다. 댜나의 실현이 모든 사람들에게 용이했던 것이 아닌 상황에서 개별적인 필요에 따른 다양한 수행의 방법을 제공했던 붓다의 태도가 맞물렸고, '꿰뚫어 알아차림'이라는 깨달음을 통해 해탈을 구현하려는 흐름이 강하게 대두된다.

댜나 상태의 구현이라는 수행의 측면과 깨달음이라는 인지적 측면이 맞물려 있던 틈새에 자리잡은 강한 긴장 관계는 긴 불교 역사의 기저에 남아 불교 사상사의 핵심적인 문제들을 만들어 가고 여러 사상사적인 논의들을 관통해 간다. 붓다의 경험은 댜나의 구현에 뒤따르는 깨달음이었기 때문에 결국 핵심은 깨달음이며 이 깨달음에 이르는 수단으로서의 가치로만 댜나 수행이 인정된다는 가능성이 대두되면서, 불교의 역사는 댜나와 독립된 깨달음을 추구하는 흐름이 강화되는 현상을 겪게 된다.

고귀한 (이의) 네 진리의 틀 안에서 갈구의 소멸을 가능하게 하는 게 댜나로 설명된다. 이에 반해 '꿰뚫어 알아차림'을 통한 해탈을 주장하는 흐름 속에서 갈구는 이차적인 원인에 불과한 것으로 재해석된다. 갈구의 근원이 '본디 모름'에 있는 것으로 간주되고, 결국 '꿰뚫어 알아차림'을 얻어 '본디 모름'을 극복하면 해탈에 이른다는 큰 틀에서의 해탈론이 재구성된다. 이러한 재구성의 결과가 바로 앞서 살펴본 12마디 의지하여 생겨남이고, 이것이 '본디 모름'으로 시작된 이유는 바로 '꿰뚫어 알아차림'을 강조하는 흐름의 대두와 연계되어 있는 것이다.

결국 해탈을 이루는 댜나와 깨달음이라는 두 요소의 긴장 관계를 어떻게 이해하고 해소해내는지에 따라 수많은 불교들이 창조되고 재구성되어 가는 역사가 불교 이론의 발전사가 된다고 할 수 있다. 이에 따라 우리는 불교 철학사에서 이루어져 왔던 수많은 논쟁들이 도대체 왜 벌어졌어야 했는지에 대한 질문을 불교 사상사의 중심축으로 자리잡은 문제를 파악함으로써 대답할 수 있다고 필자는 생각한다. 초기불교의 여러 텍스트에 드러나는 다양한 이론체계 정립을 향한 시도들은 물론 아비다르마(Abhidharma) 불교에서부터 혹은 그 후로도 이어져 가는 '바로 꿰뚫어 봄 이론(abhisamayavāda)'과 그리고 '꿰뚫어 알아차림의 궁극(prajñā-pāramitā, 般若波羅蜜多)'을 주장하는 흐름들까지 관통하는 문제와 그 문제의 폭발력을 충전해 주는 근본 에너지가 여기에서 주어지고 있다.

우리가 흔히 '정혜쌍수(定慧雙修)'라는 표현에서 보게 되는 입장이 있다. 즉 댜나(禪定)와 통찰(智慧)을 모두 요구하는 게 불교의 수행론이라는 주장이 중요하게 제기되는 맥락은 이 두 가지를 함께 하는 것이 당연하다는 소박한 절충론이라거나 단순한 '모두 다 하나(eka-rasa, 一味)의 불교'라는 구호를 반복한다고 해서 해결되는 문제가 결코 아니다. 교리·종교적으로 해결되었다고 주장할 수 있을지 모르지만, 사상·철학적으로 이 긴장 관계를 이해하지 못한다면 불교 사상사의 핵심을 놓치는 일이 되고 만다. 자본주의나 공산주의 모두 장점은 있으니 장점만 취하면 된다는 투의 게으른 절충주의가 실제로 그 내용을 분명하게 한 적은 거의 없었고, 제대로 된 이론적이고 실천적인 성취를 보여준 적도 없었다. 천박한 절충주의는 문제의 핵심을 흐리게 할 뿐이다.

그렇다면 다시 우리가 부닥치게 되는 또 다른 질문이 있다. 네 단계 댜나를 서술하면서 고정시킨 사람들은 왜, 굳이 깨달음이라는 단계 내지는 요소를 반드시 해탈과 묶어서 붓다의 해탈 체험을 설명하려고 했던 것일까? 이에 대해서 페터(T. Vetter)는 불교 이외의 전통들이 갖고 있었을 영향력을 제시한다. 즉 진리 혹은 고차원적인 지식을 통해서만 사람이 해탈을 얻을 수 있다는 일반적인 관념이 당시 인도 정신사적 환경 안에서 지배적이었다는 것이다. 우빠니샫 이래의 지적인 분위기에서, 모든 것을 극복할 수 있는 지혜와 깨달음을 제공하지 못하는 전통은 인간이 봉착한 문제의 근본적인 해결책도 제시하지 못한다는 상식이 지배적이었다는 말이다.

붓다의 해답과
우리의 남은 질문

붓다가 처음으로 자신이 성취한 경지를 부르는 말로 채택한 '죽음 없음'과는 달리 나중에는 다른 표현들이 정형화되어 사용된다. 'bodhi(깨달음, 菩提)' 혹은 'sambodhi(온전한 깨달음, 三菩提)'라고 표현되기도 하지만, 나중에는 '니르바나(nirvāṇa)'라는 말이 더 자주 사용된다.

이들 개념에 대해 여기에서 자세하게 논의하지는 않겠다. 다만 주목할 점은 '니르바나'라는 표현은 개념이 아니고 비유라는 사실이다. '(불을) 껐다'라는 의미를 가진 이 개념의 의미와 맥락은 당연히 베다 전통에서의 제사의식과 연관된 '불(agni)'과도 닿아 있다. 불을 핵심적인 요소로 삼아 이루어지는 베다 전통에 비추어 보면 '불을 껐다'는 상태가 불교의 지향점이라고 하는 이 표현이 다분히 도발적인 맥락도 있다는 것은 짐작이 가능하다.

그런데 불을 끄는 것에 관련된 비유가 가지는 의미를 돌이켜볼 필요가 있다. 인간의 정서적인 집착과 그 집착을 이어가도록 만들어내는 지각 작용에 관한 분석을 통해, 인간의 실존을 설명하는 방식을 취하는 이론적인 틀 속에서는 땔감과 그 땔감들의 지속적인 공급을 통해서 만들어지는 불이 좋은 비유의 대상이 된다. 고정된 물체는 아니지만 지속되면서 구체적인 작용을 이어가는 현상으로 존재하는 불의 비유는 이 불을 끄기 위해서 물을 붓는다거나 혹은 맞불을 피운다거나 하는 방식이 아닌 붓다가 제시하는 해결책을 제시하기에 적절한 소재였을 것이다.

앞서 설명한 대로 붓다가 진단한 인간의 삶이 고생인 이유는 '좋아하는 일(rāga)'과 '싫어하는 일(dveṣa)'이 있고, 이것들 때문에 '정신을 차리지 못하는 경우(moha)'가 있기 때문이다. 이러한 진단에 따라 삶이 고생인 이유 세 가지를 장작 삼아 유지되는 불의 비유를 통해 붓다가 제시하는 해답은 명확하다. 불을 끄기 위한 방법이라고 생각하는 어리석은 짓들을 추가로 보태어 불을 키워가지 말라는 것이다. 불과 같은 인간의 삶이 가지는 구조적인 한계를 이해하고, 불과 마찬가지로 인간의 삶을 구성하고 규정하는 구체적인 별도의 실체가 존재하지 않는다는 사실도 이해하면서, 그저 간단하게 불을 끄기 위해서는 불에 장작을 집어넣는 일을 그쳐야 한다는 것이 붓다의 해답이다.

앞서 고대 인도에서의 맥락과 쉬라마나 전통 안에서 붓다의 고민과 해답이 갖는 의미를 살펴보았고, 붓다가 만든 불교가 어떤 방식의 전승 전통을 구축했는지 그리고 어떤 내적인 긴장 관계를 안은 채로 불교적인 세계관이 불교의 교리 체계를 발전시켜 오게 되었는지도 짚어 보았다. 긴 역사적인 여정을 거치면서 우리는 너무나 많은 불교들의 발전을 겪어 왔고 그 유산들이 이제는 수많은 인류 지성사의 자산으로 우리

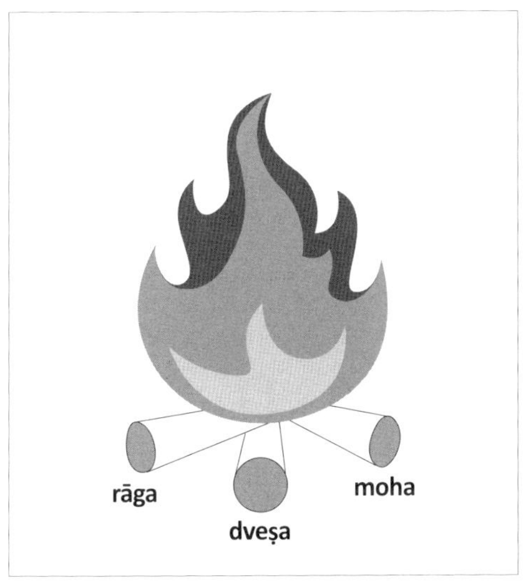

좋아하는 일, 싫어하는 일, 정신을 차리지 못하는
경우로 불을 키우고 유지하는 이미지

에게 전해져 오고 있다.

그런데 현재의 우리가 겪는 문제를 불교적인 세계관과 불교적인 문제 의식에 비추어 따져보는 일이 지금은 우선 불교 전통이 쌓아온 두터운 교리 체계의 무게와 권위를 이겨내는 새로운 모색과 도전을 요구하고 있다. 모색과 도전에서 무게중심을 옮겨야 할 필요가 제기되고 있다. 교리 체계의 정당성과 권위에 대한 논란이나 종교로서 불교가 수행하고 있는 그리고 수행해야 한다고 주장되는 역할들에 관한 이견을 중심으로 이루어지는 모색도 필요하다. 하지만 우리의 삶이 갖는 구체성 안에서 절실해진 고민들이 전통의 부활이나 교리의 대중화나 일부 수행론의 실천적 활용을 넘어서는 모색의 바탕이 되어야 할 것으로 보인다. 이 맥락에서 우리는 붓다의 고민과 그의 해답이 갖는 의미를 인류 지성사의 소중한 자산으로 되새겨 보고 이해할 수 있는 시야를 확보할 필요가 있다. 이것을 해낼 수 있을 때 우리가 현재의 도전을 맞아 붓다의 해답을 살아있는 제안으로 듣고 수용하고 고민할 수 있을 것이다.

붓다의 목소리를 듣는 일이 켜켜이 쌓인 전통의 무게를 뚫고 나가야만 가능한 사정을 알면서도, 우리가 붓다의 목소리를 듣고자 하는 것은 붓다의 고민이 이 시대의 고민과 같은 축에 놓여 있기 때문이다. 그 핵심에는 바로 사회적 맥락으로

환원시킬 수 없는 한 개인이 인간으로서 감당해야 하는 삶의 무게에 관한 냉철한 직면이 자리잡고 있다. 붓다는 출가수행자라는 삶의 형식 안에서 사회적 맥락을 제거한 채로 한 개인이 온전히 감당해야 하는 삶의 무게에 관한 구조적인 통찰과 해결책을 제공했다. 현대 사회에서 우리는 행복을 사회적인 맥락이 아닌 한 개인이 감당하는 무게로 만들어 각자가 짊어지고 있다.

지금 우리가 붓다의 고민을 되짚어 보아야 하는 이유가 여기에 있다. 두꺼운 불교 전통과 교리 체계의 켜켜이 쌓인 층들을 뚫고 우리가 붓다의 고민을 이해하기 위해 붓다를 묻는 것은, 붓다의 고민과 해답이 가진 혁신적인 전환의 힘을 되새기기 위한 것이다. 그래서 붓다는 불교도가 아니었다는 단순한 사실에서 출발해서 스스로 묻고 따져보아야 할 일이다. 또 한 가지 주지해야 할 사실이 있다. 붓다가 시대에서 이끌어낸 전환, 그 전환이 불교를 만들어 냈다는 게 역사이다.

찾아보기

종교문해력 총서 2 불교

미처 몰랐던 불교, 알고 싶었던 붓다

인생의 괴로움과 깨달음

2024년 3월 8일 초판 1쇄 발행
2024년 10월 21일 초판 7쇄 발행

지은이 강성용
발행인 박상근(至弘) • 편집인 류지호 • 편집이사 양동민
책임편집 최호승 • 편집 김재호, 양민호, 김소영, 하다해, 정유리 • 디자인 쿠담디자인
제작 김명환 • 마케팅 김대현, 이선호 • 관리 윤정안
콘텐츠국 유권준, 김대우, 김희준
펴낸 곳 불광출판사 (03169) 서울시 종로구 사직로10길 17 인왕빌딩 301호
대표전화 02) 420-3200 편집부 02) 420-3300 팩시밀리 02) 420-3400
출판등록 제300-2009-130호(1979. 10. 10.)

ISBN 979-11-93454-59-6(04200)
ISBN 979-11-93454-57-2(04200) 세트

값 20,000원

__‘종교문해력 총서’는 재단법인 플라톤 아카데미의 지원을 받아 발간되었음__